图书在版编目（CIP）数据

前卫的承诺：《十月》访谈录 / 鲁明军编著. ——
上海：东方出版中心，2023.2
ISBN 978-7-5473-2114-0

Ⅰ. ①前… Ⅱ. ①鲁… Ⅲ. ①艺术评论 - 期刊 - 新闻
事业史 - 中国 - 现代 - 文集 Ⅳ. ①G239.297-53

中国版本图书馆CIP数据核字（2022）第242668号

前卫的承诺：《十月》访谈录

编　　著　鲁明军
责任编辑　张馨予　时方圆
版式设计　合育文化
封面设计　孙承宠

出版发行　东方出版中心有限公司
地　　址　上海市仙霞路345号
邮政编码　200336
电　　话　021-62417400
印　刷　者　上海盛通时代印刷有限公司

开　　本　710mm×1000mm　1/16
印　　张　27.25
字　　数　292千字
版　　次　2023年3月第1版
印　　次　2023年3月第1次印刷
定　　价　118.00元

2020 年度上海市哲学社会科学规划课题一般项目
"美国《十月》杂志的艺术理论范式与文化政治实践研究
（1976—2008）"（2020BWY025）阶段成果

目
contents
录

《十月》的诞生：革命与智识

鲁明军

　　第二次世界大战不仅缔造了美利坚帝国，也缔造了美国艺术。20 世纪 50 年代，抽象表现主义或“‘美国式’绘画”的崛起标志着世界艺术的中心从巴黎转移到了纽约。[①] 在这一过程中，格林伯格（Clement Greenberg）及其形式主义理论扮演着重要的角色，甚至起了决定性的作用。然而，进入 60 年代以后，随着极简主义、波普艺术等新艺术形态的丛生，不光是抽象表现主义，格林伯格的形式主义理论也面临着危机和挑战。

　　关于这段历史，国内外相关的研究、评论可谓汗牛充栋[②]，但这里须提醒一点，亦即蒂埃里·德·迪弗（Thierry de Duve）所指出的，事实上早在 1962 年，当格林伯格试图以“空白画布”为形式主义辩护的时候，便意味着他已经“放弃”了“走向平面”“媒介自律”这些他所谓的

[①] 1954 年，在威尼斯双年展上，抽象表现主义声名大震，甚至让其他画家的作品黯然失色。格林伯格：《“美国式”绘画》，《艺术与文化》，沈语冰译，桂林：广西师范大学出版社，2009，第 271 页。

[②] 在中文学界，比较重要的研究包括：沈语冰：《20 世纪艺术批评》，杭州：中国美术学院出版社，2003；何桂彦：《形式主义批评的终结》，北京：文化艺术出版社，2009；皮力：《从行动到观念：晚期现代主义艺术理论的转型》，台北：典藏艺术家庭股份有限公司，2015。

形式主义原则，因为很快他就意识到"空白画布"其实已经不再自足，也不再是平面的，它就是一个物品，一个注定要被涂画的世俗之物。换句话说，此时他已经不自觉地屈服于他的对手——极简主义。①

1967年，迈克尔·弗雷德（Michael Fried）在《艺术论坛》（*Artforum*）杂志发表了《艺术与物性》（"Art and Objecthood"）一文，文中他通过"实在主义""物性""剧场性"几个术语，系统阐述了极简主义是如何背叛形式主义的②，他原本是为形式主义辩护，结果反而成为解释后形式主义（包括极简主义、波普艺术、大地艺术等）最有效的理论依据之一（图X-1）。次年，另一位艺术史家、评论家列奥·施坦伯格（Leo Steinberg）在纽约现代艺术博物馆（The Museum of Modern Art in New York，简称MoMA）做了题为《另类准则》（"Other Criteria"）的演讲。演讲中，他进一步清理了形式主义这一理论模式，并对其予以深刻的质询和批判。但其实，早在六年前的《当代艺术及其公众的困境》（"Contemporary Art and the Plight of Its Public"）一文中——是年格林伯格发表了关于"空白画布"的两篇文章《抽象表现主义之后》（"After Abstract Expressionism"）和《艺术写作如何获得了坏名声》（"How Art Writing Earns its Bad Name"）——施坦伯格就已经尝试沿着形式主义的路径探索新的解释，他以贾斯珀·琼斯（Jasper Johns）为例，发现琼斯的高明之处就在于他终结了错觉绘画（图X-2）。在他的画面中，油彩的处理不再被当作一种转化（transformation）的媒介；它不只是对人类主题的一种无视，就像抽象艺术一样，而且还有一种缺席的暗示，一种人造环境里的人性的缺失。于是，只有物品——人造物——的迹象被遗留

----

① 参见蒂埃里·德·迪弗：《杜尚之后的康德》，沈语冰、张晓剑、陶铮译，南京：江苏美术出版社，2014，第183页。

② 迈克尔·弗雷德：《艺术与物性：论文与评论集》，张晓剑、沈语冰译，南京：江苏美术出版社，2013，第155—178页。

图 X-1

"初级结构"（Primary Structures）展览现场，犹太博物馆，纽约，1966

图 X-2

贾斯珀·琼斯展览现场，卡斯蒂利画廊（Castelli Gallery），纽约，1958

下来，在人类的缺席中，这些迹象最终成了物品。这一方面表明一种新的艺术创造曲折的受众过程，另一方面它也在提醒我们，这种冷漠与荒芜还预示着一个新时代的来临。[①]

1968 年的演讲《另类准则》在某种意义上延续了"物化"和"去人性化"这一观点。这里，施坦伯格要传达的是，形式主义本身就是一种去人性化的客观之物。而且他惊喜地发现，过去 50 年主宰美国形式主义批评的描述性术语平行于同一时期底特律汽车工业的演化，这亦并非纯粹的巧合。不过，这并不是说汽车看上去像绘画，而是说形式主义这一还原性术语与主宰美国发动机工业的组装方式事实上处于同一个系统。[②]施坦伯格提到，形式主义植根于美国的"新教伦理与资本主义精神"，但这其实并非他首次提出，1953 年，格林伯格的《文化的处境》（"Plight of Culture"）一文中其实已经有所暗示。施坦伯格虽然在演讲中没有明言这一点，但或许，他正是在回应格氏的观点。格林伯格说："工业化（及新教与理性化）导致日常生活的最大变化，也许就是以一种激进的和几乎绝对的方式将工作与闲暇相分离。一旦工作的功效变得越来越重视，工作本身也就不得不变得越来越讲究效用，亦即变得更有效率。为了这个目的，与工作无关的一切必须被全盘清除；工作将变得更为集中，更为纯粹——无论是在态度方面，还是在方式方面，特别是在时间方面。"[③]这里的"纯粹"不仅指工业化时代的工作模式和人的生存方式，即如何将人和工作"对象化"或"物化"，同时也暗示了形式主义的根本逻辑。而这在某种意义上其实已经将形式主义从格林伯格的形式主义理论框架中解放了出来，并提示我们，"形式主义"与"后形式主义"之间

---

① 施坦伯格：《另类准则：直面 20 世纪艺术》，沈语冰、刘凡、谷光曙译，南京：江苏美术出版社，2011，第 27—32 页。

② 施坦伯格：《另类准则：直面 20 世纪艺术》，第 103 页。

③ 格林伯格：《文化的处境》，《艺术与文化》，第 33 页。

并非绝对断裂，甚至可以说，它们之间原本就是一种承续关系。或者说，在格林伯格"形式主义"理论形成的过程中已然包含着"反形式主义"或"后形式主义"的因素。

一、"物化""去物质化"与《艺术论坛》的分化

评论家并非预言家，就在施坦伯格、弗雷德等人发表这些反形式主义或为形式主义辩护的言论的同时，甚至更早的时候，作为"美国式绘画"的抽象表现主义其实已经式微。自 20 世纪 60 年代初以来，"寻常物品的新绘画"（帕萨迪纳艺术博物馆，1962）、"六位画家和物品"（纽约古根海姆美术馆，1963）、"流行艺术"（堪萨斯城阿特金斯艺术博物馆，1963）、"波普上架"（休斯敦当代艺术博物馆，1963）、"流行图像展"（华盛顿现代艺术博物馆，1963）以及"美国波普艺术"（奥克兰艺术博物馆，1963）等一系列展览的相继举办①，标志着抽象表现主义"一统天下"的格局已经结束，而形式主义理论遭到质疑和讨伐也与之不无关系。

上述列举的这些展览大多在 1962 至 1963 年间举办，说明这两年也是波普艺术在美国集中爆发之时。巧合的是，《艺术论坛》杂志便创刊于这一时期（图 X-3）。1962 年，艺术评论家菲利普·莱德（Philip Leider）和约翰·科普兰斯（John Coplans）在旧金山创办了这份刊物。1965 年，杂志社搬迁至洛杉矶，两年后，又迁到纽约，直到今日。自创刊以来，杂志"一直致力于独立的艺术批评，虽然常有同一家画廊的广告与其展出艺术的严肃批评并存的情况，且这样一种办刊方略和结构也常受到画廊的不解和痛恨，但是，它也恰恰因此得到了艺术家和观众的

---

① 约翰·科普兰斯：《美国波普艺术》，安静主编：《白立方内外：当代艺术评论 50 年》，北京：生活·读书·新知三联书店，2017，第 7 页。

图 X-3
《艺术论坛》创刊号封面，1962

珍视和爱护"①。这提示我们,《艺术论坛》其实一直处在独立与商业的夹缝中,但也正是这一特殊的生存机制,为 14 年后编辑部内部的分化特别是《十月》(*OCTOBER*)的创刊埋下了伏笔。1963 年,第 10 期《艺术论坛》发表了科普兰斯的《美国波普艺术》("Pop Art, USA")一文,这是最早描述正在迅速发展的美国波普艺术运动的文章之一。文中指出,如果说抽象表现主义在上个十年中被认为(至少在本国)终于解决了创造独特的美国艺术这一困惑,那么,波普代表的是全新的一代,"他们放弃了一切道德判断,运用一系列与欧洲传统毫无关联的大众图像和绘画手段,意在凝聚一种新的力量"②。这里需要说明的一点是,科普兰斯的文章并没有提及波普艺术与艺术商业或消费社会的关系,而后者事实上才是波普艺术最重要的价值支点和观念维度。

战后美国艺术的崛起在很大程度上离不开政治的推动,特别是抽象表现主义与美国中央情报局的关系已然成为一段历史公案。③不敢断言中央情报局到底是不是抽象表现主义兴起的主要动因,但可以肯定的是,抽象表现主义的确卷入了战后美国政府的文化战略中。相形之下,迈克尔·莱杰(Michael Leja)所言无疑更显客观:"从本质上看,纽约画派的艺术与第二次世界大战期间的美国文化之间是一致性而非对抗性的关系,并且,这一特点也决定了这一群体将会取得怎样的一致性,他们以改写欧洲现代主义的方式关注着某些特定的文化热点,扮演着带有意识

---

① 安静主编:《白立方内外:当代艺术评论 50 年》序言,第 2 页。

② 约翰·科普兰斯:《美国波普艺术》,安静主编:《白立方内外:当代艺术评论 50 年》,第 7 页。

③ 参见 Serge Guilbaut, *How New York Stole the Idea of Modern Art: Abstract Expressionism, Freedom and the Cold War*, Chicago: University of Chicago Press, 1983;弗朗西丝·斯托纳·桑德斯:《文化冷战与中央情报局》,曹大鹏译,北京:国际文化出版公司,2002;张敢:《绘画的胜利?美国的胜利?——美国抽象表现主义绘画研究》,北京:文化艺术出版社,2001。

形态的角色。"① 他们实践的起因虽说不是自由主义阵营的一种政治策略，但笼罩在冷战的阴影之下，难免有所沾染或被卷入。这是一方面。另一方面，也不能忽视艺术商业的力量。在某种意义上，甚至可以说正是市场塑造了纽约的艺术界。20 世纪 40 年代，专门销售美国当代艺术作品的画廊大概也就 20 家，据估计，收藏当代先锋艺术作品的机构不会超过 12 家。但是到了 20 世纪 60 年代，在 134 家画廊中，有三分之二在展出当代的作品。至 70 年代，专业收藏家已经数以千计。与此同时，当代艺术作品也开始出现在拍卖市场。记录显示，进入 70 年代以后，当代艺术作品不仅频繁出现在拍卖市场，而且它们的价格也日益提高。1960 至 1982 年间，26% 的抽象表现主义作品的拍卖价值增长了 500%。博物馆和公司藏家的数量也在疯狂增长，包括新赞助人的出现，等等，所有这些都是当代艺术市场重要的支持者。② 按施坦伯格所言，如果说抽象表现主义是"硬通货"的话，那么劳申伯格（Robert Rauschenberg）和沃霍尔（Andy Warhol）所开启的"平台式"绘画则在某种意义上以自己的实践"肯定"了艺术的商业逻辑。③

　　一个新的时刻是 1968 年，也正是民权运动、越南战争、妇女解放运动和反文化运动等各种文化政治运动集中爆发和混战的时期，诞生了一个新的艺术潮流：观念艺术（conceptual art，亦被译为"概念艺术"）。其背景是，此时艺术家们不希望被形式所禁锢，也不希望被"实在主义"或"物"所束缚，而所谓的"观念艺术"就是在这样一个生态和语境中产生的，应该说，它的出现至少为艺术家的自我解放提供了一种可能

---

① 迈克尔·莱杰：《重构抽象表现主义：20 世纪 40 年代的主体性与绘画》，毛秋月译，南京：江苏凤凰美术出版社，2015，第 33 页。

② 戴安娜·克兰：《先锋派的转型：1940—1985 年的纽约艺术界》，常培杰、卢文超译，南京：译林出版社，2019，第 3—5 页。

③ 施坦伯格：《另类准则：直面 20 世纪艺术》，第 109 页。

（图 X-4）。同年 2 月，《艺术国际》（*Art International*）发表了约翰·钱德勒（John Chandler）和露西·利帕德（Lucy R. Lippard）合写的《艺术的去物质化》（"The Dematerialization of Art"）一文，文中明确提到了作为想法的艺术和作为行动的艺术。[①] 根据利帕德的定义，所谓的"观念艺术"，意味着作品的想法是首要的，而它的物质形式是次要的，是无足轻重的、转瞬即逝的、低廉的、简朴的，并且／或者是"去物质化"的（图 X-5）。[②] 而在西部激浪派领袖肯·弗里德曼（Ken Friedman）看来，观念艺术与其说是一场艺术运动或风格，倒不如把它看作一个立场、世界观，或是一个活动的焦点。[③] 毫无疑问，它是那个时代政治动乱的产物或同情者，其之所以强调去物质化，一个最直接、最朴素的理由是，物质化已然成为艺术市场的一部分，而艺术市场是越南战争的支持者之一。因此可以说，观念艺术实践本身就是一场反战运动。关于这一艺术浪潮，本杰明·布赫洛（Benjamin Buchloh）敏锐地指出："一种完全不同的基础正是在这一时刻形成，它可以批判性地介入决定着当代艺术生产和接受的话语和体制；并且不同于比格尔所援引的批判模式，开始生成一系列关于读者接受、分配形式和体制性批判的观念。"[④] 因此，最令人兴奋的艺术或许始终埋藏在社会能量中，甚至还没有被认作艺术。然而吊诡的是，尽管存在着假释的可能，但其终究还是会被捉回白盒子式的监牢中。[⑤]

因此，在观念艺术这里，"批评表面的欢欣还是难掩其实质性的失

---

① 露西·利帕德：《六年：1966 至 1972 年艺术的去物质化》，缪子衿、宋扶日等译，北京：中国民族摄影艺术出版社，2018，第 xx 页。

② 露西·利帕德：《六年：1966 至 1972 年艺术的去物质化》，第 xviii 页。

③ 转引自露西·利帕德：《六年：1966 至 1972 年艺术的去物质化》，第 xxii—xxiii 页。

④ 本杰明·布赫洛：《新前卫与文化工业：1955 年到 1975 年间欧美艺术评论集》，何卫华等译，南京：江苏凤凰美术出版社，2014，第 7 页。

⑤ 露西·利帕德：《六年：1966 至 1972 年艺术的去物质化》，第 xliii 页。

图 X-4
"去物质化"（Dematerialization）展览现场（约瑟夫・科苏斯 ［Joseph Kosuth］
作品《一把和三把椅子》［*One and Three Chairs*］，装置，1965），塞西・西
格拉博画廊（Seth Siegelaub's Gallery），纽约，1969

图 X-5
"物质化'六年':露西·利帕德与观念艺术的诞生"（Materializing "Six Years"：
Lucy R. Lippard and the Emergence of Conceptual Art）展览现场，布鲁克林
美术馆，纽约，2013

败，而其原因中有一个未曾预料到的外部决定因素：它不仅宣称——正如 20 世纪 60 年代早期以来的艺术家和批评家所期望的那样——作者的死亡和读者的诞生（如苏珊·桑塔格［Susan Sontag］的《反对阐释》［*Against Interpretation and Other Essays*］就是在为罗兰·巴特［Roland Barthes］等法国后结构主义者早期所传达的信息而摇旗呐喊），同时也在艺术体制内引发了一次重要的结构性转型"①。这亦表明，形式主义理论无法分析和解释这些新的艺术形态，一种新的艺术批评理论也已在萌芽之中，且这种写作不可能像格林伯格时代的批评那样具有绝对的自主权，只是属于艺术体制的一个环节。不过，即便如此，新的批评也没有放弃独立的诉求。诚如布赫洛所说："进入 20 世纪 70 年代后期，传统的劳动分工，或传统的权力区分彻底宣告失败。如果说在以往，博物馆、画廊和杂志的功能被严格区分开来的话，那么现在是：当强大的文化工业管理机制被成功地挪用到资产阶级公共领域的文化体制时，传统的权力划分和职业能力区分开始遭到侵蚀，并最终遭到抛弃。"②由此可以理解，《艺术论坛》这样的艺术媒体何以只能在独立评论与商业之间的夹缝中生存。创刊十余年后，杂志编辑部内部便因此爆发了激烈的矛盾和冲突。1974 年，"琳达·班格利斯（Lynda Benglis）事件"作为导火索，直接致使《艺术论坛》编辑部的内部分裂公开化，也成了《十月》创刊的起因。

是年，激进的女权主义艺术家班格利斯欲支付 3 000 美元的费用在《艺术论坛》第 11 期刊登一则裸体艺术家的广告。同时，这期杂志正好还要刊发一篇关于保拉·库珀（Paula Cooper）画廊举办的班格利斯个展的长篇评论，这引起了罗莎琳·克劳斯（Rosalind Krauss）、安妮特·米

---

① 本杰明·布赫洛：《新前卫与文化工业：1955 年到 1975 年间欧美艺术评论集》，第 13—14 页。
② 本杰明·布赫洛：《新前卫与文化工业：1955 年到 1975 年间欧美艺术评论集》，第 14 页。

切尔森（Annette Michelson）等编辑的强烈反对和抗议，而主张刊登这则广告的正是时任主编约翰·科普兰斯。多年以后，克劳斯和米切尔森在访谈中义愤填膺，对于当时科普兰斯的举动依旧嗤之以鼻，克劳斯声称当时的《艺术论坛》已经腐败透顶[1]，而在米切尔森看来，她不是反对杂志刊登广告，真正让她无法容忍的是班格利斯此则广告中的隐喻性，即杂志的商业化导致其已经和妓院没什么区别了。[2]

　　当然，如果回看 20 世纪 70 年代的纽约乃至整个美国，事实上也可以理解科普兰斯作为《艺术论坛》主编面临的困境。70 年代初，冷战进入新的阶段，美国的经济矛盾日益严重，加之中东产油国大幅提高油价，最终导致 1973 年"以美元为主导的布雷顿森林货币体系"彻底瓦解，经济停滞与衰退影响美国发展，并蔓延到其他资本主义国家，引发了大面积的经济危机。然而，这并没有阻挡艺术市场的扩张，并在某种程度上进一步加剧了艺术商业与独立批评之间的紧张和冲突。这一点尤其体现在像《艺术论坛》这样的既依赖商业广告又要诉诸独立评论的杂志或媒体的生存中。1972 年的"水门事件"更是让美国政治和新闻传媒系统陷入前所未有的信任危机。两年后，尼克松被迫辞职，同年发生的"帕蒂·赫斯特（Patty Hearst）事件"无疑是这一政治和传媒危机的标志性事件……所有这些危机让大多数民众和知识分子身处不安和绝望中，但同时，它也再度激起了部分民众和知识分子的不满和反抗。对于当时很多评论家而言，这无疑是一个重新选择的时刻。或许，"班格利斯事件"只是偶然发生，但正是这一事件，直接促使克劳斯和米切尔森毅然决然地离开了《艺术论坛》编辑部。

---

① 罗莎琳·克劳斯、鲁明军：《〈十月〉与艺术批评的理论蜕变——罗莎琳·克劳斯访谈录》，《艺术学研究》，2022 年第 3 期。

② Amy Newman, *Challenging Art: Artforum (1962—1974)*, New York: Soho Press, 2003, p.417.

二、格林伯格、蒙太奇与《十月》

1976 年，克劳斯和米切尔森创办了一份新的刊物——《十月》。杂志的名字取自爱森斯坦（Sergei M. Eisenstein）1927 年为纪念"十月革命"十周年创作的同名电影《十月》（图 X-6）。爱森斯坦是"二月革命"和"十月革命"这两场革命的亲历者，"十月革命"后，他自愿加入红军，作为圣彼得堡地区第二军事工程队的技术员，从圣彼得堡奔赴东北前线……影片悉数展现了他对于这两场革命的真实体验和认知。影片一开头，沙皇的雕像被激愤的民众拉倒，罗曼诺夫王朝结束，"二月革命"胜利。结尾是，"十月革命一声炮响"，阿芙乐尔号的主炮开火了……在一篇题为《电影形式的辩证观》（"A Dialectic Approach to Film Form"）的文章中，爱森斯坦说，一切新事物均产生于对立矛盾的斗争之中，"十月革命"是改变世界历史、创生新制度的时代拐点，正是蒙太奇生动地揭示了革命的斗争性。"二月革命"与"十月革命"原本有着本质上的不同，前者为资产阶级革命，后者则是无产阶级革命，而"辩证蒙太奇"（dialectical montage）在银幕上所表现的正是这两者之间的断裂。①

作为苏联无声电影的集大成者，爱森斯坦的《十月》不仅开创了一种新的艺术范式，其本身也可以被视为一种政治行动。正是这一集革命实践、理论探索与艺术创新为一体的实验成为克劳斯和米切尔森两位创刊编辑思考和行动的起点。对于她们而言，重要的不仅是半个多世纪前发生在苏俄的这场辐射至文学、绘画、建筑、电影等各个领域的艺术革命，同时也不能忽视孕育这一艺术革命和历史运动的内战、派系纷争和经济危机等特殊处境。在《十月》杂志的发刊词中，两位创刊编辑明言，

---

① 王炎：《告别"十月"》，观察者网，2019-10-12/2019-12-10, https://www.guancha.cn/comment/2012_04_25_70835.shtml。

图 X-6
爱森斯坦,《十月》截帧,99',1927

她们的目的并非树立革命的神话，或为革命立传。在这个时代，各艺术门类正在繁荣发展。而她们想做的是，再次开始研究这些艺术门类之间的关系，讨论它们在问题重重的历史阶段所扮演的角色[①]（图 X-7）。

事实上，在《十月》创刊之前，米切尔森在《艺术论坛》（1973 年第 1 期）已经发表过一篇有关苏联前卫电影的论文《暗箱，明箱》（"Camera Lucida/Camera Obscura"）。文章主要探讨了爱森斯坦和斯坦·布拉哈格（Stan Brakhage）两位不同时期的导演的作品，并着重分析了爱森斯坦《十月》的电影语言。米切尔森指出，对于爱森斯坦来说，电影承继了哲学的功能，他将审美原则具体化为一种认识论，并最终导向伦理学。因此在她看来，"蒙太奇思维无法与整体性思想分离"。比如《十月》，就是不断回述"电影形式"（film form）和"电影意义"（film sense）的思维范例。爱森斯坦对自身能动的、深刻的介入意识——将自身归入革命的历史进程——使我们认识到，他的作品实为历史转换进程中的某种矢量。[②] 米切尔森重申了爱森斯坦《十月》的电影语言或"史诗风格"与革命政治之间的一体关系。但对她来说，电影只是其中一部分，她在文中提到爱森斯坦深受当时诗歌、绘画与戏剧的滋养，而所有这些艺术都是沿着俄国"十月革命"前后的复杂路径相继发生，从未来主义起，贯穿立体主义，直到构成主义。有学者研究发现，爱森斯坦的剪辑风格就是来自立体主义原则。因此，只有通过对塔特林（Vladimir Tatlin）与罗德琴科（Alexander Rodchenko）的认识，以及分析他们如何理解立体主义，我们才能对爱森斯坦有更加深入的理解。[③] 米切尔森也曾提及马列维奇（Kasimir Malevich）与爱森斯坦关于电影美学的争论。

[①] Annette Michelson & Rosalind Krauss, "About OCTOBER", *OCTOBER*, Vol.1, Spring 1976, p.3.

[②] 安静主编：《白立方内外：当代艺术评论 50 年》，第 144 页。

[③] 安静主编：《白立方内外：当代艺术评论 50 年》，第 145 页。

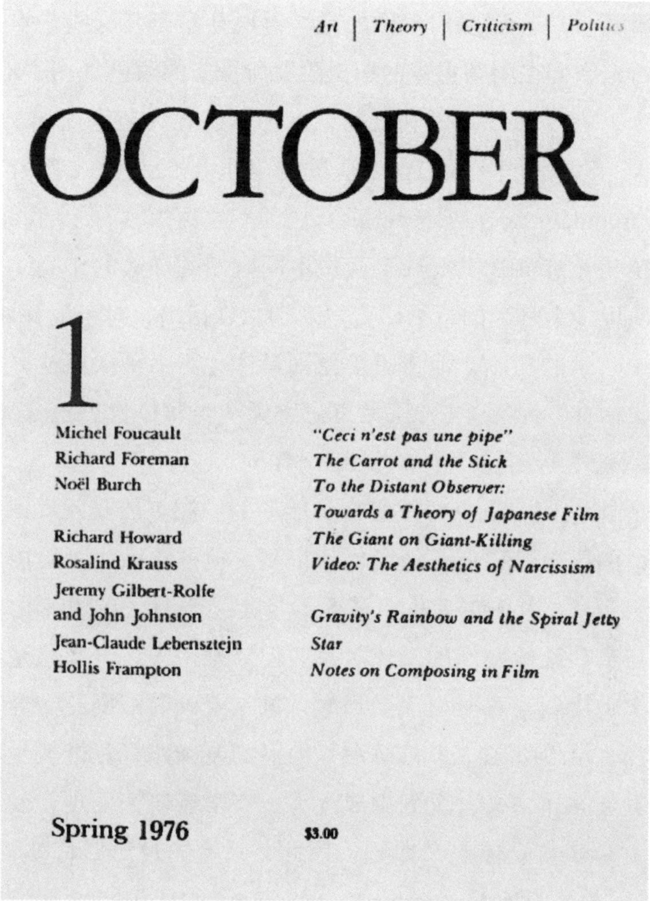

Art | Theory | Criticism | Politics

OCTOBER

1

Michel Foucault	*"Ceci n'est pas une pipe"*
Richard Foreman	*The Carrot and the Stick*
Noël Burch	*To the Distant Observer:*
	Towards a Theory of Japanese Film
Richard Howard	*The Giant on Giant-Killing*
Rosalind Krauss	*Video: The Aesthetics of Narcissism*
Jeremy Gilbert-Rolfe	
and John Johnston	*Gravity's Rainbow and the Spiral Jetty*
Jean-Claude Lebensztejn	*Star*
Hollis Frampton	*Notes on Composing in Film*

Spring 1976 $3.00

图 X-7
《十月》创刊号封面，1976

18

她说，这个争论仿佛"聋人对话"，其中"传递着以抽象或具象问题为中心的对立概念"[1]。值得一提的是，爱森斯坦其实也是一位画家，他留下了大量的画稿（图 X-8），1932 年 10 月至 11 月，还曾在位于纽约的约翰·贝壳美术馆举办画展。通过画面可以看出，立体主义和构成主义对他影响至深。[2]

1976 年，《十月》第 2 期刊发了爱森斯坦于 1927 年至 1928 年间关于《资本论》这部电影的笔记，包括米切尔森的简要介绍和评论。米切尔森在评论中也提到了电影《十月》，文中写道，"《十月》是爱森斯坦在走向彻底的艺术电影方面最精细、最复杂的一次努力……它通过改变事件及其周围叙述结构的时间流……吸引新的注意力，并引起对空间和时间关系的推论"。"在这里，蒙太奇的力量存在于'原始'的事实上，理想的形象不是固定的或现成的，而是产生的，它聚集在观众的感知中。"[3]于是"观众不得不沿着与作者制造图像的过程一致的路径前进。他们不仅要看到最终完成的再现元素，还要体验作者经历的那种图像涌现与聚集的动态过程"。基于此，爱森斯坦对于马克思所定义的"真正调查的过程"给出了自己的理解："不仅是结果，还有通向它的道路都属于真理的一部分。"[4]而这一自我指涉机制也恰好呼应了格林伯格的形式主义原则。

次年，《跳切》（*Jump Cut*）杂志发表了默里·斯珀伯（Murray Sperber）关于爱森斯坦《十月》的长篇评论。诚如爱森斯坦所说："艺术即是冲突，蒙太奇就是在银幕上捕捉冲突。"斯珀伯揭示了矛盾与冲突

---

[1] Annette Michelson, *On the Eve of the Future: Selected Writing on Film*, Cambridge & London: The MIT Press, 2017, p.xx.

[2] 玛丽·西顿：《爱森斯坦评传》，史敏徒译，北京：中国电影出版社，1983，第 246—250 页。

[3] Annette Michelson, "Reading Eisenstein Reading Capital", *OCTOBER*, Vol.2, Summer 1976, p.30.

[4] 安静主编：《白立方内外：当代艺术评论 50 年》，第 153 页。

图 X-8
爱森斯坦,《舞台建设》(*Stage Construction*),纸本水彩,1921

的历史辩证逻辑，而蒙太奇正是用来表现这一辩证性的艺术手段。①冷战是米切尔森和斯珀伯评论的共同背景，但从两者的文字中可以看出，斯珀伯侧重于蒙太奇及其历史辩证性，或是有意地回避了它的政治性，而米切尔森看重的则不仅仅是爱森斯坦影片中的艺术性，还有它的政治性，尤其是艺术实践的结构与政治社会的关系。在某种意义上，米切尔森此文恰恰重申了创办《十月》的动因和基本理念。当然，如果回到当时的语境，我们不妨简单地理解为，亦如杂志名字所暗示的，"十月革命"推翻了俄国资产阶级临时政府，建立了苏维埃临时政府。那么到了这里，商业化的《艺术论坛》已然成为资产阶级的代言人或是其一部分，而《十月》杂志则是革命的象征。直到今天，杂志封面的右上角还标注着"艺术""理论""批评""政治"四个关键词，作为刊物的基本定位和价值理念。且从一开始，他们就明确了《十月》是反商业、反学院、反体制的，誓不刊登任何商业广告。

在某种意义上，这也是其与当时已经被商业化了的抽象表现主义和形式主义的区别所在。但并非巧合的是，20世纪初期的革命前卫构成了他们共同的叙事起点。《十月》的发刊词中提到了《党派评论》（*Partisan Review*）这本带有托洛茨基主义色彩的左翼刊物，两位编辑基本认可《党派评论》的政治性，只是觉得它后来变得越来越"无视艺术和批评方面的创新"，甚至"鼓励了知识界中新的庸俗主义的发展"②。有意思的是，《党派评论》也是格林伯格早期主要的理论阵地。1939年，格林伯格在《党派评论》上发表了《前卫与媚俗》（"Avant-Garde and Kitsch"）一文。文中，格氏旗帜鲜明地反对媚俗的学院主义、商业主义和社会主义现实

---

① Murray Sperber, "Eisenstein's October", *Jump Cut: A Review of Contemporary Media*, No.14, 1977, pp.15—22.

② Annette Michelson & Rosalind Krauss, "About OCTOBER", *OCTOBER*, Vol.1, Spring 1976, p.4.

主义，反之，对他来说真正代表前卫的就是抽象绘画。这里的"抽象"表面指的是形式主义绘画，但实际上，它喻示的是 1917 年"十月革命"所开启的整个前卫艺术运动，包括文学界的马雅可夫斯基（Vladimir Mayakovsky）和左翼艺术战线（LEF）小组，绘画中的形式主义和构成主义流派，电影界中的爱森斯坦、普多夫金（Vsevolod Pudovkin）、多夫申科（Aleksandr P. Dovzhenko），戏剧界中的泰罗夫（Aleksandr Y. Tairov）和麦耶霍尔德（Meierkholid），等等。"形式优先于内容，这是早期俄国未来派的战斗口号。"[①]如马雅可夫斯基在一篇文章中提出："艺术不是自然的摹本，而是根据自然在个别人意识中的反映来歪曲自然的一种产物。"这不仅是未来派诗歌的原则，也是视觉艺术、立体派和超现实主义绘画中关于创造性变形的共同原则。[②]关键在于，这些前卫艺术运动的精神指针正是《宣言：为了自由和革命的艺术》（"The Manifesto for a Free and Revolutionary Art"）一文中所说的："我们相信在我们的时代艺术的最高任务就是积极而自觉地参与到革命的准备工作中。"[③]关于这一背景，皮力曾经做过一个清晰的梳理：

> 1924 年，列宁逝世后，斯大林掌握了苏联的最高权力。1927 年，托洛茨基被斯大林开除出党，并被驱逐四处流亡。1928 年，为了肃清托洛茨基的影响，斯大林加强了对于第三国际的控制，斯大林主义逐渐取代了托洛茨基主义，这也引起了很多曾经支持"十月革命"的欧洲进步知识分子的警觉。同年，打着左翼社会主义旗号登上政治舞台的墨索里尼在意大利终止了议会，取消所有政治团体

---

① V. 厄利希：《俄国形式主义：历史与学说》，张冰译，北京：商务印书馆，2017，第 53 页。

② V. 厄利希：《俄国形式主义：历史与学说》，第 55 页。

③ 转引自保罗·伍德：《现代主义与先锋的理念》，《美术馆》，2007 年 B 辑，上海：上海书店出版社，2007，第 212 页。

并镇压进步的知识分子和共产党，墨索里尼的崛起让进步知识分子看到了欧洲的法西斯主义危险，整个 20 年代末到 30 年代中期，知识分子还试图将消灭法西斯主义的希望寄托在斯大林身上，即使在 1933 年希特勒上台之后，他们也不曾放弃希望。然而，1939 年 8 月，斯大林和希特勒签署了互不侵犯条例，并且秘密瓜分了波兰。《苏德互不侵犯条约》导致欧洲的进步知识分子对于斯大林主义的理想彻底幻灭。[1]

并非巧合的是，正是《苏德互不侵犯条约》（1939）签订的同年，格林伯格发表了《前卫与媚俗》一文。格林伯格虽然批判了社会主义现实主义和法西斯艺术，但并没有放弃革命政治和现代主义。文章的最后，他说："如今，我们不再将一种新文化寄希望于社会主义——一旦我们真的拥有了社会主义，这种新文化似乎必然会出现。如今，我们面向社会主义，只是由于它尚有可能保存我们现在所拥有的活的文化。"[2] 当然，这里的"社会主义"不是斯大林的"社会主义"。约 20 年后，在一篇题为《纽约绘画刚刚过去》（"New York Painting Only Yesterday"）文章的一个脚注中，格林伯格这样写道："尽管那些年的艺术都讲究政治，但也并非全然如此；将来的某一天，人们也许应该说明多少出于'托洛茨基主义'的'反斯大林主义'是如何转化为'为艺术而艺术'，从而英雄般地为随后到来的东西清理了道路的。"[3] 这已然明确了他的立场，而其之所以被置于脚注或许是为了"掩人耳目"，毕竟此时整个美国尚未

<hr />

[1] 皮力：《从行动到观念：晚期现代主义艺术理论的转型》，第 70—71 页。

[2] 格林伯格：《前卫与庸俗》，《艺术与文化》，第 20 页。

[3] 1960 年，此文后来收录在文集《艺术与文化》中，而且他将此注释挪到了正文，但依然将其括了起来。皮力：《从行动到观念：晚期现代主义艺术理论的转型》，第 70—71 页；格林伯格：《30 年代后期的纽约》（《纽约绘画刚刚过去》），《艺术与文化》，第 275 页。

走出"麦卡锡大整肃"的阴影，仍有大量的反战分子和民权运动参与者被非法逮捕、迫害，直到 1975 年国内安全委员会被迫撤销，才算告一段落。

《十月》杂志之所以重返爱森斯坦的《十月》，并非只是一种革命政治的诉求，他们更关心的是绘画、电影、文学、戏剧等各种艺术形式与革命政治之间的关系，不同的是，格林伯格所谓的"前卫"则只限于抽象绘画及其形式主义的一面。当然，除此以外，他还有另一个理论渊源——康德。1960 年，在《现代主义绘画》（"Modernist Painting"）一文中，他认为康德是第一个真正的现代主义者，原因在于康德是批判——批判本身的第一人。格林伯格写道："现代主义艺术的自我批判，从来没有被任何其他门类进行，而是一个自发的，很大程度上是潜意识行为。正如我已经指出的，现代主义的自我批判已经完全是内在实践的问题，绝不是理论的话题。"① 这也正是他所谓的"纯粹性"，即自我定义。这一点也恰好回应了爱森斯坦的观点，且不论米切尔森重申这一点是不是受格林伯格的影响，但两者的确并非巧合地撞在了一起。

和米切尔森、克劳斯一样，格林伯格之所以成为抽象表现主义重要的推动者，不仅是因为它们同样属于抽象的范畴，还有一个原因是，格林伯格和抽象表现主义的大多数艺术家有相似的经历，都曾属于左翼阵营。他们中的大多数人都在罗斯福新政时期为"联邦艺术工程"工作过，受政府补助，为政府创作作品。其中最重要的是波洛克（Jackson Pollock），除了迷恋奥罗兹科（Jose C. Orozco）的壁画《美国文明的史

---

① 在《现代主义绘画》这篇文章中，格林伯格甚至将对平面性的诉求追溯到了 18 世纪的大卫、安格尔这里。特别是关于安格尔，格林伯格认为"14 世纪以来的西方富有经验的艺术家中，他所绘的肖像是最平面、最少具有雕塑性质的绘画。因此，到了 19 世纪中叶，绘画不可阻挡的趋势在他们的分歧中汇合，一致指向反雕塑性"。参见格林伯格：《现代主义绘画》，秦兆凯译，《美术观察》，2007 年第 7 期。

诗 》（ *The Epic of American Civilization* ）① 以外，20 世纪 30 年代，他还被卷入墨西哥壁画家大卫·西奎埃罗斯（David A. Siqueiros）的共产主义研讨班。除了他之外，戈特利布（Adolph Gottlieb）、巴齐奥特斯（William Baziotes）和另外几个抽象表现主义艺术家也都曾是共产主义积极分子。② 因此，虽然格林伯格也提到了现代主义实践的一面，但自 20 世纪 40 年代末至 60 年代前后，他几乎很少提到现代主义如何作为革命政治行动，也看不到他对于资产阶级和庸俗文化的批判。其中一个重要的原因是，1950 至 1954 年间，右派的"猎巫行动"（witch-hunting），即"麦卡锡大整肃"③，在某种意义上，直接迫使格林伯格放弃了革命政治，而只是致力于建构一套"封闭"的形式主义话语④，甚至不惜将其变成一套单极化的霸权叙事。然而，这套话语很快便与崛起的艺术市场合谋，并多少附和了已然占据主流并开始全球扩张的自由主义意识形态。也正是在此期间，各种反形式主义霸权的声音伴随着民权运动、反战运动和反文化运动的浪潮此起彼伏，四处涌动，特

---

① 史蒂芬·奈菲、格雷高里·怀特·史密斯：《波洛克传》，沈语冰等译，杭州：浙江大学出版社，2018，第 294—295 页。

② 弗朗西丝·斯托纳·桑德斯：《文化冷战与中央情报局》，第 285—286 页。

③ 皮力指出，20 世纪 50 年代是欧美左翼知识分子衰落的年代，左翼文化的旁落不在外部的政治压力，而在内部向贫穷开战的艾森豪威尔政府的经济改革和欧洲战后的城市重建计划，改善就业和住房，提升了社会福利，左翼文化赖以生存的群众基础因此被减弱。到 50 年代末，左翼知识分子纷纷开始进入大学教书（罗森伯格［Harold Rosenberg］最后也成为大学教授）。于是现实政治抗争开始转化为在文化和象征领域（杂志、大学和教育）内的批判。参见皮力：《从行动到观念：晚期现代主义艺术理论的转型》，第 96—97 页。

④ 多年以后，艺术史家 T.J. 克拉克（T. J. Clark）在《告别观念：现代主义历史中的若干片段》一书中，沿着格林伯格的提示，将现代主义的历史追溯到大卫的《马拉之死》，尤其强调了其与法国大革命共和二年的关系。这样一种论述对于 20 世纪 70 年代形式主义的处境已然于事无补，但可以肯定的是，也正是这一论域，反而催生了《十月》杂志。参见 T.J. 克拉克：《告别观念：现代主义历史中的若干片段》（上册），徐建等译，南京：江苏凤凰美术出版社，2019，第 25—81 页。

别是观念艺术及其"去物质化"运动的兴起，最终导致形式主义的撤退。艺术界期待一场新的革命，而《十月》无疑是这场新的革命阵营的一部分。诚如格林伯格在《前卫与庸俗》一文中所说的："哪里有前卫，一般我们也就能在哪里发现后卫。"① 这句话也可以倒过来说："哪里有后卫，哪里就有前卫。"

三、"后结构主义"的卷入与艺术批评的转向

20 世纪中叶，诸多美国大学的文学领域已经成为批评话语的广场，诞生于此时的新批评派赋予了文学批评在整个美国知识界的核心地位和无与伦比的威望。如克林斯·布鲁克斯（Cleanth Brooks）、罗伯特·佩·华伦（Robert Penn Warren）、雷纳·韦勒克（René Wellek）、奥斯汀·沃伦（Austin Warren）等，他们的批评的主要特征是"内部"批判，其方法是"紧贴文本的阅读"（close reading，或译作"细读"），意在确定文本的本体论地位（依据"诗歌应当存在而非指示"这一格言）和语言的无法传递（而非交流的新理论）。② 这样一种封闭而又稳固的文本也体现在格林伯格的形式主义批评理论中。和格林伯格的形式主义一样，"新批评派强调批评和文学的自治机制的存在，强调它们对于历史与社会结构的不可约性，他们习惯用一个'内部的历史'和习惯性的文本自立取代普遍的历史"③。我们甚至认为，他们不仅反历史、反经验，也是反政治的。前面亦提到，"在校园麦卡锡主义的肃清运动中，他们把自己的院系变成了远离政治斗争的形式主义者的庇护所"④。

---

① 格林伯格：《前卫与庸俗》，《艺术与文化》，第 8 页。
② 弗朗索瓦·库塞：《法国理论在美国》，方琳琳译，郑州：河南大学出版社，2018，第 47 页。
③ 弗朗索瓦·库塞：《法国理论在美国》，第 48—49 页。
④ 弗朗索瓦·库塞：《法国理论在美国》，第 50 页。

然而，20世纪60年代以来，新的文学形式（包括艺术形式）和政治形式的出现使得新批评派（或形式主义者）处于不稳定的状态，甚至指摘新批评派对于文本政治所持的冷漠态度到了令人难以忍受的地步。于是，有人选择了迟到的战斗，有人选择了欧洲的大学，而绝大多数人则通过阅读法国结构主义等作品，建立比较文学系，从而选择了基于理论的知识和普通言语的政治批评。从此，法国理论成为批评形式主义的僵局和大学机构的政治障碍之间的第三条道路，只是此时的大学既受制于政府，也受制于市场。[①]

　　最初，这些新的理论经由某些大学的杂志，即第一时间油印的简单文稿，逐渐渗透到大西洋彼岸的美国，法语文本尤其领先。这些工作都是隐秘的、手工的，但都充满了激情。人们在课堂上或晚会上争相传阅，一些年轻的学者也被这些理论所吸引，包括艾伦·巴斯（Ellen Bass）、汤姆·康利（Tom Conley）、詹姆斯·克里奇（James Creech）、珍妮特·霍恩（Jamet Horne）等，他们聚集在一起，翻译介绍出版了最早的法国理论文章。[②]自60年代末至70年代中后期，大概十年的时间内，美国涌现了十余份译介法国理论的杂志，如《符号》（*Glyph*）、《离散》（*Diaspora*）、《符号文本》（*Semiotext[e]*）、《界线2》（*Boundary 2*）等。德里达（Jacques Derrida）的"人类的终结""写作的错置"、福柯（Michel Foucault）的"作者之死""监督社会"、利奥塔（Jean Francois Lyotard）的合并个体的冲突机制及德勒兹（Gilles Deleuze）和加塔利（Félix Guattari）的"逃逸线"和"精神分裂"主体[③]等最初都是通过上述杂志进入美国理论界和批评界的。《十月》虽然创刊较晚，但很快也成为其重

---

① 弗朗索瓦·库塞：《法国理论在美国》，第50页。

② 弗朗索瓦·库塞：《法国理论在美国》，第57页。

③ 弗朗索瓦·库塞：《法国理论在美国》，第57页。

要的阵地之一。

　　20 世纪 60 年代早期，居住在巴黎的米切尔森精通法语，尤其对法国前沿理论始终保持着格外的热情。当时，很多法国理论家的著作尚未被译成英文。60 年代中期，米切尔森回到纽约后，便开始投入法国理论的译介工作，并发展出一套新的批评语汇。[①] 很快，它便取代了形式主义，为抽象表现主义和形式主义之后的艺术运动提供了一个有效的理论入口和解释路径。作为《十月》的创刊主编，米切尔森与克劳斯一道将美学理论与政治哲学融合起来，将视角辐射至同时代的重大艺术事件。从利奥塔论丹尼尔·布伦（Daniel Buren），到德里达论绘画，到于贝尔·达弥施（Hubert Damisch）论摄影，《十月》成为唯一一份严肃地探讨法国理论在艺术和艺术实践方面重要得失的杂志。[②] 有一种传言是，当年《艺术论坛》时任主编科普兰斯拒绝发表米切尔森推荐的福柯的《这不是一支烟斗》（"Ceci n'est pas une pipe"），于是"一气之下"，她和同事克劳斯从中独立出来，创办了《十月》，而且将福柯此文作为《十月》创刊号的首篇主打文章。且不论这一说法是真是假，可以肯定的是，首发《这不是一支烟斗》一文在某种意义上已然构成了一个象征，尽管福柯并不承认自己是"后结构主义者"，但毫无疑问，从此，以"后结构主义"（post-structuralism）为主导的当代法国理论成为《十月》最重要的理论基础和话语资源。

　　另外值得一提的是，就在米切尔森和克劳斯往纽约搬运法国理论的同时，巴黎艺术史论界也在发生变化，并开始将格林伯格、克劳斯的理论引介至法国。就在《十月》创刊同年，伊夫-阿兰·博瓦（Yve-Alain Bois）和其他两位学者一同创办了刊物《光斑》（*Macula*）（图 X-9），

---

① 安静主编：《白立方内外：当代艺术评论 50 年》，第 142 页。
② 弗朗索瓦·库塞：《法国理论在美国》，第 62 页。

图 X-9
《光斑》创刊号封面，1976

虽然它们的针对性和政治性没法和《十月》相提并论，但在取向和风格上，两份刊物殊途同归。值得一提的是，博瓦发表在《光斑》创刊号上的第一篇文章《马列维奇，勒·卡雷，写作的零度》（"Malevitch, le carré, le degré zéro"）中提到的马列维奇，恰好回应了《十月》发刊词中提到的爱森斯坦，这至少表明他们有着共同的志趣。遗憾的是，这份刊物只出了6期（4卷）就夭折了，20世纪80年代初，博瓦因为弗雷德的引荐，移民至纽约工作生活，后来成为《十月》核心编委和重要作者之一。在博瓦的知识系统中，后结构主义一直占据着重要的位置。因此，我们也不妨将后结构主义视为《十月》之法国理论的另一个来源。

20世纪60年代晚期，兴起于法国的后结构主义（亦被称为"解构主义"）涵盖了女性主义、精神分析（特别是拉康的思想）、新历史主义等批评流派。它与结构主义的区别在于，结构主义设定了文本的客观真实，认为人们可以通过使用标准而客观的方法去检测文本，并获取确定的阐释，但后结构主义通常强调文本意义的不确定性，并宣称文本内部与其自身或许并不具有任何客观真实。同时，后结构主义也质疑阅读和写作中、语言的形而上学中长期秉持的各种假设。带有本质主义色彩的形式主义无疑是后结构主义的"天敌"。后结构主义者专注于文本的悖谬和永远的支离破碎，他们认为自己进行的是"更加接近"的阅读，更加接近文本的隐晦。而形式主义的坚守者担心艺术的自主性会因此被削弱，甚至会彻底被瓦解，他们认为这会引向文本的相对主义和经典的消失，甚至还会损害他们以极大的代价所捍卫的非历史美学的普遍主义。[①]

但显然，《十月》的目的并非止于理论或批评本身，理论本身也是一种政治行动。确切地说，无论是后结构主义思潮，还是《十月》本身，其实都是六七十年代"反文化"运动（即瓦解作为贵族文化核心的等级

---

① 弗朗索瓦·库塞：《法国理论在美国》，第51页。

制）的一部分。"反文化"并非反一切文化。由于贵族文化把自己视为唯一的文化，"反文化"其实就是反贵族文化。这就如同桑塔格的"反对阐释"并非反对一切，而是反对"文化"给出的唯一的阐释。"反文化"就是为了让文化给那些不被它认为是"文化"的文化让出地盘。[①] 因此，"反文化"首先是一种解放行动。对于《十月》来说，抽象表现主义和形式主义已然成为"贵族文化"。它不仅封闭了媒介，也固化了语言，甚至阻挡了艺术向社会开放的渠道。而《十月》要做的，不仅是开放媒介和语言，其关注的对象也不再限于绘画、雕塑，电影、录像、表演、大地艺术等，各种老的、新的艺术媒介都是《十月》讨论的对象，更重要的是，它还要借以重新审视并建立艺术与社会、政治的关系。

说到这里，不得不提后结构主义者与巴黎"五月风暴"的关系。这些知识分子不见得都是亲身参与者，但在他们的思想和行动中都不乏"五月风暴"的影子。比如福柯，虽然"五月风暴"爆发的时候他远在千里之外的突尼斯大学讲学，但这一事件对福柯的知识轨迹与政治轨迹产生了深刻的影响。福柯自己也承认这一点，他说"五月风暴"是未曾意料的"政治开端"，给了他去调查运行于西方社会的权力机制的勇气，并"沿着刑罚理论、监狱和规训的方向从事（他的）研究"。到了20世纪70年代初，福柯摇身一变，成了一个激进的知识分子和全新的公众人物。通过与"无产阶级左翼"激进分子并肩工作，福柯"亲自卷入了他的理论研究对象"[②]。

且不论米切尔森和克劳斯是否直接受此启发，可以肯定的是，她们的理论实践的确暗合了福柯的主张和方式。与法国"五月风暴"遥相

① 程巍：《中产阶级的孩子们：60年代与文化领导权》，北京：生活・读书・新知三联书店，2006，第135页。

② 理查德・沃林：《东风：法国知识分子与20世纪60年代的遗产》，董树宝译，北京：中央编译出版社，2017，第336—337页。

呼应的是美国民权运动、反战运动、妇女解放运动和反文化运动，按照理查德·沃林（Richard Wolin）的说法，20世纪50年代流传着由精英（多指白人男性精英）管理的政府要比大众参与（popular participation）的冒险更可取的观点，来自底层的政治动员被视为无理性的、靠不住的。然而，越战的惨败和类似外交政策引发的灾难——大规模的、令人厌恶的人权侵害——终结了这一幻想，于是，激进的知识分子和民众试图从精英手中"抢夺"控制权，通过诉诸基层政治参与的逻辑反击"专家治国论的自由主义"的弊病，并由此恢复对基本民主准则的信任。[①]进入70年代以后，政治危机和经济萧条非但没有瓦解，反而进一步强化了左翼的激进行动。在这个意义上，《十月》不仅将后结构主义理论伙同"五月风暴"的精神一并引入美国，同时，也暗地延续了美国本土自60年代以来掀起的"反文化"运动。对此，后来成为《十月》编委会主干力量之一的哈尔·福斯特（Hal Foster）认为，"批评理论以另一种方式秘密接替了前卫主义的职责：在1968年的起义高潮之后，激进的理论修辞算是对衰落的行动主义的一点弥补（在这方面，批评理论本身就是一种新前卫）——至少在这个意义上，它也担当了文化政治的职责"[②]。

　　过分狂热的政治运动总不免带有反智的色彩，但对于后结构主义者而言，政治首先建立在智识之上。何况，在他们中间，也不是每个人都热衷政治运动。比如，德里达就对这种街头抗议唯恐避之不及。虽然《十月》接受了后结构主义，但很少论及"五月风暴"及其众所周知的背景。当然，这也许有其特别的理由。[③]毋宁说，米切尔森和克劳斯更加关心的并非某个具体的政治目标，而是（至少首先是）艺术批评的革命和

---

① 理查德·沃林：《东风：法国知识分子与20世纪60年代的遗产》，第3页。
② 哈尔·福斯特：《实在的回归：世纪末的前卫艺术》，南京：江苏凤凰美术出版社，2015，第6页。
③ 理查德·沃林：《东风：法国知识分子与20世纪60年代的遗产》，第318页。

艺术认知的革命。就此，《十月》创刊号首发福柯的《这不是一支烟斗》显然带有某种象征性。关于这篇经典的文章，以往的很多解释聚焦于"图形诗"及其内在的"可视—可述"机制。董树宝分析指出，福柯实际上是在古典绘画的模仿框架下分析"相似"，以"相似"来指称一种复制关系。"相似"就是模仿原型，这里的"原型"是指外在的、超越的、可根据复本与远近，按等级排序的复本的原初性要素，或者称之为"原本"，它是类似于理念的东西，带有鲜明的柏拉图主义倾向。而"拟似"则是指一种没有任何外在指涉的"像"与"像"之间的关系，"拟似物"或"像"就像陷入无限循环的自我指涉的"烟斗"一样，是"一种没有相似的'像'"，没有开端也没有结束，没有主次之分，只是在差异与重复中不停地蔓延。福柯认为，马格利特（René Magritte）任由"烟斗"自由漂浮，默默隐藏于相似性再现之中的"这是一支烟斗"变成流动的拟像状态的"这不是一支烟斗"，安迪·沃霍尔的"坎贝尔"（campbell）悄然出场，拟像的时代骤然而至，"这一天终将到来，拟似沿着系列被不确定地转移，正是影像本身与它所带有的名字一起将被拟似解除同一性。坎贝尔，坎贝尔，坎贝尔，坎贝尔"[1]。福柯的这一论述实际上是受德勒兹《差异与重复》（*Différence et répétition*）、《意义的逻辑》（*Logique du sens*）的启发[2]，而他们共同的目的是反柏拉图主义或反单一的本质主义。

福柯的阐述显然有别于同样带有本质主义色彩的格林伯格的形式主义批评，虽说马格利特的《这不是一支烟斗》并不在格林伯格的理论视野中，但这样一种后结构主义的叙述方式本身则已彻底颠覆了形式主义

---

① 董树宝：《漂浮的烟斗：早期福柯论拟像》，《文艺研究》，2018 年第 7 期。并参见福柯：《这不是一支烟斗》，邢克超译，桂林：漓江出版社，2012。

② 董树宝：《漂浮的烟斗：早期福柯论拟像》，《文艺研究》，2018 年第 7 期。

的理论框架。如果说格林伯格是根据他所设定的一套原则对作品做出评价的话，那么福柯首先放弃了评价，也没有设定或通往某种原则，而是将之视为一种生产性的写作，其意图是开启对于作品的新的认知——一种立体的、动态的、"去主体化"的装置性认知。不像格林伯格，试图提供一个唯一的霸权性的解释，这里没有唯一的解释，后结构主义恰恰是将写作或批评本身从唯一性当中解放出来。"文本之外，一无所有"，这可能是德里达最受争议的一句名言了。在《绘画的真理》(*La Vérité en peinture*)一书中，德里达颠覆了作品本身的内在性，彰显了"附饰"的关键意义：那些具有外在性的附属物表面上是装饰性的补充，却通过包围作品的中心或内在性，形成了更具延异特性的元素。他颠覆了逻各斯中心主义和语音中心主义，解放一切被束缚的意义，让世界无保留地敞开其艺术化的多样面貌。[①]

这样一种写作方式和认知普遍地体现在《十月》所发表的学术论文和评论中，尤其是体现在几位编辑——包括后来加入编委会的道格拉斯·克林普(Douglas Crimp)、哈尔·福斯特、本杰明·布赫洛、乔治·贝克(George Baker)、米尼翁·尼克森(Mignon Nixon)、大卫·乔斯利特(David Joselit)等——的写作中。虽然他们之间也存在着明显的理论上的分歧和写作风格的差异，但他们的写作都多少带着后结构主义的色彩。特别是克劳斯的写作，后结构主义（包括结构主义）成了她最主要的理论支撑。比如她早期最经典的关于"格子""原创性""复制性/重复性"等问题的论述，充分体现了这样一种视角和思维逻辑。[②]克劳斯甚至认为，形式主义其实是对于格林伯格理论体系的一种

---

① 杨小滨：《感性的形式——阅读十二位西方理论大师》，北京：生活·读书·新知三联书店，2016，第107—113页。

② 罗莎琳·克劳斯：《前卫的原创性及其他现代主义神话》，周文姬、路珏译，南京：江苏凤凰美术出版社，2015。

误解。她说："作为一个有深度的历史主义者，格林伯格的方法是，把艺术领域设想成即将是永恒的且处于无休无止的流动状态。正是注意到艺术的本体性和牢不可破的持续性，格林伯格才会强烈反对批评写作的着眼点在于方法而不是判断内容。但也正是因为没有任何办法把判断与评估内容拆分开来，所以格林伯格认为批评主要与价值有关，与方法几乎没有什么关系。"而克劳斯则经由结构主义和后结构主义的解释路径，为我们提供了一个完全不同甚至截然相反的答案："一方面，结构主义拒绝把历史主义模式作为理解意义生产的途径。另一方面，在后结构主义理论中，那些永恒的跨历史的形式本来被认为是一个牢固的系统，在那里，美学发展占据位置，而现在却要把自己向历史分析开放。"[1] 不同于格林伯格之"历史主义"的是，"这里的历史分析是以摒弃历史作为种种事物（陈述、艺术作品以及任何文化生产）意指的方式，而是把生产手段交给他们自己的历史来验证"[2]。也因此，包括克劳斯在内的这个小群体的写作不再限于同时代的艺术，其对象有时候可能是现代主义，也有可能会涉及前现代艺术，但毫无疑问，这种写作本身是当代的，或者说写作本身作为艺术行动在不断地卷入当下激进的艺术现场。

大卫·卡里尔（David Carrier）曾将克劳斯的写作视为美国哲学艺术批评的典范。卡里尔认为："一个哲学艺术批评家必须既是一位艺术批评家同时又关注哲学，哲学艺术批评家因此是介于这两者中的奇怪一族。他们严谨的哲学兴趣通常让艺术史家困惑，而他们对艺术历史的关注又有可能被哲学家所忽视。"[3] 不光是卡里尔这么认为，20世纪80年代初，

---

① 罗莎琳·克劳斯：《前卫的原创性及其他现代主义神话》，第1—2页。

② 罗莎琳·克劳斯：《前卫的原创性及其他现代主义神话》，第5页。

③ 周文姬：《罗莎琳·克劳斯的哲学艺术批评》，《文艺理论研究》，2017年第1期；David Carrier, *Rosalind Krauss and American Philosophical Art Criticism: From Formalism to Beyond Postmodernism*, Westport: Greenwood Publishing Group, 2002。

卡里尔的老师阿瑟·丹托（Arthur C. Danto）在与米切尔森的通信中也屡屡提到，《十月》是否要将艺术批评哲学化。[①]事实上，这里面有一个很大的误解。虽然他们的论述借用了很多哲学概念，文风亦相对比较晦涩、艰深，甚至有人将他们的文章视为"火星文"，然而，他们的目的并非将艺术批评哲学化。就像后结构主义理论家一样，他们的写作涉及艺术、艺术史、视觉文化、哲学、历史、文学、人类学、社会学等各个领域，在某种意义上，这种写作本身就是在抵抗和瓦解传统的学科边界，所以我们很难将其归为哲学、历史或其他。概言之，《十月》的目的就是要开创一种新的艺术评论写作方式，一种"创新艺术内在品质"的艺术评论。[②]

多年以后，哈尔·福斯特这样评价《十月》的历史：

在最初的十年左右，《十月》是当代艺术和批评理论结合的关键场所，那时它的研究项目是分析后现代主义艺术和后结构主义批评之间的关系。第二个十年里，研究扩大到了作品和理论之间的关系，例如女性主义和精神分析。这段时期，我们也开启了现代主义领域里稍微滞碍的运动如达达和构成主义的研究。我们还对那些众所周知的运动进行了新的解读，例如通过巴塔耶来重新思考超现实主义。其中文献性的和修正主义的历史维度对《十月》一直以来都很重要，而且我认为这种重要性还会持续下去。下一个时期受到了文化战争的影响，这也是一场关于标准的战争，我们必须在这些转变中找到立足点。正是在这一时期，我们开始研究诸如艺术史与视觉文化等体制问题。我们也通过圆桌会议和调查问卷等旧方式使杂志对其他观点更包容开放。尽管我们一直珍视批评的严谨性，但我们也必须

---

① 《丹托与米切尔森的通信》，1981 年 5—6 月。美国盖蒂基金会提供。
② 哈尔·福斯特：《实在的回归：世纪末的前卫艺术》，第 8 页。

倾听其他的声音。①

透过这段评价可以看出，对于《十月》而言，"革命"与"智识"或"政治"与"理论"构成了它最重要的两个价值支点。直到今天，依旧如此。

余论：重估《十月》，"什么是不断革命"？

自 1976 年杂志创刊至 20 世纪 80 年代末，《十月》付诸一系列批评和写作的激进实验，涉及"历史唯物主义""精神分析""体制批判""身体政治""景观"等前沿话题，关于这些话题的深入讨论在艺术系统内外引起了广泛的影响。1990 年，作为核心编委之一的道格拉斯·克林普离开了《十月》，但这并非一个编委的离职这么简单，事实上，它恰恰说明了全球化浪潮席卷之时，杂志自身所遭遇的困境和挑战。此后不久，《十月》不仅调整了编委会，而且开始关注更广范围的艺术实践和艺术史，"种族""阶级"以及"后殖民"等随之成为他们讨论的重要议题。

然而，进入 21 世纪以来，当代艺术日新月异，《十月》也日渐显出其保守的一面。更重要的是，互联网时代的来临，使得理论、批评以及艺术媒体皆面临着新的危机和挑战。如果说形式主义的终结开启了一个新的批评时代，那么《十月》所遭遇的理论困境则标志着这一批评时代的结束。"理论的危机""批评的终结"成为一种普遍的共识。也是在这期间，网络写作开始兴起，短、平、快成为新的批评话语方式，批评成为新的消费对象而逐渐失去了理论思考的功能。按照福斯特的说法，这是一个"后批评"（post-criticism）时代。② 与之相应的是，艺术媒体的

---

① 哈尔·福斯特、杰瑞特·欧内斯特：《〈十月〉：一个"微型乌托邦"》，见本书第 127—128 页。

② Hal Foster, *Bad New Days: Art, Criticism, Emergency*, London & New York: Verso Book, 2015, pp. 115—124.

生态也在发生变化，如《弗里兹》(*Frieze*)、*e-flux*等新型艺术媒体的兴起彻底改变了艺术评论的方式、阅读评论的习惯乃至整个艺术系统。特别是随着自媒体的崛起，传统媒体的话语权开始转移，大数据逐渐取代了理论模型，这使得《十月》越来越无法适应艺术现场的疾速变化。

作为一份左翼学术刊物，《十月》的定位和风格注定了它始终是一个小众的、精英的专业媒体。吊诡的是，其最初以反学院主义、反商业的名义创办，可如今，它的阅读群体却主要限于学院系统，反而紧紧地依附于体制。也正因如此，在反智主义大行其道的今天，重估其意义显得尤为必要和迫切。自创刊以来，《十月》一直与艺术现场保持着紧密的关系，它不失时机地卷入"混乱"的现场，但又始终坚守着自己卓尔不群的独立姿态。不同于互联网时代的平滑式写作，《十月》则始终保持着足够的纵深感和思辨性。它起因于爱森斯坦的《十月》，承袭格林伯格的前卫，以及他们背后的政治理念，这意味着，它不仅是一场艺术批评和艺术认知的革命，其本身也是一次（持久的）政治行动。福斯特说，前卫主义固然是有问题的（它可能是英雄主义、精英主义，诸如此类），然而，它在艺术和政治中的抵制性或替代性的阐释里已经得以重新编码，而放弃这个建构依然会是左派的损失。[①]如果说这是《十月》诞生的意义，那么今天的问题是，我们能否寻得一个同样或相似的——抑或说我们能否回到这样一个——行动的起点？尽管，"在19—20世纪作为革命力量的政治性阶级已经无法再形成"[②]，但也恰恰因此，我们有必要重温百年前托洛茨基的追问："什么是不断革命？"

---

① 哈尔·福斯特：《实在的回归：世纪末的前卫艺术》，第8—9页。
② 汪晖：《十月的预言与危机——为纪念1917年俄国革命100周年而作》，《艺术理论与批评》，2018年第1期。

/ 上　篇 /

《十月》与艺术批评的理论蜕变 [*]

罗莎琳·克劳斯 [**]

鲁明军（以下简称鲁）：您好！克劳斯教授，非常感谢您在百忙之中抽出时间接受采访。首先，我很好奇，半个多世纪以来，您一直笔耕不辍，您还记得曾为多少个艺术家写过评论吗？

罗莎琳·克劳斯（以下简称克）：这个我无法回答你，但我可以告诉你一些我写过的艺术家。我最初在《艺术论坛》担任评论员，他们每个月都会给我分配任务，每期都有五六个展览，我必须要写。我记得最早的一个是唐纳德·贾德（Donald Judd），后来写过索尔·勒维特（Sol Lewitt）、理查德·塞拉（Richard Serra）、梅尔·波赫纳（Mel Bochner）、多萝西娅·洛克伯尼（Dorothea Rockburne）等，我还认识了罗伯特·史密森（Robert Smithson），他是如此令人激动。

---

[*] 访谈时间：2018 年 8 月 29 日。访谈地点：纽约曼哈顿苏荷区罗莎琳·克劳斯寓所。标题为鲁明军所加。

[**] 罗莎琳·克劳斯（1941— ），美国著名艺术理论家、批评家，艺术史家，《十月》杂志的创刊人之一。现为纽约哥伦比亚大学教授，曾任教于卫斯理学院、麻省理工学院、纽约市立大学等。著有《现代雕塑的变迁》《前卫的原创性及其他现代主义神话》《视觉无意识》等。

鲁：这次访谈的主题是《十月》。想必您不止一次回答过这个问题，但我还是想问，四十多年前，到底是什么原因促使您和安妮特·米切尔森创办了这本伟大的刊物？特别是这个名字，它是源自俄国的"十月革命"吗？

克：创办《十月》的关键是《艺术论坛》。1962 年，《艺术论坛》创刊于旧金山，后来杂志社搬到洛杉矶。1967 年，在格林伯格的建议下搬到纽约。其间，主编一直是菲利普·莱德。菲利普是个天才，很聪明，也非常友好，所以身边汇聚了一批有才华的作者和艺术家，直到 1971 年他离开纽约。接替他的是来自加利福尼亚的约翰·科普兰斯，自 1972 年起担任主编。他的性格和莱德相反，脾气暴躁、动辄发火，令很多作者不适，我们也不喜欢他。

20 世纪 70 年代初，编辑部发生了两件事。一是《艺术论坛》改版了，它变得更"厚重"了。因为发行很快，广告的版面不断增加，这意味着编辑内容的空间，也就是写作的空间变得越来越小，导致我们不能写任何稍长一点的文章，长篇理论或任何类型的精神分析文本都被拒绝。对此，我开始感到不快。二是科普兰斯沉迷于将杂志的空间推销给画廊，他不希望发表太多非画廊展览和作品的文章，比如任何关于录像艺术、电影或表演的文章都没有发表的空间，因为它们不属于商业画廊和艺术界的交易空间。对这些材料感兴趣的人除了我还有米切尔森，于是我俩自然地被编辑部冷落了，内心也感到与《艺术论坛》越来越远了。在这个过程中，科普兰斯任命马克斯·科兹洛夫（Max Kozloff）为执行编辑。他对我们的工作非常敌视，认为这是一种形式主义。所以，在某个时刻，我们决定离开，创造自己的杂志。我还记得有一次，《乡村之声》（Village Voice）发表了一篇科普兰斯的采访，在被问到我们为什么离开《艺术论坛》时，他说："好吧，我们清除了形式主义者。"

《十月》这个刊名来自苏联导演谢尔盖·M.爱森斯坦为纪念"十月革命"10周年拍摄的一部名为《十月》的电影。我们大量刊发了有关电影、表演和录像艺术的讨论。另外还须一提的是,科普兰斯一直对法国理论有点过敏。而我此前一直想在《艺术论坛》发表福柯著名的文章《这不是一支烟斗》,但科普兰斯断然拒绝了这一提议。受此刺激,《十月》的第1期(创刊号)不仅刊发了我关于录像艺术的文章《录像:自恋症美学》("Video: The Aesthetic of Narcissim"),还发了理查德·霍华德(Richard Howard)翻译的《这不是一支烟斗》——理查德是一位优秀的译者。因此可以说,我们的创刊号是一部宣言,它所刊发的多是曾被《艺术论坛》拒绝和退稿的文章。那时的我们都非常反感《艺术论坛》,所以决定在发刊词中直接提出,我们将没有广告,没有彩色,所有那些看上去已经"变态"的《艺术论坛》的风格,比如全彩印刷、对广告的需求以及对编辑空间的限制等,在这里统统是我们所反对和抵制的。

一开始,我们还能够保证杂志的运营资金。有这么几个途径,一是我们在苏荷区有一家春街书店(Spring Street Books)(图1-1),是一个非常好的艺术书店,当时由贾普·莱特曼(Jaap Rietman)经营。莱特曼有一个非常重要的合作方:韦滕伯恩公司——一家位于麦迪逊大道上的图书出版公司,创始人乔治·韦滕伯恩(George Wittenborn)是一位资深的出版商,出版了很多非常重要的艺术书籍。正好贾普·莱特曼也对韦滕伯恩的出版理念和传统感兴趣,所以,当我们说起自己的计划和想法,问莱特曼是否愿意购买我们的书籍时,他很爽快地答应了。第一版印了25本,他以每本100美元的价格购买了全部,我们得到了2 500美元的售书款,然后我们用这笔钱支付了印刷商的第一笔欠账。除此以外,当时还有一个叫"国家艺术基金会"的政府项目,每年给我们25 000美元的资助,连续资助了好几年,后来到了里根时代才被终止。当时,我们面临着巨大的资金压力,可又没有任何办法和途径。我们有一个非常

图 1-1
春街书店

重要的同事，也是我的朋友，是一位建筑师，叫彼得·艾森曼（Peter Eisenman），他有一个非营利机构，他称其为"建筑与城市研究所"①。研究所有一个小办公室，聚集了一批志同道合者，组成了一个前卫建筑师的群体。不过，他之所以经营这个机构是因为他结识了很多非常富有的人，后者为机构的运营提供了资金和保障。他把我们介绍给那些富人中的一个，由其资助了我们两年，后来也终止了。我记得有一次和好朋友谢里·莱文（Sherrie Levine）喝咖啡，我说："莱文，《十月》已经结束了，我们没有钱了。"她说："别傻了！我们会给你照片，你出版一个作品集，把它们卖掉，钱不就来了吗？"这是个很好的想法，于是我们很快联系艺术家，编辑了第 1 辑，其中收录了辛迪·舍曼（Cindy Sherman）、谢里·莱文等人的作品。这真的很好，在那之后，我们紧接着出了第 2 辑，里面的艺术家有格哈德·里希特（Gerhard Richter）、劳申伯格等。

这就是我们"自我造血"的方式。与此同时，我们做了另一个决定，计划出版一系列艺术家小书，就是"《十月》档案"（*OCTOBER* Files），收集、编辑所有关于特定艺术家的最佳写作。我们做的第一本是关于理查德·塞拉的，后来我们做了安迪·沃霍尔的，还有罗伊·利希滕斯坦（Roy Lichtenstein）、伊娃·海瑟（Eva Hesse）等艺术家的。这些小书其实非常有价值，也很重要。令我非常沮丧的是，沃霍尔的那本已经绝版了。其实最初这些都是为了卖给学生，所以它们都是小书，定价也偏低。和《十月》一样，它们没有任何颜色，开本很小，也不厚。但这些小书贡献很大，一直支持我们将《十月》继续办下去。我与我们的出版商麻省理工学院出版社达成了一项协议，相当于做了一个交易：一本书一美元，就是说他们卖一本书，我们得一美元。因为我已经习惯于和出版商

---

① 建筑与城市研究所（The Institute of Architecture and Urban Studies），一个非营利性的建筑工作室和智囊团，位于美国纽约曼哈顿，成立于 1967 年，1984 年关闭。

的会计打交道，知道他们有无尽的理由不想付给我们版税，但在这件事上，我告诉他们没有商量的余地。没想到，我们从这一系列小书中获得了不小的利润。

鲁：您如何看《十月》与二十世纪六七十年代美国左翼运动的关系？是否可以说，《十月》本身就是一本左翼刊物？过去四十年来，它主要的贡献是什么？其间又经历了哪些变化？

克：嗯，从一开始，在创刊号发表福柯的《这不是一支烟斗》的时候，我们就下决心做一本在分析方法上更加丰富、更加多样的新刊物，并决心要继续翻译、刊发和出版像结构主义这样的法国理论，如将列维－斯特劳斯（Claude Levi-Strauss）的神话学作为理论依据或分析工具，那个时候此类内容就已经出现在《十月》。说到这里，我想起过去因为报道佩斯画廊（Pace Gallery）的展览认识了画廊老板阿诺德·格莱姆彻（Arnold Glimcher）——在波士顿的时候我就认识他。有一次他来找我，说他们要在画廊举办一个大型的网格绘画展览，问我是否有兴趣撰写展览图录的文章（图1-2）。因为和他熟悉，我就答应了，但当时觉得似乎没有什么能比写一篇关于网格的文章更无聊了，网格有什么可说的呢?！

但后来我想起了列维－斯特劳斯的神话学著作，他在里面谈到了网格，给了我很多启发。他说神话学家一直在做从神话中寻找网格的工作，但从未找到它，也不可能找到。因为神话只关乎重复，一遍又一遍，没有一个神话不是重复的。以俄狄浦斯神话为例，俄狄浦斯的神话有一百万个版本，包括弗洛伊德的俄狄浦斯情结也是。而我们要问的是，该如何识别这些版本是否属于同一个神话？如何才能认识到弗洛伊德版本的恋母情结与原始的俄狄浦斯神话是一样的？它们是一样的吗？列维－斯特劳斯说我们要做的必须是为了创造，但不必创造一个神话的结

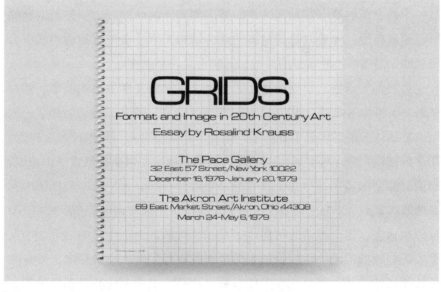

图 1-2
"网格展"（Grids）（佩斯画廊，纽约，1979）图录封面

构，以免你再次看到它时，难以辨识它是否由相同的结构所组成。他说的神话的这种重复与一个事实有关，即它们其实是由两个无法调和的元素组成的。在一个特定的社会中，这两个元素往往是相互对立的，而它们能够被调和的唯一方式是通过神话的叙事。但他接着又说，叙事并没有使其得到真正调和，只是将它们暂停，或使其处于暂停的状态。这就是一个社会能够容忍这种理论上的撕裂和对立的原因。比如关于俄狄浦斯，他解释说，他要做的是理解神话的结构，因此必须把神话的叙事分成片段，而那些不断重复的片段，其实就是神话的主题。

我们都知道俄狄浦斯的神话，他谋杀了父亲，娶了他的母亲，然后又遇上了可怕的瘟疫。所以，列维-斯特劳斯说，这些是神话的神话，对于宗教团体来说，代表了某种宗教信仰。而这些都是可怕的冲突。因此，在这里神话作为一种方式，并不是为了调和冲突，而是将其暂停。他说，连俄狄浦斯的名字都与两个对立的宗教信仰有关。其中之一与俄狄浦斯的典故有关，这个名字的意思是肿胀的脚，关乎与地面的关系。列维-斯特劳斯认为，这个神话的结构其实是在反对两种关于生育的信仰，即关于人类物种的繁殖。一种是关于两个人在一起生育的那种信念，另一种是他所说的无性生殖，就像鹅卵石从一块石头上脱落一样，意思是说孩子不是两个人而是一个人生出来的。这对你来说有意义吗？列维-斯特劳斯解释了两者是如何进行、如何运作的，一旦你得知这是一场战争，一场关于两个人生殖的信仰和一个人生殖的信仰之间的战斗，就会理解在弗洛伊德思想的内部，事情的一部分是孩子不相信母亲和父亲生了他，所以当他相信他只来自母亲时，就会与父亲战斗。这就是列维-斯特劳斯看待这个问题的方式。而弗洛伊德的恋母情结实际上是这种原始斗争的再现。列维-斯特劳斯提示我们，这种重复有点神经质，也就是说，既然对立不能被解决，那就只好被重复。

由此我想到的是，一旦艺术家开始用网格工作，他们能做的就是重

复。他们永远无法摆脱它。如蒙德里安（Piet Cornelies Mondrian），他画了四十年的网格。还有阿格尼丝·马丁（Agnes Martin），用那些六英尺见方的网格，一遍又一遍，画了很多年。另外，贾斯珀·琼斯的绘画，也与网格有关，他的绘画是神经质般的网格结构。所以，我不得不尝试找到它的对立面，就像恋母情结的对立面一样，解释为什么他会有这种神经质般地对复制或重复的需求。

从这个意义上说，《十月》不仅推动了法国理论在英语世界的传播与流通，而且还直接参与了结构主义这一知识的变革，将它带到了关于当代艺术的讨论中。在我看来，这是《十月》的一个非常重要的贡献。另外，我认为这对学生也非常重要。如果他们对某个艺术家感兴趣，《十月》可以启发他们四处寻找到与之发展相关的类似物，而不再遵循传统艺术史的那种方式，即考察艺术家是如何与他们的先辈发生关联的。在我看来，那种大师风格的仪式化传递，即代际分析是非常病态的。对学生来说，四处寻找其他模式，促使其得到解放，则更为重要。

鲁：这的确是《十月》对艺术批评写作的巨大贡献，在当时也是全新的东西。但事实上，从这些年杂志关心的问题和刊发的文章看，似乎更侧重对艺术史的深度研究，很少涉及或直接报道、评论当下的艺术现场。您认为这样一个艺术刊物如何界定与当下现场的关系？作为当代艺术的一个纯学术媒体，对于整个当代艺术生态，它的意义在哪里？

克：嗯，我想不出具体的例子，太多了……其实，我们一直在努力刊发一些我们认为对当代艺术家比较重要的文章。我记得 20 世纪 90 年代，我们围绕"视觉文化"（visual culture）做过一次问卷调查，邀请学者、艺术家思考这个问题并填写问卷，然后反馈给我们，我们整理讨论后发表在杂志上（第 77 期，1996）。在我看来，这就是我们处理当

代艺术的一种方式。除此，还有一件事，几年前，巴黎蓬皮杜中心曾举办一个大型的摄影展，其间他们组织了一个小型会议，其中有一个发言人谈到了数字摄影的作用，认为这在摄影史上是一个创举。我当时觉得这个题为《从"追踪—图像"到"虚构—图像"：80 年代至今摄影理论的展开》（"Trace-Image to Fiction-Image: The unfolding of Theories of Photography from the '80s to the Present"）的演讲十分新颖，也很聪明，后来我联系他并翻译了这篇文章，发表在《十月》上（第 158 期，2016）。我记得他举了阿特拉斯小组 ① 的例子（图 1-3）。你知道，数字摄影导致了某种档案工作，而阿特拉斯小组是一个典型的例子。我一直不知道阿特拉斯小组，还是在之前的一个研讨会上，我的一个学生介绍了它的情况，这才有所了解。所以，听到他提到阿特拉斯小组，我很高兴，因为我知道这是什么。

鲁：这篇文章的作者您还记得吗？

克：菲利普·杜布瓦（Philippe Dubois），是新索邦大学巴黎第三分校电影和视听系教授。尽管如此，我还是不得不说，就当代艺术而言，我还是不太了解。几年前我突然中风了，导致我无法频繁走动，所以没办法经常去画廊看展览。对此，我也感到非常内疚。

鲁：在这种情况下，您觉得网络会是一种有效的替代方式吗？

---

① 阿特拉斯小组（Atlas Group）是黎巴嫩艺术家瓦利德·拉德（Walid Raad）于 1989 年至 2004 年期间开展的一个艺术项目，旨在研究和记录黎巴嫩的当代历史，特别强调了 1975 年至 1990 年间的黎巴嫩战争。拉德发现并制作了音频、视频和文学文件，揭示了这段历史，这些文件保存在阿特拉斯小组档案中。

图 1-3
阿特拉斯小组，《笔记本第 38 卷：已经在火湖中》(*Notebook Volume 38, Already been in a lake of fire*)（局部），纸本彩绘，1991

克：我不认为在网上能真正了解艺术，这似乎不是一个非常好的方法，因为你没有在场感，就没有办法对作品做出真实的判断。我现在虽然很少到现场看展览，但我们编委会有成员很积极。你知道，《十月》有一个非常强大的编委会，比如编委会的成员之一大卫·乔斯利特，他非常活跃，对当代艺术现场非常了解，所以这是个非常大的帮助。除了他，编委会还有莱耶·迪克曼（Leah Dickerman），她是纽约现代艺术博物馆的策展人。其实不止他俩，还有个别编委会成员也非常关注当代艺术。

鲁：可否分享一些您和格林伯格及其他评论家交往的点滴？

克：当时我在哈佛大学读研究生，迈克尔·弗雷德是我的同学，是他把我介绍给了格林伯格。那会儿我还住在波士顿，所以当我每次为《艺术论坛》写评论来到纽约看展览时，都会去拜访他。我会去他的公寓，通常都会聊上半小时或 45 分钟，所以我对他比较了解。实际上，正是因为他——他是史密斯遗产的执行人——我才能够做关于大卫·史密斯（David Smith）作品的博士毕业论文。但后来，在某一点上我开始不喜欢他，我发现他很专制，就像他的批评观点，大多都非常狭窄。实际上，他在表达这些观点的时候非常教条，没有任何空间可以与他产生分歧，可以批评他。还有一件事，有人告诉我，我不相信——但我想应该是真的，就是格林伯格一直在接受艺术经销商和画廊的资助，所以，他不遗余力地宣传后者代理或合作的艺术家，把这些艺术家置于他认为的前卫位置上。当得知这一点的时候，我很失望，因为我一直以为他是绝对独立的。

除了格林伯格外，我在纽约还有一个很要好的朋友，是列奥·施坦伯格（图 1-4）。我曾经每年都会与他共进晚餐两次。列奥是个嗜烟如命者，除了特殊情况，他从不去餐馆，因为在餐馆他无法吸烟。我和他一

图 1-4
施坦伯格（中）在 MoMA 举办的波普艺术座谈会上，1962

起吃饭的时候，他会点中国菜或印度菜，但我觉得很难吃。我们也会玩拼字游戏，他是一个拼字游戏的狂热者，所以我总是输。但我真的很喜欢列奥，从他那里学到了很多东西，关于艺术评论，关于如何与艺术家交往，他曾经说："如果你在赛马上下注，就不要和马说话。"他这是提醒我，批评家不应该与艺术家过多地交谈，因为他相信，如果作品是好的，它自己就会说话。艺术是连贯的，我们能够理解作品，不需要去问艺术家本人。

　　鲁：20 世纪 80 年代出版的《前卫的原创性及其他现代主义神话》（*The Originality of the Avant-Garde and the Other Modernist Myths*）一书是对格林伯格的回应吗？

　　克：我当时被邀请参加一个关于前卫艺术的会议。当然，那个时候没有人可以不考虑格林伯格就谈论前卫这一话题。但是，在我讨论神话和神话的重复这个问题的时候，就已经开始思考先锋派了。先锋派都有点自豪地认为自己来自无，认为自己跳出了所有历史背景，进入了一个全新的世界。比如未来主义谈论的"新"，就是夜里的车要翻了就推倒它①，然后翁贝托·波丘尼（Umberto Boccioni）从他所说的转弯处或沟渠中升起，进入了新的未来主义领域，意思是说，每一个先锋派都要抛弃它的过去，重新塑造自己。而在我看来，这其实与神话结构有关。在某种程度上，从过去跳出来，落在新的地方，这些艺术家基本上已经确定了他们认为的新的东西，然后在重复中发展自己。这就是我认为的前卫艺术的神话，我举的一个例子是罗丹和他反复铸造作品的方式②，它就

---

① 源自尼采所言"车要翻了就推倒它"。
② 见《现代雕塑的变迁》第一章《叙事性时间：〈地狱之门〉的课题》。

是再现，重复再现是这种神话的核心思想。所以，我想说的是，前卫的原创性其实与神话有关。

鲁：您怎么看蒂埃里·德·迪弗在《字里行间的格林伯格：兼与格林伯格的辩论》（*Clement Greenberg Between the Lines: Including a Debate with Clement Greenberg*）中对于格林伯格的修正？以及迈克尔·弗雷德在《艺术与物性》一文中对于格林伯格的辩护？

克：格林伯格对迈克尔·弗雷德来说是一个圣人。在我看来，迈克尔所相信的一切都来自格林伯格的历史观，比如事情的必然性及其年表、先锋艺术的必然发展，等等。迈克尔无法想象在没有格林伯格理论结构的情况下思考艺术。蒂埃里·德·迪弗的圣人不是格林伯格，而是马歇尔·杜尚（Marcel Duchamp）。他反复思考的是格林伯格否定杜尚之现代主义历史的方式。对蒂埃里来说，这不可能是真的。因此，他想重塑一部现代主义的历史，其中杜尚就是祖先，是开端。我认为蒂埃里的工作是开创性的，非常好。

其实，在这之前我还翻译了蒂埃里的一本书。他在《十月》先后发表的三篇文章，都是我翻译的。后来我把这三篇文章汇集成一本书，叫《马克思血汗工厂里的缝合：博伊斯、沃霍尔、克莱因、杜尚》（*Sewn in the Sweatshops of Marx: Beuys, Warhol, Klein, Duchamp*），交由芝加哥大学出版社出版。差不多同时，我写了一本关于德·库宁的书《永不停歇的德·库宁：寻找那个女人》（*Willem de Kooning Nonstop: Cherchez la femme*），一开始寄给了一直跟我合作的麻省理工学院出版社——该出版社几乎出版了我所有的著作，但出版社编辑回复说他们对关于德·库宁的书不感兴趣。我有点沮丧，不知道该怎么办。于是，我想到了芝加哥大学出版社，因为此前他们出版了我翻译的蒂埃里的书，于是我试着把

关于德·库宁的书稿也寄给了他们，没想到他们同意出版这本书。这对我来说是莫大的安慰。

鲁：据我所知，1987年、1997年《十月》曾编过两本合集，可以说是对两个十年的总结，不同时期涉及不同的话题，包括"历史唯物主义"（historical materialism）、"体制批判"（critique of institutions）、"精神分析"（psychoanalysis）、"修辞学"（rhetoric）、"身体"（the body）和"艺术 / 艺术史"（art/art history）、"后殖民话语"（postcolonial discourse）、"身体政治 / 精神分析"（body politics/psychoanalysis）、"景观 / 体制批判"（spectacle/institutional critique）。这些话语、论题与当代艺术现场是一种什么关系？是相互紧贴，还是有一定距离？

克：这样，我举个例子吧。比如米尼翁·尼克森，精神分析对她的写作思想至关重要。但在很大程度上，这还是取决于她的研究对象，并不是理论先行这么简单。你知道，她在路易斯·布尔乔亚（Louise Bourgeois）身上花了很多时间，下了很大功夫，所以，还是取决于主题，取决于作者要研究的艺术家，在这个基础上，再考虑依赖哪种理论框架。

谈到这个，我想起去年《十月》决定使用我们自己的理论技能，写一些反特朗普的小品文。我们发表的那篇是哈尔·福斯特写的，叫《皮埃尔·特朗普》（"Père Trump"）（第159期，2017）。福斯特在文中提到，这其实跟弗洛伊德讲的"原始的父亲"（the primal father）故事有关。在《图腾与禁忌》（Totem und Tabu）中，弗洛伊德从达尔文的"原始部落"——一个由全能的父权者统治的伟大的兄弟团体——中推导出这个人物。这个可怕的父亲享受着部落中所有的女性（这是女性在这个古怪的故事中唯一的角色），并把兄弟们排除在性之外，以至于他们联合

56

起来杀死了这个暴君。然而，这一行为使他们陷入了深深的内疚之中，因此他们再次将死去的父亲提升为神，或者至少是一个图腾，围绕这个图腾建立了禁忌（最重要的是谋杀和乱伦的禁忌）。对弗洛伊德来说，由此社会就开始了。哈尔是用这个故事来描述忠贞，即特朗普追随者的那种卑微的忠贞。我也写了一篇，但不太讨喜，所以到现在都没有发表，题目叫《爱我的发件人》（"Love me Sender"）。它基本上算是一篇关于特朗普的推文，我认为它可以被解释为弗洛伊德的反移情思想。从某种意义上说，它是关于病人和病人之间的爱，是病人和治疗师之间的移情。但是，治疗师对病人有一种反情欲的反应。弗洛伊德在朵拉案例的研究中写了很多这方面的内容。他给威廉·弗利斯（Wilhelm Fliess）写信，与很多人通信，那时他正在写作《朵拉：歇斯底里案例分析的片段》（*Fragment of an Analysis of a Case of Hysteria*）一书，他感到缺少一种药物。而这实际上是他描述自己对朵拉的一种反移情的方式。所以，这便是为什么说《爱我的发件人》是关于特朗普的推文的原因，但编委会不喜欢它，所以没有发表。

鲁：您的写作和艺术史研究方法的转向有交叉吗？比如新艺术史的转向，比如视觉文化的兴起，其中包括T.J.克拉克、斯维特拉娜·阿尔珀斯（Svetlana Alpers）、于贝尔·达弥施、路易斯·马林（Louis Marin）的研究等，您会关注他们的研究吗？

克：我关于德·库宁的那本书就是受 T. J. 克拉克的启发写的，它围绕德·库宁的《在哈瓦那的郊区》（*Suburb in Havana*）（图 1-5）展开，那幅画很精彩。我非常敬佩 T. J. 克拉克，我认为《瞥见死神：艺术写作的一次试验》（*The Sight of Death: An Experiment in Art Writing*）是他最好的书之一，我记得他针对普桑（Nicolas Poussin）的一幅画进行持续

图 1-5
德·库宁,《在哈瓦那的郊区》,布面油画,203 cm×178 cm,
1958

数日的观察，在书中做了非常详细的分析和记录，里面有很多关于黑暗的描述。我也非常喜欢斯维特拉娜·阿尔珀斯的作品，但并不像 T. J. 克拉克那样，我尚未感觉到和她有什么联系。达弥施对我非常重要，不幸的是他去世了。他的研究以结构主义为基础，这不仅激发了我对结构主义的兴趣，也帮助我理解结构主义。所以，我觉得我还是非常了解他的。你还问到了谁？

鲁：路易斯·马林？

克：哦，我是路易斯·马林作品的崇拜者。正好最近我在读路易斯·马林的一篇关于罗兰·巴特的文章，它涉及巴特的一本书《罗兰·巴特自述》（*Roland Barthes by Roland Barthes*），很有意思。他发现在巴特关于自己的那本书里，巴特是把自己作为一个角色来创作的，他既把自己当作对象，也当作自己。这就是马林的文章吸引人的地方，他很敏锐。

另一个我非常感兴趣的艺术史家是迈克尔·巴克桑德尔（Michael Baxandall），特别是他那本《15 世纪意大利的绘画与经验》（*Painting and Experience in Fifteenth Century Italy*）。在这本书里，他攻击了学界对文艺复兴时期艺术的习见。一直以来，我们通常都认为文艺复兴绘画的主体是古典人文主义者，即那些继承希腊罗马传统、受过古典训练并具有人文主体意识的群体，但巴克桑德尔透过大量的文献发现，文艺复兴时期艺术的主体不是古典人文主义者，而是商人（merchant）和绅士（gentleman）。这主要体现在"赞助"这一维系艺术创作的社会惯例和习俗，它包含了商业、宗教以及知觉。作为雇主（client），赞助人在整个过程中起着支配性的作用。巴克桑德尔发现，文艺复兴时期的商人有一种"桶式凝视"（barrel-gazing）和"体积计量"（gauging，即运用几何

学和圆周率来测算桶的体积）的能力。就是说，一个商人如果要卖给某个客户一堆钉子，通常这些材料都会被装在一个桶里，这样的话，商人就必须对里面的钉子进行排序和估量，即时计算出桶里有多少钉子，以便给它一个价格。由此他说这些能以非常复杂和非常迅速的方式进行思考的商人就是"看桶的人"。巴克桑德尔并没有就此止步，而是将此引申到关于文艺复兴绘画的讨论中。

通常，文艺复兴绘画中多边形体的绘制遵循的还是透视法。但当看到乌切洛（Paolo Uccello）的作品时，你会禁不住去想一个艺术家是如何制作那些令人难以置信的精致的几何物体的（图1-6）。按照巴克桑德尔的说法，乌切洛的这样一种复杂形体的塑造方式正源自与透视概念绝对相反的"桶式凝视"。它与透视无关，而与这些复杂的体积有关，在此基础上，他认为这是文艺复兴时期所有人的特征，他是一个教堂的信徒，知道如何阅读彩色玻璃窗上讲述的非常复杂的故事，他是个舞者，知道如何通过舞蹈与其他人建立某种联系——巴克桑德尔在书中专门探讨了文艺复兴时期舞蹈对于绘画的影响……因此，你可以说巴克桑德尔是发明了能够理解文艺复兴绘画的人。这很奇妙，且绝对精彩！

鲁：非常受启发！下面这个问题关于编辑部的内部运作。我们知道《十月》网罗了一批优秀的艺术史学者和批评家，可以谈谈他们吗？比如安妮特·米切尔森、哈尔·福斯特、伊夫-阿兰·博瓦、本杰明·布赫洛、帕梅拉·M.李（Pamela M. Lee）等，他们有的是您的合作伙伴，有的是您的学生，每个人都不一样，你们之间会有分歧吗？比如您和米切尔森之间？作为编辑，对一篇论文是否刊用，编委之间会有争论吗？

克：我们的意见通常都很一致。作者投来的文章会被分配到相关研究领域的几位编委手中，请他们同时审核，然后进行编辑、评议和决定，

图 1-6

乌切洛,《圣罗马诺之战》(*Battle of San Romano*),1455—1460

最后会对录用的文章提出建议，然后再将其寄回作者进行修改。《十月》遵循的是集体编辑，编委会成员彼此之间没有分歧。和很多刊物编委会不同的是，我们更像是一个思考项目的小组，所以我们的编辑也不像很多学术刊物的编辑那么教条和死板，就像本杰明·布赫洛针对特朗普的相关现象，提出作为一个艺术刊物，希望做点什么来回应这个可怕的现象，于是就有了哈尔·福斯特的《皮埃尔·特朗普》，还有我的《爱我的发件人》。这种临时的举措和行动与一般的学术刊物还是很不一样的。

鲁：说到这里，我想起之前和伊夫-阿兰聊天的时候，他提及创办的杂志《光斑》，我能知道《光斑》和《十月》之间有什么关系吗？

克：嗯，《光斑》当时对格林伯格非常感兴趣，他们翻译发表了格林伯格的几篇文章，也出版了一些书籍。当然，这与在法国的几位对格林伯格感兴趣的批评家有关。所以，当我遇到伊夫-阿兰和他的助手让·克莱尔（Jean Clair）时，他们和我谈了很多关于格林伯格的问题，因为我是他们遇到的真正认识格林伯格的人。后来，我为他们写了一些东西，关系也变得密切起来，《光斑》还出版了我许多著作的法语版。其间，伊夫-阿兰来到纽约，加入了《十月》的团队。

鲁："《十月》丛书"（*OCTOBER* Books）在整个《十月》的编辑、出版和运营框架中，是什么角色？

克："《十月》丛书"基本上都是学位论文。对此，我其实并不赞成，那些书稿大多是我们的学生寄来的，主要是他们的学位论文。我认为出版学位论文是一个很大的错误，所以每次我都投反对票，但我的意见总是被投票淘汰了。

不过有一篇学位论文我很喜欢，是研究意大利贫穷艺术的，作者是贾列赫·曼苏尔（Jaleh Mansoor），也是我的研究生，论文题目叫《马歇尔计划的现代主义：意大利战后抽象艺术和自治的开端》（*Marshall Plan Modernism: Italian Postwar Abstraction and the Beginnings of Autonomia*）。我一直对论文的标题过敏，按常规这样的论文可能叫某个时期的某某某，或者别的，就是那种非常学术的标题。但我对她说："你必须想一个卖座的标题，以便于申请奖学金之类的，不能只是说'20世纪60年代末的意大利绘画'。"后来，我们想到了"马歇尔计划的现代主义"，因为意大利贫穷艺术组织在很大程度上受到马歇尔计划的影响。你知道马歇尔计划吗？

　　鲁：我知道马歇尔计划，是第二次世界大战结束后美国对西欧各国予以经济援助和协助重建的一个计划，对欧洲政治、经济、文化乃至整个世界格局产生了深远的影响。由此切入对意大利贫穷艺术的研究，的确是一个独特的视角，回头我找来一定认真拜读。谢谢您！

告别《十月》：从理论到行动 *

道格拉斯·克林普 **

鲁明军（以下简称鲁）：两年前，您出版了带有自传性质的《图像之前》（*Before Pictures*），其中提到您加入《十月》编委，成为核心成员，后来又逐渐远离这个圈子，为什么？顺便可以谈谈您的学术经历。

道格拉斯·克林普（以下简称克）：1962 年，我进入杜兰大学学习艺术史，1967 年我搬到了纽约，然后再回杜兰大学继续读书，1968 年毕业后又回到了纽约。同年，我在古根海姆美术馆找到一份工作。1976 年，我进入纽约市立大学研究生中心读艺术史研究生。当时我跟罗莎琳·克劳斯学习，后来她成为我的博士论文指导老师。你会和罗莎琳会面吗？

鲁：我们约好将在星期三会面。

---

* 访谈时间：2018 年 8 月 27 日。访谈地点：纽约曼哈顿苏荷区克林普寓所。标题为鲁明军所加。

** 道格拉斯·克林普（1944—2019），美国著名艺术理论家、艺术批评家及策展人，先后任《十月》编辑、罗切斯特大学艺术史系范尼·纳普·艾伦（Fanny Knapp Allen）讲席教授，从事视觉文化研究。著有《在博物馆的废墟上》《忧郁与道德主义：关于艾滋与酷儿政治的随笔》《"我们的电影"：安迪·沃霍尔的电影》等。

克：我们现在不怎么说话。这背后很复杂，非常复杂。

鲁：嗯，我了解一些。

克：我的学术背景就是这样。我花了非常长的时间才拿到博士学位。在我研究生第一年后，罗莎琳找我做《十月》的执行编辑。那时候，她们让我与麻省理工学院出版社打交道，麻省理工学院会为执行编辑支付一半的工资。于是，这就成了我的工作。一直到1990年离开，我在《十月》工作了13年。其间，我先是担任执行编辑，最后成为正式编辑。但我一直是那个拿着工资、勤奋工作、保证杂志顺利出版的人。杂志最初由安妮特·米切尔森和罗莎琳·克劳斯担任编辑，我基本上是个执行者。我负责收集稿件、编辑、校对以及所有的业务工作。但同时我也在研究，我也在写作。而且，这个时候我在外界已经有了一个批评家的形象。

1977年6月我成为《十月》的执行编辑，3个月后，我策划了"图像展"（Pictures），也是这个展览让我一举成名。杂志一开始是不定期出版，直到第5期，由于麻省理工学院出版社成为我们的出版商，要求我们必须定期出版，我的工作就是保证杂志每年出版4期。从第5期起，我也开始为杂志写文章。第5期是该杂志的第一个专刊，主题是摄影，它来自罗莎琳在纽约市立大学研究生中心组织的一个关于摄影的研讨会，克雷格·欧文斯（Craig Owens）和我都参加了这个研讨会。后来，克雷格、罗莎琳和我一同决定做一期特刊。

那么，你想知道发生了什么导致我偏离了它？我其实没有偏离。我认为我是被残酷地逼走的。你可能也听说了，这是个非常复杂的故事。安妮特和罗莎琳之间的关系有时候也很紧张，常常会发生争论。很多时候，我更像是她们两个人之间的调解者。当然，现在罗莎琳不会这样说，尤其是在安妮特即将去世的时候——我不知道她现在在哪里。

鲁：听说她最近病得很重。

克：我知道。我和安妮特完全没有联系，除了我，我认识的人都有跟她联系。所以有人告诉我，她的情况并不好，病得很重。回到正题，其实从我的角度来说，我被迫离开更像是一次糟糕的离婚，你知道双方——在这种情况下不止双方——每一方都用不同的方式来解释这件事情。

具体其实是这样的，我本来已经安排在《十月》发表一个会议的论文，这个会议是 1989 年秋我和朋友一起在一个阅读小组中发起的，叫作"我看起来怎么样？酷儿电影和录像"（How Do I Look? Queer Film and Video）。后来只发表了一部分，六篇论文中有两篇被罗莎琳和安妮特拒绝发表。

鲁：会议是在哪里举行的？

克：是在纽约的人类学档案馆举行的。当时我被告知，有两篇涉及色情图像的论文没有达到《十月》的标准，只发另外四篇。我说，它们是由一个集体完成的，不是杂志发表的一般论文。因此，无论如何，它只有作为一个整体才有意义，而且后面还有些问答环节，涉及的问题也相当广泛。但她俩坚持不发，我没有别的选择，只能选择离开。

事实上，20 世纪 80 年代中期我就开始关注这些问题。1987 年，《十月》出版了一期关于艾滋病的特刊，这是我提出来的，我问她们是否愿意配合，她们做到了。由于做了这期特刊，我后来陷入了这场运动的阴霾中。为了做这期专刊，我成为那个俱乐部的成员，这个转变对我影响非常大。最初，我只是打算发表几篇关于艾滋病和艺术的文章就算了。但随着了解和参与的深入，我意识到仅仅这些是不够的。而且没想到，这期杂志成为本刊有史以来最成功的一期。

这期杂志卖得出奇得好，还重印了。坦率地说，这也给罗莎琳和安妮特造成了一个竞争性的反应。当然，这不是她们的问题。她们之前甚至没有读过这些手稿，因为她们对它不感兴趣。但后来，越来越多的人不断地和她们谈起这期杂志。人们总是提到道格拉斯·克林普和《十月》。可对她们来说，《十月》是她们的，是她们创办了这本刊物，我不是创造者，我是在第 5 期的时候作为执行编辑加入的。我在那里待了 13年，那时我已经非常成熟了，是一个正式的编辑。我全面地参与了所有的决定，即便中间她们不完全参与，把它交给我时，我也做了我觉得必须做的事。至于艾滋病方面，在某种程度上，这也是那一阶段特有的产物，因为那个时候，我参与、组织了名为"行动起来"（Act Up）的活动，它是一个由一群朋友组成的阅读小组，平时聚在一起阅读一些相关的理论。这里大多数人都是非常普通和市侩的，但也有像理查德·冯（Richard Fung），朱迪思·梅恩（Judith Mayne）、特里萨·德·劳雷蒂斯（Teresa de Lauretis）和我这样的在电影和理论界非常有名的人。

　　所以，我认为她们完全错误地以为我想把杂志从她们那里拿走。我当然没有，不过我确实在改变它。我自己关注的方向也因此发生了很大的变化。基本上从 1987 年到 1996 年左右，至少有 10 年时间，我所有的工作都是关于艾滋病的。除了写作、组织和参与活动以外，我当时还在讲授有关艾滋病的知识，我做过多次关于艾滋病的讲座。《在博物馆的废墟上》（*On the Museum's Ruins*）之后，我出版了关于艾滋病的论文集。这也导致我慢慢不太关注艺术史了，越来越多地与文化研究保持一致。1990 年，我离开《十月》后，应邀参加了在伊利诺伊州乌尔巴纳-香槟举办的一个大型的文化研究论坛，会上我做了题为《艾滋病人的肖像》（"Portraits of People with AIDS"）的演讲，斯图尔特·霍尔（Stuart Hall）是主讲人。但其实当时我还没有特别意识到文化研究带来的变化，只知道它的大本营在英国伯明翰。同时，它让我意识到《十月》只是我

知识世界的一部分。

我的研究方向和知识方法都在改变。其间，我也写过关于艺术和艾滋病的文章，但更多的其实与艺术无关。当然，我的训练还是在艺术方面。因此，这就是为什么我还是很愿意谈论这些问题的原因。总之，进入90年代后，我对艺术的参与少了很多，我更关心的是那些诱使我进入"战场"的主题。我记得有一篇是关于魔术师约翰逊（Magic Johnson）的文章，当时他刚被检查出 HIV 呈阳性，这显然与艺术或艺术批评已经没有什么直接的关系了。幸运的是，1990年秋天，我被聘为萨拉·劳伦斯学院的教师，这是我第一份真正的学术工作。1992年，我又被罗切斯特大学聘为客座教授，最终这变成了一份工作，目前我仍然拥有这份优越的工作。每年我只上一个学期的课，每次只需要待四个月即可。

鲁：我们都知道，《十月》与法国理论的亲缘关系，您的写作也受结构主义、后结构主义的影响吗？《十月》的文风一度被批评晦涩、难懂，您怎么看这个问题？也有人批评《十月》更像一个封闭的小圈子，客观而言，您怎么看这个问题？

克：最初的内部圈子只有我、罗莎琳和安妮特三个人，都是编辑。琼·柯普耶克（Joan Copjec）被请来做副主编，但她既愚蠢又混乱，导致我经常不得不修复这个系统。你也可以说，关于内部圈子的概念，是由几位写作者组成的一个群体。但实际上，《十月》与其他学术期刊不同，所有的东西都是要征求意见的，至少我在那里的时候是这样。这就是说，人们不给我们寄稿子，我们就不能出版。为了获得好的稿源，我们有时候不得不打电话给朋友，问问有没有好的论文；有时候，听到某人在某会议上发表了特别有趣的论文，也会询问能否给我们发表。当然，这也无可厚非，终究还是为了保证杂志的水准。

但不知何故，当你读到它时，还是反映了一个非常狭窄的视角。当你的知识群体主要围绕着罗莎琳和安妮特，甚至在某种程度上围绕着我的时候，你怎么做？它总是有一点不同。后来我把本杰明·布赫洛带到了杂志社，他是我的朋友。所以，在我任职的早期，我还是被赋予了相当大的空间和余地，可以提出很多建议。安妮特表现出更多的怀疑倾向，因为她不像罗莎琳那样了解我，罗莎琳在教我，后来她和我成了很好的朋友。还有克雷格·欧文斯，他是我的同学，也与罗莎琳非常接近。但后来罗莎琳非常残酷地解雇了克雷格，这是另一个故事。

正如我所说的，她们两个都是个性很强的女性，她们之间也经常争论。不过很少和我有什么冲突。通常，我不会表明自己有某种知识倾向，我希望杂志能走得更远。坦率地说，要想获得足够的稿源，保证每年出版四期是非常困难的，因为我们没有其他学术期刊所拥有的委员会能对提交的论文做出决定，我们没有盲审过程或其他编辑流程。这很不寻常，也说明它仍然很狭窄，虽然目前已经有了一个更大的年轻编辑群体，或许有更广泛的可能性，但从我个人的角度看，《十月》现在是一个比我在的那会儿还要狭隘的杂志。这当然也不是因为我的离开，而是由于我认为罗莎琳和安妮特对新的知识和艺术世界的发展变得有点反动。你知道的，我离开后，他们立即雇用了五位编辑。他们用五个人取代了我一个，不是作为执行编辑，而是作为编委会的成员。包括本杰明·布赫洛、伊夫-阿兰·博瓦、哈尔·福斯特、丹尼斯·霍利尔（Denis Hollier）、约翰·拉赫曼（John Rajchman），我经常说是五个白人直男取代了我一个，五个人做了我此前一个人做的事。

鲁：您现在还读《十月》吗？

克：只是偶尔会读我感兴趣的文章。我相信现在没有人再订阅杂志

了，甚至书店里面也很少出现，因为我们都在互联网上工作。杂志也没有了它在 80 年代那样的地位，《十月》曾经一度是年轻的艺术学生、历史学家和对当代艺术、文化理论感兴趣的人必读的杂志。虽然也有一些人抵制《十月》——当然主要是从事理论工作的，或者是觉得它很难读的那些人——但总的来说，在那种时髦的艺术学校里，人们都读《十月》。

　　而且我不认为自己的离开改变了刊物。我认为发生的变化是，它立即成了一种高度现代主义的艺术杂志，他们对跨学科、文化的其他方面或知识生活的新发展及其理论的兴趣不大。好在我没有跟随它，所以，我想我不是一个专家，但我知道现在的《十月》是一个需要被"归档"的杂志，一个被厌恶的杂志。你知道，我们目前处在一个非常不同的时刻，无论是理论，还是艺术和批评。所以，我认为现在在很多方面，《十月》被看作建制派，且已经变得非常僵化，非常狭窄。编委会里面的年轻人对艺术界真正发生的事情很少有兴趣，他们仍然坚守自创刊以来一贯的主张和美学。而我知道这并不总是真的。当然，最初团队中的罗莎琳和安妮特都致力于此，包括当时的我也一样，但它属于罗莎琳和安妮特那一代，你知道，她们的目光一直聚焦在概念艺术、极简主义这些艺术形式上。我对伊冯·瑞纳（Yvonne Rainer）、罗伯特·莫里斯（Robert Morris）以及霍里斯·弗兰普顿（Hollis Frampton) 这些艺术家更感兴趣。后来我也对辛迪·舍曼和路易斯·劳勒（Louise Lawler）感兴趣，他们是一个更年轻的群体。

　　在我投入关于艾滋病的研究和活动之后，在某种程度上，我还是持续关注更广泛的艺术家群体。虽然我不会把自己认定为一个艺术评论家，但我是一个作家，主要写舞蹈，这是一个非常不同的领域。我的最后一本专著是关于沃霍尔电影的研究《"我们的电影"：安迪·沃霍尔的电影》（ *"Our Kind of Movie": The Films of Andy Warhol* ）。所以，你问到在我离开《十月》之前和之后是否有变化，我不能做判断，我只能讲一些真实

发生的事情。

我是独身,《十月》是我的工作,离开《十月》意味着我就要失业了,在某种程度上,我也失去了整个社会关系,尽管此时的我已经改变了,并在艾滋病相关活动中找到了一个新的世界,一个大多比我更年轻的人的世界。我与艺术界的联系主要是通过《十月》,尽管如此,我还是突然有了一种漂泊感。我感觉完全被抛弃了,内心深受创伤。从此,我也不想读《十月》,我甚至不想和它有任何关系。但另一方面,我有时候也好奇,想看看他们在我离开之后做了些什么,所以仍然偶尔会去我所在的罗切斯特大学的图书馆翻一翻。当时我还记得,有人因为我被解雇而试图组织一场抵制《十月》的活动,还有一些与我保持一致的学者决定从此不会在《十月》上发表文章。但最终,我改变了自己的态度,我还是劝说和鼓励他们将自己的文章在《十月》发表。

鲁:《在博物馆的废墟上》这本书是"《十月》丛书"的一种吗?

克:这本书不在里面。它本来是要成为"《十月》丛书"的一种。但当时我们的关系已经很紧张了,安妮特以一种模糊的方式处理的,虽然这本书也是在麻省理工学院出版社出版的,但不在"《十月》丛书"系列。这里我还是要重申一下,罗莎琳是我的博士论文导师,我直到1994年才拿到我的学位。

鲁:通常编辑离开刊物是再正常不过的事情,但没想到这里如此复杂。

克:我不知道如何准确地描述它。我想主要还是因为我做了艾滋病专题,包括我写了一些论文。但我还是认为,这同样是值得尊敬的学术

工作，虽然她们可能觉得我有点偏执。但是你知道，当时，你会有一种紧迫感，因为人们正在死亡，这在社会和心理上彻底改变了我。那一刻，我想我必须参与其中。早些时候我可能与她们有很多共同之处，但结果是，和她们一起工作的时间越长，对我来说就越困难。坦率地说，我们都不善言辞，缺少沟通，这方面罗莎琳比安妮特要好一些。罗莎琳也生病了，此前她突然脑出血，生病或许让她有点"软化"了。

鲁：创造"图像一代"（pictures generation）这个概念是在什么时候？当时的动机是什么？

克：这个概念并不是我在没有看到作品之前想出来的，它源自一个展览。我和海伦·维纳（Helene Winer）是很好的朋友，她是艺术家空间（Artists Space）的总监。1977年，她邀请我和他们合作一个项目，当时他们有一些资金想做一个展览图录。之前我从来没有做过类似的工作，他们也从来没有请外面的策展人来负责这个事情。所以，海伦问我是否愿意做，坦率地说，因为海伦，我才答应，我相信她的判断。她经常去艺术家工作室，她比我更了解那些新兴的艺术家。所以她给了我很多建议，提示我应该看看谁的作品，我也照做了。我们一起看了一批年轻艺术家的作品，他们的工作以"图像一代"的想法为基础，也就是与流行文化、媒体、挪用等相关的一系列实践。尽管他们在那个时候还不是那么有名，但最终我们还是从中选择了五位，人不多，但这样我可以对每个人都给予足够的探讨空间（图2-1）。

其实一开始我没有想法，也没有概念，不知道在做什么。但我确信，这对我来说是一件全新的事情。海伦找我的原因是，她认为我是一个好的写作者或思想者。所以，对她来说，我主要的工作是为图录写一篇文章，对参展作品进行一个系统的论证。最初我也没有料到它会引起这么

图 2-1
"图像展"现场，艺术家空间，纽约，1977

强烈的反响，更没有想到它会成为我生命中最重要的文章之一。"图像展"过去两年后，罗莎琳希望我重写，她说："为什么我们不在《十月》重新发表这篇文章？"当时我并不满意，因为它已经在到处传播，仿佛我在大声思考，但后来我还是重写了一稿，发表在《十月》上，它也成了一篇常被大家提及的著名论文。

鲁：哪一年发表的？

克：1979年，发表在《十月》的第8期。这篇文章后来收入布莱恩·沃利斯（Brian Wallis）的《现代主义之后的艺术：重思再现》（*Art After Modernism: Rethinking Representation*），这是一本重新思考再现和新博物馆体制的著作。

这样，我还是回到艾滋病的问题，它对我的确很重要。前面说了这么多，可能忽略了，我为什么突然参与这个运动，动机是什么？ 1984年，我去柏林生活了一年，1985年我回到纽约。我突然发现，我认识的很多人都生病了，有的甚至去世了，还有的则生命垂危。这个对我刺激很大，我突然意识到艾滋病已经成为真正的危机，从1981年到现在，人们花了这么长的时间才看清，这是多么大的代价和多么可怕的事情。于是，我有了一个想法，就是想参与一些事情。

1986年，迪亚艺术基金会（Dia Art Foundation）策划、举行了一系列的对话，这些对话后来被整理成书出版，我也参与其中。会议的主题是公共空间，我围绕这个话题写了一篇论文，并谈到了同时在新美术馆（New Museum）举办的两个展览。一个是汉斯·哈克（Hans Haacke）的展览，另一个叫"宣传录像"（Promo Video），在美术馆后面的一处空间展出。在展出的录像作品中，明显可以看到与艾滋病类似的题材。尽管我们都知道，今天很多博物馆的失败，就是因为任意方式的政治连接。

但这两个展览是非常严肃的政治艺术展览。值得一提的是，前者是比较传统的左翼思想，后者则是新兴的左翼思想。那是我第一次在论文中真正提到艾滋病，也是我第一次在公共场合谈论这些问题。

也是在那个时候，我开始想，如果在《十月》出版一些关于艾滋病的文章会很有意思。于是我开始阅读和思考，很快意识到我需要了解更多，这可能是一个需要更多空间和时间的主题。我约见了一位年轻的艺术家格雷格·波多维茨（Gregg Bordowitz），他那时已经成为我非常亲密的朋友，也是"行动起来"小组的成员。他曾创作了一件名为《测试极限》（*Testing the Limits*）的录像作品，像一个关于画廊展览的电影预告片。我和他取得了联系，问他是否可以谈谈艾滋病问题，他告诉我说："如果你真的想了解艾滋病，就去参加'行动起来'小组。"他说得没错。参加小组活动后，我收集了很多问题，这些问题大多都是在小组讨论中提出来的，而且每次会议开始时，都有满满一桌子的文献。所以，我去了几次就迷上了。我甚至开始和他们一起去参加所有的示威活动。但有一点不同的是，也许正如我所说的，我比大多数人都要年长，我比那些参加活动的人要大 20 岁左右，他们中的大多数人都会加入一些协会和组织，比如专门研究心理治疗或无家可归的某些方面，或与种族、妇女有关的，等等。

在某个时刻，我意识到自己的能力范围和愿望还是作为一名教师、作家和思想家，我的时间最好也花在这里。但当时，我还在为《十月》杂志工作，这确实占用了我很多时间。但在那之后，我基本上认为我的职能是作为一个知识分子，一个思考问题的人。与此同时，我也交了很多新朋友。正如我所说，他们中的大多数人都很年轻，其中一些人是我今天最亲密的朋友。因此，我处于一个完全不同的世界。我不再是在高度现代主义的世界里，而是在社会活动的现场，始终有着可怕的紧迫感和令人难以置信的愉悦。对我来说，生命能够保有那种社区感和必要性，

是很了不起的。

所以，我不仅很快就学会了，而且很快成为他们中间的一员。我没有错过每周一下午和晚上的"行动起来"小组会议，也没有错过任何示威活动。最忙的一年是1987年。那一年，除了《十月》的日常编务工作，我还在准备艾滋病专刊。我把大部分时间花在思考和写作上，也花在编辑事务中。当时真的很忙，我记得那一年我们还做了一期马塞尔·布达埃尔（Marcel Broodthaers）的大型特刊。那是我和本杰明·布赫洛一起做的，他是那一期的编辑，他每天都在我的办公室。而我呢，那时候一方面在做布达埃尔主义相关的研究，另一方面则忙于艾滋病危机的宣传。因此，在"行动起来"的关键时期，它成为我生活中的一个重要部分。后来，我还写了另一本关于"行动起来"历史的书：《艾滋病演示图》（*AIDS Demo Graphics*），你知道这本书吗？

鲁：我知道。

克：我在1987年特刊出来后有了这个整体的想法，然后立即写了那本书，也是由海湾出版社出版的。他们还出版了迪亚对话，出版商成为我非常好的朋友。

鲁：惠特尼美术馆正在举行大卫·沃纳罗维茨（David Wojnarowicz）的个展，他的经历和你参与的这些运动有重合或交叉吗？

克：我昨天看了这个展览。其实，大卫·沃纳罗维茨是那种被圣化为患有艾滋病的艺术家的人物（图2-2）。可你要知道，他根本不认为自己是一个艾滋病运动的参与者。这个展览主要集中在他的绘画上，但我从来就不是他绘画的粉丝，它们不是很好，我也不喜欢这些图像。我不

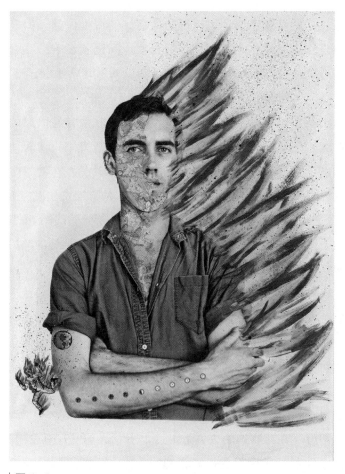

图 2-2

大卫·沃纳罗维茨与汤姆·沃伦（Tom Warren），《大卫·沃纳罗维茨自画像》（ *Self-Portrait of David Wojnarowicz* ），摄影，丙烯，148.6 cm×99.1 cm，1983—1984

认为他是一个好画家。我甚至从来就没有那么关心过他的艺术。相比之下，他的照片拼贴画还不错，可以说是他最好的视觉作品。但我认为他真正的优势是作为一个作家，他是个好作家。问题就在于，我们总是要想方设法塑造这些象征性的人物，但我认为这对艺术界和社会活动界关于艾滋病的复杂性和深度的各种反应来说，并不公正。

大卫·沃纳罗维茨是一个论战者，他是一个非常容易愤怒的人，也去过"行动起来"小组会议的现场，但不是每次都去。我认为，让他成为艺术方面的艾滋病行动主义的象征，是对其他很多人物的忽略。而且在我看来，在 20 世纪 80 年代初，当东村的艺术场景发生变化的时候，《十月》更像是我们的对手。我在那个时候写了《绘画的终结》（"The End of Painting"）这篇文章。事实上，我眼中的艺术是不同类型的政治艺术或是一种作为方法的政治艺术，当然也有某种研究类型的政治主义。对于大卫，我其实从来没有对他的作品采取过这样或那样的立场，我从来没有真正想过这个问题，所以这并不是说我讨厌，我写了很多关于艾滋病行动的文章，对我来说，有很多作品比他的作品更有意义，而且也更直接地涉及艾滋病活动。

鲁：您也是最早批判博物馆、美术馆体制的评论家之一，二十多年过去，您怎么评价《在博物馆的废墟上》这本书？这本书有意思的一点是，您特别突出了路易斯·劳勒的摄影，您的写作和他的摄影之间是一种什么关系？这么多年过去，您怎么看美术馆体制？

克：我不知道我是不是最早批判博物馆体制的，但这本书的确对关于博物馆的论述产生了一定的影响。我对那些以博物馆为主题的艺术家非常感兴趣。我在这本书中的工作与后来被称为"体制批判"的艺术创作及以路易斯为代表的第二代体制批判艺术家之间存在着某种关系，像

丹尼尔·布伦、马塞尔·布达埃尔以及汉斯·哈克这些是第一代体制批判艺术家。

　　所以，在很大程度上这是一个混合的方式。坦率地说，我对艺术博物馆的历史感兴趣，最初以为自己会做博士论文，写博物馆的考古学，但这太雄心勃勃了。所以后来放弃了这个大的计划，而聚焦在当代艺术。

　　我认为，我的工作，包括其他人的批评工作以及艺术家的工作对进步的博物馆人的思维肯定有相当大的影响。例如现在，大多数博物馆都有一股相当大的推动力，以纠正对非洲裔美国艺术家的排斥。纽约现代艺术博物馆已经聘请了我的一个很有天赋的学生作为咨询策展人，帮助他们做出决定，以填补其在非洲裔美国艺术家收藏方面的巨大空白。我认为，把艺术家带进博物馆，给他们机会从内部进行批判性的工作是很重要的，弗雷德·威尔逊（Fred Wilson）便是一个典型的例子。和很多人不同，我认为博物馆不是天生的进步或压制机构，它们有能力改变规则，但这源自对博物馆的一种批判性的理解，我们必须始终思考博物馆的力量在哪里。

　　说到展览和收藏，就涉及哪些被包括在内，哪些不被包括在内，谁被封存，谁不被封存，这些问题总是很重要。我有很好的朋友是策展人，我自己也做过一些策展工作，这其实是极具挑战性的工作。我认为，如果你批判性地意识到，每做一个展览，你都在讲述一个特定的故事，那你必须承担责任。没有什么所谓的"中立性"这样的事情，你所做的每一个选择，甚至你是否把一件作品放在另一件作品旁边，都在以不同的方式讲述这个故事。

　　我认为现在最大的问题，就像所有的事情一样，是钱和给钱的人的力量，以及博物馆在这个国家的意义变成了让人们觉得一些最重要的事情可以变得更大，可以得到更多人的响应。我认为这是非常具有破坏性的，博物馆的那种取悦人群的取向是对那些需要被拯救的艺术的一种破坏。

所以，我很幸运，当我是一个客座策展人的时候，我不必处理受托人给予的那种日常业务，我只是去思考和做出选择。可以说，这样做是一种奢侈。而且我也碰巧承担得起我最近做的一个大型展览。我不知道你是否了解，我和林恩·库克（Lynne Cooke）曾一起策划展览，叫"混合使用，曼哈顿：1970 年至今的摄影和相关实践"（Mixed Use, Manhattan: Photography and Related Practices, 1970s to the Present）（图 2-3）。

林恩·库克是世界上最好的策展人之一，毫无疑问。她从 20 世纪 90 年代初以来一直是迪亚艺术基金会的策展人，直到她去了西班牙索菲娅王后国家艺术中心博物馆（Museo Naclonal Centro de Arte Reina Sofia）。这是我们一起为索菲娅王后国家艺术中心博物馆策划的一个展览。最近，她在国家美术馆策划了一个大型展览，叫"离群索居者和美国先锋艺术"（Outliers and American Vanguard Art），很精彩，是我见过的最棒的展览之一（图 2-4）。它将巡展到洛杉矶郡立艺术博物馆（Los Angeles Country Museum of Art）。

刚才也说过，我目前真正从事的是舞蹈研究。虽然当下举办的很多展览都很好，也有很多让人感兴趣的艺术家，比如佐伊·莱奥纳多（Zoe Leonard）（图 2-5）和路易斯·劳勒，我今年也都写过他们的展览。他们都是我非常欣赏的艺术家，也都是我的好朋友。

鲁：我知道您也对表演和电影感兴趣，前面也提到您曾写过一本沃霍尔电影的著作，在您看来，他的这些电影实验对于今天而言意味着什么？

克：我写沃霍尔的电影，是因为我认为有很多方法可以进入沃霍尔的电影中。20 世纪 90 年代末我写了一篇文章，叫作《得到我们应得的沃霍尔》（"Getting the Warhol We Deserve"），我不知道你是否了解，这

图 2-3

"混合使用，曼哈顿：1970 年至今的摄影和相关实践"展览现场，索菲娅王后
国家艺术中心博物馆，马德里，2010

图 2-4
"离群索居者和美国先锋艺术"展览现场，美国国家美术馆，华盛顿，2018

图 2-5

佐伊·莱奥纳多个展"勘测"（Survey）现场，惠特尼美术馆，纽约，2018

是一篇使用文化研究的方法论证沃霍尔电影的文章。当时我迷恋文化研究，在我这里，它不仅是方法，也是一种精神，对我而言，毋宁说是用文化研究的精神书写当代艺术。

鲁：一直以来，感觉您更像是一个激进的社会行动者，您怎么评价自己？您的这种行动方式和克莱尔·毕夏普（Claire Bishop）所主张的社会参与艺术有区别吗？

克：我当然认为自己是一个左派社会主义者，因为我花了 10 年的时间致力于一个特定的活动。我也经常被介绍为艺术评论家、社会活动家，但我现在没有参与任何特定的社会运动。我只是像其他人一样感到沮丧。这真的很困难。我也确实有一些朋友，他们在为民主社会主义政治工作。

我很钦佩他们，但我不是他们中的一员。所以，我不抵制作为社会活动家的人，但我现在其实并不是社会活动家。我赞同人们为抵制我们所处的噩梦所做的努力，但我不知道自己如何做到不沮丧。这是一个非常糟糕的时期，一个非常非常糟糕的时期。

我希望我有更多的解决方案，但我没有找到。我认识克莱尔，但不是很熟悉，我也没有读过她的书，请不要告诉她。她和我另一个朋友非常要好，我们都对当代表演感兴趣。我对舞蹈和表演的兴趣，源自我被一般的激进形式所吸引。所以，我心目中的英雄之一是伊冯·瑞纳，她也是我的好朋友。早期有个阶段她拍电影，后来又回到舞蹈创作，在我看来，她创作了很多政治上复杂但又很有趣的作品，而且，你知道创作政治舞蹈其实很难（图 2-6）。现在纽约市中心有很多出色的舞蹈活动，我发现这些比画廊艺术更有挑战性，也更令人兴奋。今天有这么多画廊，它们已经形成了一种压倒性的力量，即使你觉得真的很想看的东西，也很少去看。相比而言，舞蹈界更有活力，只是没有钱。

图 2-6

伊冯·瑞纳,《地形中的巴赫》(*Bach from Terrain*)(1962—1965),贾德森纪念
教堂,纽约,1963

鲁：您怎么看策展与评论的关系？有人说，批评已经死亡了，您觉得今天批评如何才能真正体现其政治性的功能？您觉得《十月》还能担任这种角色吗？比如，我们看到《十月》并不直接关注艺术现场，这也是它和《艺术论坛》等媒体的区别，那么，脱离现场是否意味着它的革命性和政治性已经大打折扣？

克：关于批评和策展的关系，我认为在某种意义上，策划组织展览本身就是一种批评实践，负责任的策展人会清楚地表明他们所做的是解释性的。艺术批评的对象不可能是完美的，如果是这样的话，那么我们与艺术的关系必然是解释性的。如果没有人成为它的观众，艺术就不可能存在，所以当我们在看艺术作品时，我们都会思考和判断，这构成了一种积极的批评。

我们都读过《艺术论坛》，我的一个非常亲密的朋友是《艺术论坛》的编辑。我认为《艺术论坛》是一个生动的、可参与的、重要的刊物，它确实在努力解决今天纽约艺术界的一些关键问题，比《十月》要多得多，因为它参与了现在正在发生的诸多事情，而《十月》大多没有。事实上，据我所知，《艺术论坛》现任主编大卫·维拉斯科（David Velasco）直接参与了诸多相关问题的探讨，但这些东西永远不会出现在《十月》上，他们并不关心这些。也许大卫·乔斯利特和其他几个年轻人会做，但我没有看到很多。

我说过，我认为自己不完全是一个评论家，但在某些方面，我当然是。我写艺术和舞蹈，有一段时间我只写舞蹈，这是我想努力的方向，我甚至打算写一本关于舞蹈的书。我也有机会写，因为几乎每年都会写一些展览图录文章，包括默斯·坎宁安（Merce Cunningham）、路易斯·劳勒、佐伊·莱奥纳多等，我也为克劳克斯·里尔斯（Crooks Liars）的图录写过文章。所以，我还在继续从事艺术的解释工作。但是

你知道，其间，我完成了《图像之前》一书的写作，这是一本混合回忆录和批评的书。回忆录当然是个人的主观记忆，同时也带出很多艺术批评中的东西。我对路易斯和佐伊的写作也是相当个人化的，这种个人化其实也来自经验。

具体而言，在我看来，自己的主观立场是在我成为艾滋病活动家的时候出现的，无论是关于艾滋病，还是关于沃霍尔的电影，这些写作都带有明显的我的个人痕迹。对我来说，这可能是我的写作最大的转变。如果说早期的写作还带着后结构主义的痕迹，那么后来真正影响我写作的是文化研究。后结构主义理论对我的影响主要在主体理论和理解方面，但文化研究有一种偏向性，这种偏向性缺乏整体性，你只能承认，无论你是为这个而战，还是为那个而战，主体是部分的，所以你也只是部分的，这改变了我的写作方式。就此，理论上可以追溯到后结构主义，但实际上是艾滋病活动带来的。在那一刻，两者不是分离关系，而是一并发挥作用，并在任何时刻都保持不变。

鲁：没有问题了，再次感谢您！

克：也谢谢你！让我有机会回忆自己过去做过和经历的一些事情。

《十月》：结构主义，还是马克思主义？[*]

本杰明·布赫洛^{**}

鲁明军（以下简称鲁）：布赫洛教授，您好！很高兴见到您！我此次纽约之行是想围绕《十月》杂志做一系列访谈，之前已经采访了罗莎琳·克劳斯、道格拉斯·克林普等教授。因为时间有限，我们直接开始吧。我想先请您简要回顾一下您来美国之前的求学道路和职业轨迹，想知道您最初为什么选择从事当代艺术评论？那时您知道《十月》杂志吗？您和克劳斯又是怎么认识的？

本杰明·布赫洛（以下简称布）：听说你在中国从事当代艺术的工作，我印象非常深刻，所以很期待这次会面和交谈。其实我的一本书《新前卫与文化工业》（*Neo-Avantgarde and Culture Industry*）已经被翻译成中文出版，遗憾的是里面没有插图，想必会给中国读者造成一定的

＊　访谈时间：2018 年 9 月 25 日。访谈地点：哈佛大学本杰明·布赫洛办公室。标题为鲁明军所加。

＊＊　本杰明·布赫洛（1941—　），哈佛大学艺术建筑史系讲座教授，美国著名当代艺术批评家、艺术史家，曾获第 52 届威尼斯双年奖艺术批评金狮奖，《十月》杂志编委。著有《新前卫与文化工业：1955 年到 1975 年间欧美艺术评论集》《形式主义与历史性：20 世纪艺术的模式与方法》《格哈德·里希特：历史主题之后的绘画》等。

阅读障碍。

鲁：有可能是审核没有通过或其他原因？

布：哦，好吧，那我们言归正传。20世纪60年代，我在柏林自由大学学习德国文学史，1969年离开柏林，在伦敦住了差不多两年，然后我回到杜塞尔多夫。我先在科隆的一家画廊工作了一段时间，画廊主是鲁道夫·卓纳（Rudolf Zwirner），就是今天著名的艺术经销商、卓纳画廊（David Zwirner Gallery）的创始人大卫·卓纳（David Zwirner）的父亲。我的第一个教职是在杜塞尔多夫美术学院，我在那里教了两年书，主要讲授当代艺术和艺术批评，当时我还没有博士学位，住在一个非常小的公寓里。作为兼职教授，那个时候我还在《交互运行》①杂志社做编辑。有一天我突然接到一个电话，对方邀请我担任哈利法克斯（Halifax）的新斯科舍书系（Nova Scotia Book Series）的编辑。1976年，我去了加拿大。1977年至1981年间，我在哈利法克斯从事书籍出版工作。

与此同时，我还在哈利法克斯谋得一份教职，教现代艺术和当代艺术，主要是战后欧洲和美国艺术。其实那是我的第一个全职教职。后来，我离开新斯科舍省，搬到了加州艺术学院，在那里我教了一段时间的书，做的几乎是同样的事情。我虽然没有博士学位，但对他们来说，我之所以有一定吸引力，就是因为我比他们大多数人更了解和熟悉战后欧洲艺术的情况。1982年，我来到了纽约，在纽约州立大学教书。当时联系我

---

① 《交互运行》（*Interfunktionen*）是一本艺术期刊，1968年至1975年在科隆出版了12期，由弗里德里希·沃尔夫拉姆·休巴赫（Friedrich Wolfram Heubach）创办，后来由本杰明·布赫洛任编辑。自第二次世界大战以来，它一直是欧洲最重要的艺术杂志之一。《交互运行》试图通过种种跨学科的努力，旨在促进欧洲艺术和思想的发展，同时不屈服于日益商业化的艺术趋势。

的是路易斯·卡姆尼泽（Luis Camnitzer），他是一个出生在德国的乌拉圭艺术家，也是一个非常激进的马克思主义艺术家，那个时候他在纽约州立大学教书，并且是负责人。此前他还不太出名，好像从那时起他逐渐变得有名起来。

1980年初，我在《艺术论坛》发表了《博伊斯：偶像的黄昏》（"Beuys: The Twilight of the Idol"）。那是针对博伊斯在纽约古根海姆美术馆的展览撰写的一篇长文，文章发表后引起了一定的反响和争议，并意外地得到了罗莎琳·克劳斯的关注。她和安妮特·米切尔森约我见面，她们说喜欢那篇文章，后来我们仨又围绕博伊斯的这个展览做了一次专题对谈，发表在《十月》（1980年，总第12期）。其实在此之前，我在加拿大举行的关于格林伯格的会议上就见过克劳斯，也知道《十月》。那是我们第一次见面，不过这么多年，我们总是有一点对立，因为我从来不是一个结构主义者，而她也从来不是一个马克思主义者。我们就像来自两端，但我们对某些艺术家有同样的热情。这也是我为什么会接近"《十月》小组"的原因，记得那时这个小组刚刚形成。后来，我和罗莎琳·克劳斯成了好朋友，一起工作，互相交谈。再后来，也和道格拉斯·克林普、哈尔·福斯特成了朋友。我们这些人都在艺术界从事着不同角色的工作，要么是编辑，要么是教员，但那时我们都还没有博士学位。

也是在此期间，我们都突然意识到，是时候要完成学业了。当时，我们都差不多30岁，有的（包括我）都已经30多了。如果我们想追求学术生涯的发展，就必须完成学业。于是，道格拉斯·克林普、哈尔·福斯特、阿比盖尔·索罗门-戈多（Abigail Solomon-Godeau）、罗莎琳·多伊奇（Rosalyn Deutsch）以及我等好几个人都先后去了纽约市立大学研究生中心，跟随罗莎琳·克劳斯学习。所以，罗莎琳·克劳斯基本上是我的老师，而不是我的同事。当时我们都是冲着罗莎琳·克劳

斯和琳达·诺克林（Linda Nochlin）去的，我在罗莎琳·克劳斯那里完成了关于格哈德·里希特的博士论文，1994年拿到了学位。整个过程花了大约七年时间，因为我是在职读书，所以读得比较吃力。我还记得，我们所有人都差不多是同一时间完成的。哈尔·福斯特稍微晚一点，因为他后来才进来。道格拉斯·克林普和我是同时完成的，他是《十月》的执行编辑。所以说，"《十月》小组"就是一群兴趣非常相似的人组成的一个紧密团体。比如我和道格拉斯，我们都很关注丹尼尔·布伦和马塞尔·布达埃尔的作品（图3-1），那是把我们连在一起的一条纽带，而且我们和这两位艺术家也非常亲近。

鲁：透过您的著作可以看出德国哲学和批判理论（或法兰克福学派）对您的深刻影响，在您的整个学术生涯中，这是如何形成的呢？

布：批判理论来自我在柏林时的学习。我最早是在柏林自由大学学习文学和艺术史，我的老师是一位鲜有人知的学者，他叫维尔海姆·埃姆里希（Wilhelm Emrich）。实际上，他是20世纪德国最重要的卡夫卡学者。他是阿多诺（Theodor Adorno）的学生，又在教书，这在20世纪60年代是相当了不起的。记得上第一节课时，他给我们讲语言符号学和索绪尔（Ferdinand de Saussure）的理论，这是我从未听过的知识，因为之前没人讲过这些，所以很不寻常。当然，现在这些没什么了，可在1969年，这绝对是创新。当时我跟着他学习，在他的指导下进行关于库尔特·施维特斯（Kurt Schwitters）的论文（图3-2）。但由于受学生运动的影响，我们都忙于政治，无暇顾及学业。所以，最终关于施维特斯的论文没有完成。在某种意义上，可以说法兰克福学派其实来自柏林的学生运动，不管你怎么称呼它，偏离、反叛与革命是它的思想支点和行动指南。

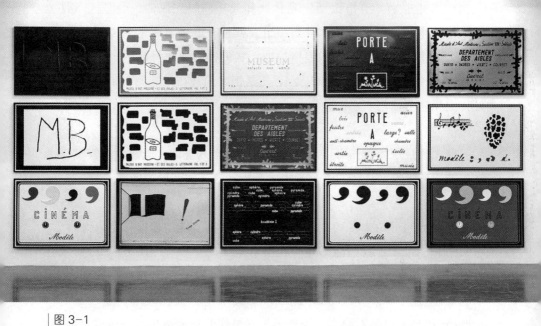

图 3-1
布达埃尔，《工业诗，公开信》(*Industrial Poems, Open Letters*)，WIELS，布鲁塞尔，2022

图 3-2

库尔特·施维特斯,《梅兹堡》(*Merzbau*),综合材料,装置,尺寸可变,1933

鲁：是否可以说，是"1968"带来了革命的回归？

布：是的。我记得这个时候马尔库塞来了。我听了马尔库塞的几次演讲，很受鼓舞。马尔库塞绝对是在为我们做思想的深挖，尽管他受到了阿多诺的极大挑战。我也听过阿多诺很多次演讲，我甚至不止一次打断过他的讲话。也是因为年龄，那时候我年轻气盛。记得有一次阿多诺发表演讲，台下学生起哄，令他很是狼狈。大家抵制他是因为当学生们占领了法兰克福大学哲学系办公室时，阿多诺通知了警察。后来他来到柏林，为激进分子做了一个讲座。这个时候，我没有打断他，因为不管怎么说，我还是阿多诺的崇拜者。但是那些激进的左派人士和活动家在他演讲的时候还是对他发出了嘘声，记得在现场，一个令人惊艳的年轻女子上台给他送上一只巨大的蓝色泰迪熊玩偶，因为他的绰号是"泰迪"。这让他非常难堪，也让他十分痛苦，现在回想起来，这无疑是一个非常糟糕的时刻。1969 年，他去世了，当时我不在柏林，但我为作为这件事的旁观者感到很是羞愧和内疚。不过我想，那个时候，只要你来到自由大学，就能学到很多东西。除此之外，还有其他人也在柏林，如彼得·桑德（Peter Sunde），一位非凡的文学学者，他对我影响也很大。所以，柏林其实对我来说非常重要。正如我所说的，我所学的基本上是文学，而不是艺术史。我把艺术史当作辅修课，而不是作为主要科目。因此，关于施维特斯，我是把他当作一个诗人，而不是当作艺术家来研究的。

鲁：那不妨就此接着谈谈"新前卫"（neo-avantgarde），您对"新前卫"的阐释到底是一种批判还是一种辩护，或者说是为了论证其存在的某种合理性？

布：好吧，我想要把这个问题说得简明扼要而不伤感是很难的，不

过具体一点也不错。我第一次接触到"新前卫"艺术是在我还是一个高中生的时候。那是 1961 年 [①]，我在科隆看了赛·汤布利（Cy Twombly）的一个展览（图 3-3），我很震惊，我想如果这就是当代艺术，那么我将来要研究它，所以我关于纽约先锋派的介绍也是从汤布利开始的。前面提到，后来我搬到了柏林。1962 到 1969 年间，我住在柏林，但那会儿我很少关注当代艺术，主要还是做自己的研究，大部分时间还要参与政治行动，所以你也可以说我舍弃了自己的兴趣将近六七年。期间，我在柏林的画廊看过几个展览，但心思不在这里，甚至都没有留意博伊斯在那个时候的活动。1971 年，我从伦敦回到杜塞尔多夫，在鲁道夫·卓纳手下工作，才算真正全身心投入到当代艺术中。在我看来，这几乎是对失败的革命的一种替代或一个补偿。因为政治革命已经结束了，你必须在社会上重新定位自己。我意识到自己必须有一份工作，所以我选择为卓纳工作，他当时是一个重要的艺术经销商，也是一个非常有趣的人。但同时，他也是一个绝对的奴隶主，给我很少的报酬，还让我非常努力地工作。我当时只是助理，后来他想让我当总监。我说："不，这不是我的工作。"我还记得，每次有收藏家到访，我都不得不离开房间。

虽然我对他不满，但还是从他那里学到了很多。他是一个知识渊博的人，我在他那里学到的东西比我在大学里学到的多得多，因为大学里没有这些东西。你知道，整个 60 年代，在德国乃至欧洲的任何大学，没有人教战后艺术，它就仿佛不存在一样。1962 年，我进入大学时第一次遇到大学教授，我告诉他我想做 20 世纪的艺术。教授是个老纳粹，他告诉我，没有 20 世纪的艺术这回事，然后说："滚出我的办公室。"他基本上是把我赶出去的，我认为这意味着那不是我该待的地方。于是，我只好落魄地离开了。这就是当时的情况，直到 1969 年，第一个 20 世纪

---

① 准确应该是 1963 年。

图 3-3
赛·汤布利个展图录，安妮·阿伯尔斯画廊（Galerie Aenne Abels），科隆，1963

艺术的教席才在波鸿鲁尔大学设立，这是一所规模很小的大学。虽然如此，但在那里当时就有人教 20 世纪的艺术，这很难想象。要知道，即使在柏林，当时也没有人教 20 世纪的艺术，这是绝对不可能的。所以，当我和卓纳一起工作时，我发现了一些我从来没有听说过的东西，我们甚至命名了很多战后或当代的艺术实践。卓纳给我看了他所有的藏品，包括让·杜布菲（Jean Dubuffet）、博伊斯、丹尼尔·布伦、安迪·沃霍尔的作品。通过卓纳，我还认识了很多艺术家。这是 1972 年我就认识格哈德·里希特的原因，那时候我们就已经成为非常好的朋友。其间，我还参与组织了一个展览，通过这个展览，我认识了马塞尔·布达埃尔。

对我而言，1972 到 1976 年是非常重要的一段时期。在杜塞尔多夫教书的时候，我邀请了很多艺术家，他们和我在画廊合作举办过展览，还来我的课上做过讲座。其间，我还策划组织了一个研讨会，劳伦斯·维纳（Lawrence Weiner）、理查德·塞拉都来参会。所以，那时候我就认识他们，我也从此开始了关于当代艺术的写作。我写的第一个艺术家是丹·格雷厄姆（Dan Graham），那是我的第一篇文章。1973 年，我从朋友弗里德里希·沃尔夫拉姆·休巴赫那里接管了《交互运行》杂志。这就是我进入战后当代艺术和新前卫艺术实践的整个过程。所以，等到 1976 年搬到哈利法克斯时，我其实已经在艺术界很活跃了。

鲁：就是说，当时您已经和很多北美艺术家有了联系？

布：是的，他们都曾来杜塞尔多夫或科隆参加展览或活动。那个时候，一切都很容易。请理查德·塞拉来参加研讨会、做讲座并不是什么大事，因为我们给他钱，给他 200 美元或其他，这完全没有问题。现在这都是不可想象的。除了塞拉，还有丹·格雷厄姆和劳伦斯·维纳，他们都是我的好朋友。很难想象那个时候能做这些事情，所以今天这听起

来有点感伤，但这是真的。然后，到了1976年，我离开杜塞尔多夫，搬到了加拿大。从此，我扩大了活动范围，主要工作是为艺术家出书，前前后后和很多艺术家合作，包括丹·格雷厄姆、丹尼尔·布伦、艾伦·塞库拉（Allan Sekula），还有玛莎·罗斯勒（Martha Rosler）、达拉·伯恩鲍姆（Dara Birnbaum）等。这其实也扩展了整个新斯科舍书系，它是由卡斯帕·科尼格（Kasper König）创立的，因为这是一套学术品质非常高的书，所以我才同意加入。作为第二任编辑，我后来接管了这个系列，同时还在哈利法克斯教书。

鲁：您会区分欧洲艺术和美国艺术吗？比如在新前卫艺术运动中，是否存在这样一种界限和区别？

布：这是一个非常复杂的问题。非常困难，但也非常重要。我想了很久，写了很久，也尝试了很久，但还是不能回答这个问题。显然，它们之间是有联系的，但同时，它们之间也是非常不同的。难以想象马塞尔·布达埃尔在美国会是什么样子，同样，也不能想象里希特、博伊斯在美国会如何。不过，说到差异，其实还是主要体现在个体的身上。艺术家之间是不一样的，比如说里希特和弗兰克·斯特拉（Frank Stella）肯定是不同的，他们沿着不同的通道前行，另比如博伊斯与沃霍尔也是一样。

那么，有没有重叠的地方呢？当然有，这其实也很清晰。比如汉斯·哈克，你说他是欧洲艺术家？还是德国艺术家？还是美国艺术家？哈克显然是一个杂交的存在。在我和我的同事这里，他是一个举足轻重的人物。但对于大多美国艺术家和艺术机构来说，他还不足以在纽约现代艺术博物馆举办展览，他们也从来没有给他举办过展览，这让他很痛苦，已经痛苦了80年了。因为这意味着，他作为一个艺术家在美国从来

没有被认可过，尽管在很多方面他已经被认可了，但最高的成就是在现代艺术博物馆有一个展览，而这个荣誉从未授予他，那么，这是因为他是一个政治艺术家，还是因为他是一个德国艺术家呢？我想，并非因为他是德国艺术家，20世纪70年代末，博伊斯在古根海姆美术馆就举办了一个展览，所以和这点没有必然的关系（图3-4）。我认为还是与他质疑、审问权力结构的特定方式有关，因为这不是美国艺术的一个整体策略。概括地说，美国艺术其实不处理权力结构，尽管很多美国机构现在也在举办诸如女权主义（包括种族运动等）这样的极具政治性的展览和活动，它们也确实需要像玛莎·罗斯勒和其他一般的女权主义者一样，来直面和应对艺术机构的权力结构。但你会发现，理查德·塞拉不质疑权力结构，弗兰克·斯特拉也不质疑，安迪·沃霍尔同样不质疑。而贾斯珀·琼斯做到了。如果要区别琼斯和里希特，也是令人难以置信的困难。对吗？他们之间的区别是什么？有很多东西。然而，他们也有不少相似的地方。里希特无法忍受琼斯，对吧？为什么呢？我想，或许恰恰是因为他们太接近了。

鲁：您认为在美国占主导地位的抽象表现主义和波普艺术给欧洲艺术家还是留下了一点空间，是吗？

布：是的，这是绝对的。他们是如此依赖它。在德国，对抽象表现主义的崇拜是对他们自己历史的彻底救赎。所以，对纽约绘画和雕塑流派的拥抱并没有使他们从自己的（历史）处境中摆脱出来。特别是波洛克和抽象表现主义在德国被狂热崇拜，不仅如此，在意大利、法国和英国等地也都有发展。波普艺术也是如此。在欧洲没有哪个国家像德国这样喜欢沃霍尔，尽管其他国家也都完全被沃霍尔迷住了。也许，这是一种本能吧。问题是，为什么要庆祝自己被异化的"先进形式"呢？

图 3-4
约瑟夫·博伊斯个展现场，古根海姆美术馆，纽约，1979

鲁：接着这个问题，不妨转到您关于形式主义的看法。我好奇的是，这种内在的张力也体现在您的另一本著作《形式主义与历史性》（*Formalism and Historicity*）中吗？因为形式主义本身带有本质主义的色彩，而历史性则通常是反本质主义的？

布：这是一个很大的问题。说起"形式主义与历史性"，它原本是我在 1976 年写的一篇文章的标题。这其实也是这本书叫这个名字的原因，因为它是我第一篇文章。在这篇文章里，我试图澄清一些差异，具体源自一个由芝加哥艺术学院（Art Institute of Chicago）的策展人安妮·罗里默（Anne Rorimer）策划的展览，展览叫"70 年代的欧洲：近期艺术的方方面面"（Europe in the Seventies: Aspects of Recent Art）。这实际上是在美国举办的第一个欧洲当代艺术展览（图 3-5）。所以，展览带来了哈米什·富尔顿（Hamish Fulton）、格哈德·里希特、马塞尔·布达埃尔等艺术家的作品。安妮·罗里默想在展览中纳入一大批欧洲艺术家，所以她来拜访我——我当时还在学院——并提出希望我为此展览写一篇文章。可是，这个展览在我看来是一种迂腐的尝试。我之所以觉得迂腐，是因为她提出了区别的标准，看到了美国艺术家的形式主义和欧洲艺术家的历史主义之间的区别和对立，但这种对立不一定中肯，因为事实不是这样。而展览的标题，则已经暗示了这一点。不过在当时，我可能比现在更相信，这或许是区别两种立场的一种方式，最终还是答应了她的邀请。

所以，我认为称其为"欧洲艺术"或"德国艺术"，并以此作为展览的主题和内容，可能仍然是合理的。毕竟这不是一个抗议的展览，况且 20 世纪六七十年代的欧洲艺术本身，已经把自己定位为一个批判性的社会、历史和意识形态项目，这一点比美国艺术要更明显。与之相对，从 20 世纪 50 年代到 70 年代，美国艺术涌现出一种智慧，像是一种更注重

图 3-5
"70 年代的欧洲：近期艺术的方方面面"展览现场，芝加哥艺术学院，芝加哥，
1977—1978

自我反思的符号学。与之相应的是，格林伯格的形式主义也逐渐转向科学理论和符号学，而这一复杂的理论化过程的发起者正是克劳斯，后来又有更多批评家加入。在我看来，这其实是一种"世袭"。这样一种"新奇"的方式当时在欧洲却没几个人意识到。比如，有关立体主义的解释，最先进的是由伊夫-阿兰·博瓦和罗莎琳·克劳斯赋予的，而不是法国人。博瓦是法国人，但他在过去40年里一直生活在美国。因此，对视觉复杂性进行真正的结构性的形式主义分析是美国艺术评论界特有的一个成就，这应该是一个非常重要的区别。对吧？然而，事情正在发生变化，虽然没有明确的传播，但人们意识到已经发生的变化，这些立场的确立、发展到现在已经有50年的历史了，时至今日，我相信已经有很多其他的方法被开发出来了。

　　所以，我还是想说他们对于源自格林伯格及其形式主义模式的极端形式都带有不同程度的批判性反思，艺术家在绘画实践中也已习惯了与格林伯格对话或对立起来，并从中发现或创造了一些更复杂的概念。比如琼斯引入了维特根斯坦，我们借此将这种最终关于"引导者思维"（instructionist thinking）的符号学带入绘画实践中，这在欧洲是不为人知的。你不能和格哈德·里希特谈论符号学，因为他甚至不知道索绪尔是谁，他从来没有听说过这个名字，这也无可厚非。但是你可以和他谈约翰·凯奇（John Milton Cage）。所以，没必要跟他谈索绪尔，没必要跟他谈抽象的符号学理论，因为他压根不知道那是什么，而且他也根本不感兴趣。我觉得这很好。对于美国艺术而言，这也是一个有趣的转变。

　　鲁：关于"资本主义现实主义"（capitalist realism），您可以谈谈吗？

　　布：那是20世纪60年代发生在杜塞尔多夫的一个短暂的艺术运动

（图 3-6）。"资本主义现实主义"是该团体给自己起的一个具有争议性、挑衅性的名字。我不太清楚是里希特还是波尔克（Sigmar Polke）想出了这个名字。它的小组成员有里希特、波尔克、康拉德·吕格·费舍尔（Konrad Lueg Fischer）……我想有可能他们一起想出了这个名字，所以我们无法确认是谁真正创造了它，它是一个小组。在我看来，这是一个可怕的挑衅时刻，因为当时社会主义现实主义被认为是邪恶的，德国人对它的恐惧和敌意超过其他很多东西。对里希特、波尔克这些人来说，认为自己是"资本主义现实主义者"其实是双重打击，因为他们既想侮辱、讽刺波普艺术，也想批判社会主义现实主义艺术。所以，他们是想把自己定位在两者之外。同时，由于他们都深受美国波普艺术的影响，他们实际上是在复制来自美国的东西。利希滕斯坦和沃霍尔完全在每个人的脑海中。我记得费舍尔在艺术杂志上发表了利希滕斯坦作品的图片，里希特也告诉过我，劳申伯格也在那一刻展示了他的作品。我记得当时里希特刚从东德来到西德。所以，对他们来说，这是一个非常困难的情况，急欲说明我们是谁，对吧？要知道，里希特是作为一个社会主义现实主义者被排挤的，因为他本身是一个非常成熟的社会主义现实主义壁画家。

1959 年，里希特为德累斯顿的社会主义统一党总部完成了一幅壁画《工人起义》（*Workers Uprising*）。这是一幅非凡的大型壁画，画面描绘的是幸福的家庭在社会主义文化的先进形式中嬉戏，体现了他对共产主义这一纯粹意识形态的崇拜。同年夏天，他参观了第 2 届卡塞尔文献展，在那里他被杰克逊·波洛克和卢齐奥·封塔纳（Lucio Fontana）的作品所刺激，这也成了他离开东德的动因。1961 年，他搬到了西德，一夜之间就从社会主义现实主义画家变成了当代艺术家。所以，对他们来说，说自己是资本主义现实主义者就会有很多的困惑，然后故意揭示他们有多困惑。我认为这是一个非常诚实的声明，他们不可能说自己是波普艺术家，对吧？费舍尔和里希特一起去巴黎拜访了欧洲范围内最重要的艺

图 3-6

"与波普共生：资本主义现实主义的再现"（Leben mit Pop: Eine Reproduktion des Kapitalistischen Realismus）展览现场，某家具店，杜塞尔多夫，1963

术经销商伊莱娜·桑纳本德（Ileana Sonnabend），向她展示了他们的作品，当时她正在展示沃霍尔，他们就说自己是德国的波普艺术家。伊莱娜说："滚出去！"其实，本身就没有德国波普艺术一说，而且也没有多大的意义。但艺术家为了让它发挥作用，势必让它成为其他东西。

而且，我印象中波尔克和里希特是最疯狂的，费舍尔反正也放弃了，所以表现得没那么疯狂。不过，在我看来，他们做的根本不是波普艺术，何况他们的作品本身也不具备沃霍尔的品质。因此，我认为在很大程度上他们还是受到战后德国文化创伤的影响，这也使之变得比较有趣。

鲁：想听听您在惠特尼美术馆独立研究项目（Whitney Museum of American Art Independent Study Program）的经历，以及这对您后来的研究有何影响。

布：我在惠特尼美术馆独立研究项目工作了几年，担任艺术批评研究的讲师，我在那里遇到了很多同行，具体我就不罗列他们的名字了，这是一个相当长的名单。今年10月的第3个星期是这个项目的50周年纪念。当时我基本上是在教我一直在教的东西，从我个人而言，其实在这个项目上还是有一些理论野心。当然，他们开始不是那么感兴趣，似乎只对艺术史感兴趣，可后来又想处理理论问题，所以事实上我对这个项目的贡献主要还是引入了法兰克福学派的美学理论和欧洲战后艺术。不仅如此，我们还设法扩大了这个项目，在此基础上，形成了一个展览。在我们编辑出版的小册子中，有一本是汉娜·费尔德曼（Hannah Feldman）策划的展览的图录，她现在在西北大学任教。

我和汉娜做了一个展览，汉娜是策展人，她当时还是学生。展览引起了轩然大波，主题是关于强奸的种种社会表现和反应，包括丑闻。这是一个很好的展览，汉娜是一个非常激进的女权主义者，现在也是。除

此之外，她还做了另一个展览叫"物的理论"（Theory of the Object），在这个展览里，我们都成了形式主义者。这两个展览的图录后来都出版了。我不确定这段经历是否影响了我，但我知道参加过这个项目的人都是非常重要的，其中大多是博士生。而且，至今它还在进行。

据我所知，乔治·贝克、汉娜·费尔德曼、亚历克斯·阿尔贝罗（Alex Albero）等都在惠特尼的这个项目中。他们都是在撰写论文的过程中，参加了这个项目。这个项目提供了大学院系直到现在也没有提供的东西。比如，他们会处理后殖民主义理论。但你想想，二三十年前，哪个艺术史系教授在讨论后殖民理论？没有。记得霍米·巴巴（Homi Bhabha）作为访问教师也参与了这个项目。这就是人们想去参加这个项目的原因。特别值得一提的是，玛丽·凯利（Mary Kelly）是这个项目中一个非常重要的人物，她是当时最重要的拉康研究者。同时，作为一个艺术家、作家和理论家，她就像拉康一样，也是一个令人难以置信的合格的研究对象。

鲁：参与惠特尼美术馆独立研究项目的学者和《十月》的编辑、作者之间似乎有很多重叠？

布：是的，有一些重叠，但不是完全相互映射的。例如，罗莎琳·克劳斯和罗恩·克拉克（Ron Clark），他们其实从来没有打过交道。我不知道为什么，也许是因为罗恩——让我们以最高的敬意来说——是一个非常传统的马克思主义者，人们称他为斯大林主义者。我不会那样称呼他，但他是一个传统的马克思主义者。从马克思到阿尔都塞，这是他关注的范围。所以，他不是一个结构主义者，也从来没有想过要成为一个结构主义者。可能是因为这个，他从来没有和克劳斯或博瓦打过交道。有一些只是简单的人际交往，但不是真的交流。

鲁：《十月》内部是不是也存在马克思主义者和结构主义者之间的分歧和论争？

布：是的，其中的关键人物是米切尔森，她基本上是这个团体中最坚定的马克思主义者。我不认为她比我更像一个坚定的马克思主义者，但她确实是一个非常坚定的马克思主义者。克劳斯不一样，她总是能够打开自己，她是一个非常有趣的、杰出的思想家。另外还有伊夫-阿兰·博瓦，他是一个非常杰出的学者，但也从来没有真正对马克思主义理论开放过。对我而言，最重要的文本之一是卢卡奇（Lukács György）的《历史与阶级意识》（*Geschichte und Klassenbew-usstsein*）。我认为他们中没有人读过这个，所以我从来没有对任何人说起我是一个马克思主义者，但我会说马克思主义理论中的某个分支决定了我的思维，法兰克福学派是一个，阿尔都塞算一个，但我总认为第一重要的——即对我最重要的书——是恩斯特·布洛赫（Ernst Bloch）的《希望的原理》（*The Principle of Hope*）。我在 1962 年就读过这本书，那是我对马克思主义感兴趣的开始。在这里，我所做的并非布洛赫和阿多诺之间的某种调和，这是不可能的。包括马尔库塞也是如此，他对我同样重要。但最终，这些思维和阅读的层次在某种程度上其实是融合在了一起。当然，瓦尔特·本雅明（Walter Benjamin）是美学理论的绝对核心人物，对我以及我们所有人而言，甚至比阿多诺都要重要。

作为《十月》的"另一半"，克劳斯对此有着清醒的认识，当然，米切尔森也知道这一点。克劳斯真正引入法国结构主义是在她偏离格林伯格的理论之后，一开始她其实是一个形式主义者，直到她遇到结构主义、后结构主义等法国理论，她完全重塑了自己。

鲁：像《十月》这样的写作对于当下的艺术系统的意义在哪里？有

人说，《十月》已经趋于保守了，时至今日，您觉得《十月》还有政治性和革命性吗？

布：我们一直在谈论它，对吗？事实上，它就像是一本处于危机中的杂志，因为我们总是提起我们做的第 100 期特刊（主题是关于艺术批评的反思），实际上这是我提出的。我说让我们做一些关于过时的事情，因为我们已经过时了，而且我们也做了。另外，我也说过我们应该放弃，有时候，放弃一本杂志是比较光荣的，当然，这同时也标志着一个新的时刻的来临。停刊的提议没有通过，我说，那好吧，如果我们把杂志折起来，那还有什么呢？我的意思是，现在美国没有太多的活动，你可以称其为某种类型的工具。反之，我想说其实有很多活动，但是有什么平台可以提供批判性的反对意见，或者有什么平台可以提供更多最新的理论化模式呢？在这个意义上，我认为《十月》仍然有很多工作要做，如果你看了上一期关于纪念碑的系列文章，就会发现，它依然对当下的辩论有着相当重要的贡献。何况，我们现在有了年轻的编辑，相信它会有所变革，不会保持原样的。

鲁：您如何看待《十月》与当下艺术界或当代艺术现场的关系？

布：它完全是断裂的，我认为已经没有任何联系了。除了其中一两个人之外，我甚至不认为我们与艺术界，特别是艺术市场有什么联系。玛丽安·古德曼（Marian Goodman）一直支持我们，她每年给我们提供一点资助，但《十月》的其他支持者都在市场之外，反正我们不卖广告。这是一个令人难以置信的有趣的分离关系。但在 20 世纪 70 年代普遍不是这样的，当时批评、理论生产与博物馆之间的交集更紧密，而现在则完全是孤立的。我们拥有博物馆的这块巨石，你们拥有市场的这块巨石，

你们还拥有大学、学术或批评这些巨石，但我不确定它们是不是一个整体，还是彼此分离。所以，在70年代，我们可以围绕理查德·塞拉的实践做一期特刊，因为它对现代艺术博物馆来说是有趣的，对市场来说也是有趣的，当然对我们杂志而言更是有趣的。可见在那个时候，这些不同角色相互之间的关系更具有操作性和生产力，现在则完全不同。这其实也很好，我并不是在抱怨。我只是说这是它的方式：美术馆并不关心我们做什么，市场更不关心我们做什么，这无可厚非，我们关心我们所关心的，并与我们想交谈的人交谈。尽管如此，令人欣慰的是，今天依然有很多人在读这本杂志并使用它。

鲁：最后一个问题，您怎么看艺术家的写作，以及这么多年来艺术家写作在《十月》中可能发挥的作用？

布：这对我来说很重要。我最早在新斯科舍省所从事的一部分工作就是为艺术家出版书籍，艺术家的写作是新斯科舍书系重要的组成部分之一。《十月》也是，从创刊起就把艺术家写作作为其中重要的一部分。那个时候，给艺术家的写作这么大的空间和支持被认为是一种创新。但在我看来，这也仅限于20世纪60年代的某一个时刻，即概念艺术兴起之际。原因是，对后者来说，自我阐明、理论化生产与写作的融合本身是一种合理的方法。我想这应该是艺术家写作的来源。其中，罗伯特·莫里斯的写作是最典型的，且在我看来，他的写作在理论层面上也是难以置信的重要。反之，安迪·沃霍尔的写作我倒不认为有多么重要。

鲁：没有问题了，时间也差不多了，再次谢谢您！

布：也谢谢你！希望下次有机会再谈。

《十月》：一个"微型乌托邦"*

哈尔·福斯特**

杰瑞特·欧内斯特（Jarrett Earnest）***

杰瑞特·欧内斯特（以下简称欧）：对您来说，早年间有没有什么可以算作重要审美体验的事情？

哈尔·福斯特（以下简称福）：20世纪60年代，我在西雅图的一个中产阶级家庭中长大。我最好的朋友查尔斯·怀特（Charles Wright）来自一个收藏之家，他的父母百丽·怀特（Bagley Wright）和维吉尼亚·怀特（Virginia Wright）是西雅图战后作品的主要收藏家。他们有一

---

* 原载于《艺术写作意味着什么？——艺术评论家访谈录》（*What it Means to Write about Art: Interviews with Art Critics*, Edited by Jarrett Earnest, New York: David Zwirner Books, 2018）。感谢哈尔·福斯特、杰瑞特·欧内斯特两位作者惠允收录本书。本文由叶诗盼、荣子燕译，鲁明军校对，标题为鲁明军所加。

** 哈尔·福斯特（1955— ），美国艺术评论家，普林斯顿大学汤森德·马丁（Townsend Martin）艺术与考古学教授。他于1983年编辑的文集《反美学：后现代文化论文选》促使后现代主义进入艺术领域。福斯特曾为《艺术论坛》撰稿（1978—1981），在成为《十月》杂志的联合编辑之前，他曾是《美国艺术》的高级编辑，并经常为《艺术论坛》《十月》和《伦敦书评》供稿。他的著作包括《重新编码》《强迫性的美》《实在的回归》《设计之罪》《艺术 × 建筑》《第一个波普时代》《来日非善》《野蛮美学》等。

*** 杰瑞特·欧内斯特是居住在纽约的作家和艺术家，著有《艺术写作意味着什么？——艺术评论家访谈录》等。

111

些特别棒的收藏品，像罗伯特·莫里斯的《自己制造声音的箱子》（*Box with the Sound of its Own Making*），还有詹姆斯·罗森奎斯特（James Rosenquist）的雕塑《风滚草》（*Tumbleweed*），它是用带刺的钢丝和霓虹灯做成的。我那时几乎不知道什么是艺术，我家里当然也并没有这类东西。大概在我 12 岁的某一天，我走进怀特家的客厅，被墙上的一幅画深深地震撼了。说真的，我甚至不知道它是什么，但是我确信它棒极了。它由橘色和黄色、白色和蓝色的色块组成，像是火与冰的交锋，平静却暗波汹涌。接着，两个念头久久萦绕在我的脑海：这是我见过的最美的事物，为什么他们有而我们却没有呢？

欧：天啊！

福：就像所有最初场景一样半真半假的，这个故事的道德意味让我在那一刻成为一名批评家。正如尼采所说，想要成为一名优秀的批评家，你必须保有一种愤懑，这不是私人恩怨，而是社会敌视。我意识到，美好的事物并不属于所有人，不是每个人都能拥有它，这让我感到恼怒。另外值得赞扬的是，怀特夫妇把一幅罗斯科的画和其他许多藏品赠予了西雅图艺术博物馆，我每次进城都会去那里参观。总而言之，我的审美惊异体验被一种对社会不满的情绪所阻碍，而我认为正是这种情绪使我成为一名批评家。

欧：真令人惊讶。

福：其他批评家也是这样的吗？

欧：我从来没有听到别人这么讲出来过！

福：好吧，我从其他批评家和历史学家听到的最初故事通常也包含审美和社会之间的冲突，特别是当他们试图否定社会的时候。有些狂妄地说，这正是我对波德莱尔（Charles Pierre Baudelaire）和本雅明这样的批评家倍感亲切的地方：这些资产阶级分子对自己的阶级丧失了同情心。他们以既渴望又厌恶的矛盾态度反观资产阶级文化，否则他们的文字便不会有批判的力量。

欧：在经历那个审美时刻的时候你有做什么吗？在那之后你是否开始学习艺术？你尝试过创作艺术作品吗？

福：并没有。虽然我也对艺术感兴趣，但我最爱的仍是写作，我之所以成为一个艺术批评家，是因为能借由艺术来从事写作。中产阶级的郊区是一座文化沙漠，但不知何故，像《纽约客》（*The New Yorker*）和《纽约书评》（*The New York Review of Books*）这样的中产阶级杂志进入了我这样的家庭，我不时地被出现在其中的如苏珊·桑塔格或琼·狄迪恩（Joan Didion）的批评声音所吸引。这些尖锐的声音往往来自女性，它们是批判，而不是高雅文化。我想成为这种对话的一部分，我希望像他们一样发声。

欧：作为一名作家，苏珊·桑塔格独特的一面是她让睿智看上去很性感。

福：是的，她让批评听起来很酷，不过后来的其他批评家如罗莎琳·克劳斯也是如此。我在普林斯顿大学念本科时，罗莎琳来这里做访问批评家，受邀为我们进行一些基础的授课。那是 20 世纪 70 年代中期，艺术史系还不知道如何解释当代艺术。我第一次见她是在 1975

年，她给我的感觉完全符合一个纽约知识分子的形象、声音、动作……这简直像是为我准备的。尖锐的、概念性的、现实的、清晰的批评声音再次响起，她让我着迷。她似乎说出了新事物的真相，与既有事物划定界限。

理解我同代的批评理论很关键的一点是，批评理论于我们而言是前卫的，它是文化中最前沿和艺术中最强烈的部分。我们中的许多人住在巴黎，我们学习法语，全身心地钻研罗兰·巴特、本雅明、德里达和福柯。批评理论似乎也以某种方式延续了 60 年代的反叛，它为我们延续了一种希望，即反叛如果在政治上受打击，它们至少可以在理论层面得到发展，这就是我们这般全情投入的原因。

欧：70 年代，你在普林斯顿大学接受的艺术史学科训练的知识地形是怎么样的呢？

福：当时，艺术史和当代艺术实践的关联甚少，至于艺术史和批评理论之间的联系更是几乎没有。理论在大学只是蜻蜓点水式的，并且当理论真的出现时也遭到了打击，尤其是像普林斯顿这种地方。即便如此，大家也在暗地里交流理论。我最喜欢的教授都在用法文、英文和比较文学来研究理论，但这是杂乱无章的、一股脑的，如本雅明和德里达，或是列维-斯特劳斯和福柯，并且最初都以文学作品的方式来阅读。那个时代的主要任务是翻译和编排，那也是一个新杂志不断涌现的时代，如《十月》、《批评研究》（*Critical Inquiry*）、《表现》（*Representations*），说起来真是激动人心。

在我大三的时候，哈罗德·布鲁姆（Harold Bloom）在普林斯顿工作了一学期。那时他刚出版了《影响的焦虑》（*The Anxiety of Influence*），我也刚开始在艺术史中窥见类似的俄狄浦斯情结，一种历史的冲突。布

鲁姆通过将它与诗歌相关联而焕发活力，在他的影响下，我的毕业论文研究了叶芝（William Butler Yeats）对泰德·休斯（Ted Hughes）等诗人的影响。毕业后，我试图把他的模式与艺术相联系，但并没有成功，因为他提出的现在的诗歌和过去的诗歌之间的关联是修辞上的，而无法转化成视觉。当然了，那是一个关于父子间争斗的"男孩"模型。到纽约后我马上摒弃了这种想法，很大程度上是因为投身由女权主义艺术家领导的一些活动。尽管如此，我仍然对艺术家如何找到进入艺术史的入口充满兴趣。

欧：不过，你被它吸引仍是说得通的，因为他采用的精神分析框架成为你后来写作的一个重要部分。你那时参与到精神分析中了吗？

福：并没有。我在 1977 年秋天到达纽约，那段时间不仅对马克思和尼采，而且还对弗洛伊德进行了精彩的重新阅读，这种重读是通过拉康来实现的，不过拉康后来也成为法国女权主义者如露丝·伊利格瑞（Luce Irigaray）和米歇尔·蒙特雷（Michel Monteclair），以及英美女权主义艺术家、电影理论家如玛丽·凯利和劳拉·穆尔维（Laura Mulvey）的批判对象。

在对艺术、电影、大众文化等一切事物的怀疑和迷恋的混合情感驱动下，我来到下城区，并开始接触芭芭拉·克鲁格（Barbara Kruger）、谢里·莱文、辛迪·舍曼等摄影家。女权主义电影评论引领着潮流，《银幕》（Screen）杂志对我们中的一些人很重要。有件事变得越发明朗，那就是如果我们想要反思自 60 年代以来出现的如民权、女性主义、反殖民斗争等种种运动，我们就需要一种主体性理论。由于需要解释主体性是如何产生的，我和其他人便转向了精神分析。

这是一个由女性领导的场面。无论如何，不是所有的艺术家都是理

论派。辛迪·舍曼不是理论家，但她的作品却依赖理论，明显涉及性别、身份及再现的问题，并且总是如此。我和芭芭拉·克鲁格、克雷格·欧文斯走得很近，之后不久，我们与英国的艺术家如玛丽·凯利和维多克·伯金（Victor Burgin）建立起联系，我们组成了一个大团体。为了适应周围所有新的女权主义艺术，我们在采用精神分析的同时也对它展开了批评。

欧：你从普林斯顿毕业后来到了纽约并且开始从事批评写作，但你也从哥伦比亚大学获得了英语硕士学位。

福：由于拥有足够的自信，我便立刻投身批评写作中，人们认为我的文章读起来像更年长的作者写的。那是一个《艺术论坛》相对不祥的时期，菲利普·莱德和迈克尔·弗雷德很早就离开了，罗莎琳·克劳斯和安尼特·米切尔森也已离职，致使它动荡不安。

学院同样处于变动和危难中，你根本找不到一个教职。我去哥伦比亚大学是因为我想深入学习批评理论。我被爱德华·萨义德（Edward Said）教授深深吸引，他以传授法兰克福学派和法国理论而闻名。1978年，在我参加的一次小型研讨会中，他首次提出了"东方学"，能亲身经历这种全新话语的发明是相当棒的。我再次意识到，这正是我想做的事。萨义德教授向我们展示了一个真正的知识分子、一个政治的公共知识分子的形象。

欧：你在 1981 年成为《美国艺术》（Art in America）的编辑，这是通过当时在那里的一位编辑克雷格·欧文斯的推荐吗？

福：不是的。克雷格只比我早几个月成为编辑，我们是 70 年代末

在建筑与城市研究中心认识的。我在这里要感谢贝特西·贝克（Betsy Baker），她是《美国艺术》的常任编辑，她看到艺术界开始对批评理论感兴趣，艺术杂志也必须以某种方式回应这种趋势。尽管贝特西性情上并不倾向于这种理论，但她明白必须给它一定空间，便雇用了克雷格和我。我们都非常年轻，他30岁，我25岁。我们共同为《美国艺术》工作了6年左右，在那段时间里，除了我们也参与其中的《十月》杂志以外，它是纽约艺术界批评思想的中心地带。

欧：虽然没有像《艺术论坛》那样被广泛谈论，但80年代的《美国艺术》同样很迷人，各种类型的写作在那里同时发生着。

福：是的，但这是一种竞争，其他作者对我们怀有敌意，并且之后没多久我们就被市场压制了。整个20世纪70年代，艺术市场和其他经济部门一样低迷。然而一旦华尔街在里根的领导下放松了管制，大笔钱就流入了艺术界，因为艺术可以作为投资组合的一部分的观念广为流传。批判理论和金融力量之间存在着冲突，想要在一个以画廊广告为生的艺术杂志上彻底调解它很困难。我们当中的一些艺术家朋友加入了新市场，而我们也不得不认真思考批评理论和市场价值之间的关系。为了摆脱这种市场压力，克雷格和我最终离开了杂志社投向学院。但我们不知道的是，我们在那里也会成为一种商品。

到那时，也就是20世纪80年代中后期，学院开始对批评理论感兴趣，态度从充满敌意变成好奇。我们中的很多人如道格拉斯·克林普和本杰明·布赫洛回到了研究生院，我们当然也希望致力于由批评理论和当代艺术所开启的历史专题研究。我们中的一些人在纽约市立大学研究生中心学习，它坐落在市区，费用低廉，并且罗莎琳、琳达·诺克林都在那里，但真正吸引人的是那群学生。当代艺术实践、批评理论和艺

史在那里被置于动态的相互关联中。从本质上讲，我们是互相教导的。

欧：那时候的研究生中心在艺术史研究中几乎是神话般的存在，在这个给予他们很高自由度的地方，有趣的人们交融在一起，一触即发。你是如何决定跟随罗莎琳·克劳斯攻读博士学位的？

福：研究生中心给人一种老纽约市立大学的感觉，来自不同背景的人都可以成为激进的知识分子。它不像常春藤联盟那样受精英主义污染，这一点非常有吸引力。虽然研究生中心存在着争论的声音，但人们并不敌视对方。我们感兴趣的艺术家和运动各不相同，这是毫无疑问的，但这并不妨碍我们聚在一起讨论，并真诚地对待对方。尽管罗莎琳有时被看作一个严厉的导师，但对我来说不是这样的。在大多数的讨论当中，她把我们当作同辈看待，并且也从我们身上学到了东西。从那时起，我就相信研讨会几乎是一个微型乌托邦，如果人们在讨论中互相尊重，就可以创造出集体思想。

在那时，许多思想都争鸣不息。有时情况演变成了派系斗争，你要么是德波派要么是阿尔都塞派，要么是拉康派要么是福柯派，诸如此类。这种部落主义可能相当激烈，但我们都明白争论使所有的话语都更强大。这也成为我一直引用的重要事例：我们需要对方，需要不同的理论模式和实践模式，需要解决问题，看看它们如何较量，并且能用它们做什么。

我们所做的，就是以各自不同的方式，通过投身当代指导历史研究。罗莎琳毫无疑问是一个典范，她对极简主义的投入使她得以构建新的现代主义雕塑史。当然也有其他人，例如 T.J. 克拉克，他凭借情景主义国际的参与经验来重新思考 19 世纪中期至后期的法国绘画。甚至是迈克尔·弗雷德，他对晚期现代主义绘画的坚持产生出自狄德罗时代的"专注性和剧场性"的说法。尽管我与他见解不同，但我依然钦佩他的研究。

欧：你在那些研讨会里发展出的艺术史后来与《十月》联系在了一起，然而在那时，如何书写艺术史并不是一个预先确定的事。也有许多学者反对你所采用的艺术史研究方法，并且他们中的一些人也任教于研究生中心，所以我很难相信这一切都是如此的完美。

福：当然也有紧张的氛围，并且我们也意识到了，不过他们更多的是激励我们而非抑制我们。我们相当确信，我们即便不是站在好的一方，也肯定是站在智慧的一方。

我们再次感觉到批评理论是前卫的，而艺术史是相当陈旧的。学术界和艺术界的守旧派同样认为我们很前卫，并且他们感受到了威胁。有时我希望能够重新发表一些更具争议性的言论，但我也赞赏我们几乎被迫采取强硬立场的方式。学院看起来惰性十足，我们认为它也需要经历艺术所经历的那种体制批判。我们非常严肃地对待理论的政治功能，即话语如何实际地改变体制。现在很多人说我们是学院派、是准则、是难题，也许是吧。但我们想做的是开启艺术史中被压抑的那些激进的想法，通常关于阶级、性别和种族问题，并且这项任务永远没有尽头。

欧：我想这很有趣，因为有一样东西贯穿你的艺术批评——从最早的《美国艺术》一直延续到你新书《来日非善》（*Bad New Days*）——那就是对权威问题的关注。尽管你相信艺术或文化是由对抗建立的，但是你也想成为处于领导地位的那个人。

福：对我们这一代人来说，权威的问题很棘手。我们当然会质疑权威，坚持作者之死以及对原创性的批判是我们的基本信仰。不过，如你所说，我们也想要权威，批评的权威。另外，我们这些批评家大谈特谈

巴特和本雅明直到枯竭，而我们的艺术家朋友则适可而止。他们会摄影，而摄像作品是没有原件的复制品。我们已经解决了艺术中的"价值"问题。同时，理查德·普林斯（Richard Prince）对每个系列的作品都进行了限量编号。我们唱着作者之死和对原创性批判的颂歌，而像理查德这样的艺术家则一路哼唱着。

20 世纪 80 年代，女权主义批评、后殖民主义话语和酷儿理论被提出，这些听起来很权威的声音被视为是专断的，而我认为这种变动是不幸的。当然，当权威被轻易断定时，我会质疑它，但是如果它实至名归，我也会支持它。我相信专业知识，然而今天许多种类的知识，比如文化和政治上的知识，都过于迅速地被攻击为精英主义。当然，在这个时刻，问问谁应该发出声音、谁应该现身说法至关重要，至于我们，则应该少说话，多倾听。

欧：《设计之罪》（Design and Crime）中我很欣赏的一点是，你以精神分裂为线索贯穿整个艺术史学科，做出了一个平行论证，即艺术一方面具有形式自主性，另一方面又强调了它的社会历史背景。你最后得出的"策略自主"（strategic autonomy）结论在我看来可以通俗地解释为，你认为艺术应该被视为一种特殊的和特定的事物，而非其他任何东西。

福：我写那篇关于艺术史的二律背反的文章时，正值 20 世纪 90 年代中后期，那时我们参与了关于视觉文化与艺术史的辩论。辩论中我和《十月》的同事被视作守旧派，因为二十年过去了，我们似乎仍在捍卫艺术史，而不是攻击它，我们防止艺术史坍塌为视觉研究，防止媒体图像带来的艺术相对化。我论证中的关键是，艺术和文化之间的紧张关系实际上是艺术史的结构性问题，以及在理想的情况下，视觉研究应该在艺

术史内部，而不是外部进行，想想阿比·瓦尔堡（Aby Warburg）、迈克尔·巴克桑德尔和其他许多人吧。"策略自主"是对贾亚特里·斯皮瓦克（Gayatri Spivak）的"策略本质主义"（strategic essentialism）概念的发挥，她认为，有时出于政治原因，人们不得不宣称在某些方面的本质主义身份。所以我也认为，有时出于文化原因，人们会宣称在某些方面的审美自主。我想大多数艺术家，即使是那些最致力于政治或投身于大众文化的艺术家也会同意，他们作为艺术家都是半自主的，每个艺术家都必须发展自己的语言。我认为大多数批评家对他们批评工作的看法也是如此。

　　欧：如果我们采取"策略自主"的观点，认为艺术作品的边界就像可渗透的膜，膜外是社会历史条件，那么膜内有何物使艺术之所以成为艺术呢？

　　福：是艺术自己的历史，尤其是它的形式储备库。我认为所有严肃的艺术家既会向后看，也会向前看，事实上他们有时以退为进。这是艺术史上一个非常古老的动态，它也是保守派和激进派达成共识的地方。当一个人在艺术形式上有所突破时，他也在这一突破中与过去建立了新的联系。

　　我刚完成了一本与理查德·塞拉对话的书，他是一位彻底颠覆雕塑的艺术家（图 4-1）。但与他的同辈如罗伯特·史密森和罗伯特·莫里斯，以及他的前辈如唐纳德·贾德和丹·弗莱文（Dan Flavin）都不同，塞拉紧紧围绕"雕塑"的概念，把他的实践与媒介的历史相关联。他的作品不仅与现代雕塑如布朗库西（Constantin Brâncuși）有联系，还同古代雕塑如米隆（Myron）有联系。但他并不属于"后媒介环境"。塞拉想让我们在此时此地感受他的雕塑，否则怎么能叫"特定场域"（site-

图 4-1
理查德·塞拉,《一吨道具（纸牌屋）》（*One Ton Prop*［*House of Cards*］），钢板，尺寸不详，1969

specificity）呢？但他也希望这种体验能唤醒过去艺术中的关键时刻，把过去的思想和感情储备带到当下。或许那就是我观看罗斯科绘画时的体验，那不只是一幅美丽的画，它还在某种程度上实现了透过一幅画而窥见绘画的历史。

欧： 你的写作历程是如何演化的？看起来似乎是写得越多，你对写作本身的关注就越多。

福： 我一直都很关注写作。我首先是个作家，其次才是批评家、历史学家和理论家。我从来不想将写作变成自我陶醉或一种内卷，我总是想让它尽可能困难，但要足够清晰。年轻时给我留下深刻印象的批评声音就是这样的，我在桑塔格、克劳斯、安妮特·米切尔森和其他人身上发现了这种概念上的清晰性。我同时代的巴特、德里达和福柯等理论家也具备这种杰出的品质。当然，他们的写作中也有主观的成分，如巴特就把他的主观性发挥得相当完美。但我不喜欢主观主义的批评，那不过是感性批评的再次现身。

很多人认为，甚至迫切地希望我们处在一个"后批评"时代。我理解批评的消极性所带来的疲惫感，但这种疲惫几乎是相当典型的美国式懒惰和反智主义。很明显，我们现在比以往任何时候都更需要批评。我年轻时可以在《纽约客》中读到桑塔格，在《纽约书评》中读到狄迪恩。现在再拿起这些杂志，你能读到谁呢？彼得·施杰尔达（Peter Schjeldahl）？杰德·珀尔（Jed Perl）？大卫·萨利（David Salle）？作为作者，我欣赏彼得和大卫，但这些不是批评。我责备编辑们放弃了旧公共领域的关键部分，由此放弃了批评。

欧： 你是如何区分作家和批评家的呢？

福：最好的批评家如波德莱尔、本雅明、巴特等都是伟大的作家，所以我对他们不做区分。我要做的——就像本雅明曾经做过的那样——是关于评论家（commentators）和批评家（critics）之间的区分。大多数批评家实际上也是评论家，评论家的文字优美，如施杰尔达，但问题的关键在于，他们过于文学化，过于感性，政治立场可疑，对理论过敏。四十年前，即便是在大型出版物上，批评性写作的空间也已打开，然而现在这个空间却缩小了。当然，现在有各种各样的线上评论，但在许多方面，这种多元化已经冲淡了批评。我不否认，《超敏》（*Hyperallergic*）、《布鲁克林道路》（*The Brooklyn Rail*）也做了一些事情，只不过在我看来那不是批评。

欧：作为一个现在的艺术史教育者，你是怎么看待批评家和艺术史家这两种角色或者心理状态之间的关系呢？

福：对我们这群人来说，两种角色并不是对立的，一个人既可以是当代艺术的批评家，也可以是现代艺术的史学家。现代和当代仍在相互对话，这给予批评以历史立足点，并赋予历史以现时含义。但这种联系现在已经很薄弱了，在学术界，现代和当代分属不同的领域。像我这样的人是一半在艺术界一半在学术界成长的，而现在许多对当代艺术实践和批评理论感兴趣的人只在学术界成长。

欧：你曾经说过，80 年代对你来说不是一个"历史对象"，我完全能理解这一点，因为这是你的生活，你已融入其中。

福：我明白对于年轻人来说它是一个"历史对象"，但对于我来说不是，这不仅仅是因为我生活在其中，还因为在我看来不能过早地将这段时

期历史化，我们眼下还不知道它在将来的地位。让我们铭记黑格尔的名言吧，"艺术对我们来说是一件过去的事"。每一个时代人都应该问问自己：什么时候作品有资格成为艺术？什么时候它能拥有历史地位？我们还有多久才能知道？有时我希望永远不要知道答案，那样的话作品的地位才可以被不断质疑。我们中的大多数人都不会质疑马奈（Édouard Manet）、塞尚（Paul Cézanne）、马蒂斯（Henri Matisses）、蒙德里安、波洛克等人的杰出地位，然而我们有没有想过这是什么时候发生的，又是如何发生的呢？在我和理查德·塞拉的交谈中，他曾说，你永远不知道你的地位能维持多久，杜尚说 30 年，沃霍尔说 15 分钟，你真的不会知道。

欧：您是 *Zone Books* 的创始编辑之一，*Zone* 是如何诞生的，你们的创办意图又是什么呢？

福：我不仅是作为一个批评家，而且还是作为一个编辑成长起来的。在某种程度上，我所谓的职业生涯是由一个编辑项目开始的，即 1983 年的《反美学》（*The Anti-Aesthetic*），包括在《美国艺术》工作的几年。*Zone* 于 1985 年以杂志的形式诞生，并很快发展成为一系列书籍，它是一个知识分子的倡议。在某种程度上，它针对的是《十月》杂志，《十月》受到德里达和巴特的影响很大，而 *Zone* 则依赖福柯和德勒兹的理论，它比《十月》有着更强的历史主义和哲学倾向。我们还翻译了不为英语读者所熟知的后结构主义的重要法语文本，包括柏格森（Henri Bergson）、巴塔耶和冈圭朗（Georges Canguilhem）的作品。

Zone 的出版在很大程度上是源于我和米歇尔·费赫（Michel Feher）、乔纳森·克拉里（Jonathan Crary）、桑福德·柯文特（Sanford Kwinter）之间的情谊，那时的纽约允许那种亲密无间。多年之后我们有所分歧，我开始把《十月》作为自己的工作，于是便在 1991 年跳槽到那里做编辑。

欧：我翻了翻书架上 *Zone* 在 80 年代，也就是你还在那工作时出版的书籍，里面包括了吉尔·德勒兹的《受虐狂：冷酷与残忍》（*Le Froid et le Cruel*），亨利·柏格森的《物质与记忆》（*Matière et Mémoire*），亨利·富西永（Henri Focillon）的《形式的生命》（*Vie des Formes*），欧文·潘诺夫斯基（Erwin Panofsky）的《作为"符号形式"的透视》（*Die Perspektive als symbolische Form*），当然还有乔治·巴塔耶的书。

福：巴塔耶是 *Zone* 和《十月》都关注的人物。不过两者阅读巴塔耶的角度很不一样，《十月》从未触及关于魔法和信仰等古怪的内容。《十月》感兴趣的是对超现实主义持不同意见的巴塔耶，即他的《纪实》（*Documents*）。而 *Zone* 则关注战后的巴塔耶，即《被诅咒的部分》（*La part maudite*）、《宗教理论》（*Théorie de la religion*）和其他书。

欧：当你于 1991 年加入《十月》时，克林普已经辞去了编辑的职务。在你心目中，那个项目的决定因素是什么？关于对它的引导，你的兴趣在哪里？在那个时候，它就有了不同的身份。

福：克林普的离开对杂志社来说是一个真正的打击。这件事无疑暴露了编辑们的局限性，但至少也让他们看到自己必须做出改变。我和本杰明·布赫洛、伊夫-阿兰·博瓦受邀加入。之前，罗莎琳对极简主义和后极简主义有所贡献，但她后来基本上与当代艺术家失去了联系。本杰明与丹·格雷厄姆、迈克·阿舍（Michael Asher）等观念艺术家和体制批判艺术家关系密切，因此引入了新前卫这一维度。伊夫-阿兰与利吉亚·克拉克（Lygia Clark）、何里欧·奥迪塞卡（Hélio Oiticica）等新具象派艺术家有私人交情，因此拓展了现代主义实践的国际架构。他们也对欧洲艺术有着特定的投入，本杰明主要关注从达达到里希特、波

尔克等一批德国艺术家，伊夫-阿兰研究俄国构成主义和当代法国艺术。也许作为一个美国人，我对大众文化的敌意较少，我显然属于"图像一代"。90年代早期是"卑贱艺术"（abject art）的时代，我对它保持着别人没有的警觉。那时身体以全新的方式发挥作用：去抨击福利状况、对艾滋病流行的漠视，以及新自由主义下社会的瓦解，受损的身体成了受损身体政治下的无用之物。在这种黑暗的情况下，我写了罗伯特·戈伯（Robert Gober）、麦克·凯利（Mike Kelley）和其他人，我想这让我的同事们有些迷惑不解。此外，我对文化战争以及它对我们造成的后果更感兴趣。当我们常常批判的那个事物——"身份"——成为政治上和艺术上的焦点时，我们该做什么呢？在一定程度上，我帮助杂志保持了相关性。

欧：在过去的四十年里，《十月》的目标和那些知识分子斗争的利益并不一致，它的事业轨迹是怎么样的呢？你认为它现在是如何运作的？

福：总的来说，在最初的十年左右，《十月》是当代艺术和批评理论结合的关键场所，那时它的研究项目是分析后现代主义艺术和后结构主义批评之间的关系。第二个十年里，研究扩大到了作品和理论之间的关系，例如女性主义和精神分析。这段时期，我们也开启了现代主义领域里稍微滞碍的运动如达达和构成主义的研究。我们还对那些众所周知的运动进行了新的解读，例如通过巴塔耶来重新思考超现实主义。其中文献性的和修正主义的历史维度对《十月》一直以来都很重要，而且我认为这种重要性还会持续下去。下一个时期受到了文化战争的影响，这也是一场关于标准的战争，我们必须在这些转变中找到立足点。正是在这一时期，我们开始研究诸如艺术史与视觉文化等体制问题。我们也通过圆桌会议和调查问卷等旧方式使杂志对其他观点更包容开放。尽管我们

一直珍视批评的严谨性，但我们也必须倾听其他的声音。

欧：我想问你的最后一个问题是关于《1900年以来的艺术》（*Art Since 1900*）的。人们可以做许多事来巩固知识分子的地位，而写教科书可能是最直截了当的一种方式。书中你大体明确地阐述了，"这就是我们的典范，这就是我们谈论它的方式"。我对于如何得出这些结论及其过程很感兴趣。

福：我知道福柯知识和权力联系在一起的观点，但为何能如此直接地从知识部分跳跃到权力部分呢？《1900年以来的艺术》的作者是四位——加上现在的大卫·乔斯利特的话就是五位——重要的现代主义者毕生工作的概括。这只是我们的一种权力游戏吗？别开玩笑了！况且，你能从构成这两卷书的几十个条目中构建出一部大典吗？我赌你不能。当然我也不能。

教科书经常受到机械的批评，被指责为不全面。但是如何做到面面俱到呢？我承认书名《1900年以来的艺术》听起来似乎无所不包，但那是出版商强加的，我们原来的书名《现代主义及其不满》（*Modernism and its Discontents*）更准确。当然，这是我们对事物的看法，但它被设定为一个由碎片组成的拼图，可以用许多不同的方式拼起来。没有任何目的论的轨迹，没有正确的分组。当然，有一些盲点，但我们对自己的局限性是很坦诚的。我认为它被当作一个经典的声明，因为有些人需要《十月》的编辑作为陪衬。这就是说，很大一部分批评是投射——但是，它往往是投射。不幸的是，我和其他人一样有恋母情结；我是作为格林伯格、威廉姆·鲁宾（William Rubin）、弗雷德等人的对立面长大的。我知道需要一个坏对象是什么感觉。但很难把《十月》的编辑都放在一起。我们都是如此不同。"《十月》人"——这到底是什么意思？

我非常感兴趣的是，在这个反动和叛乱的时期，会出现什么样的实践、批评和历史的新形式。我无法阐明它们；也不应该由我来阐明它们，但我看到它们就在那里。这与不同的人有关，他们带着不同的主题而来，有时带着别人共享的语言，有时则没有。欢迎新的野蛮人！

《十月》：智识时代的“遗产”[*]

伊夫-阿兰·博瓦[**]

鲁明军（以下简称鲁）：您在法国曾随罗兰·巴特和于贝尔·达弥施读书，这两个人对您的影响主要有哪些？

伊夫-阿兰·博瓦（以下简称博）：影响我的学者有很多。早年我还写过他们研讨会的评述，其中有一篇就发表在《十月》上。如果你想要的话，我可以给你参考。文章的标题源自达弥施的评论，其中的方法论意识对我有很大的影响。巴特对艺术不是很了解，但我从他那里学到的是，如果你立即思考符号化的主题和意义，你就越接近符号，你就越深入。

对我来说，这是一个很大的教训，一个奇怪的反直觉的教训。这是巴特给我的启发。从此，我开始真正关注形式，关注形式的特殊性，以及这种微观的意识形态，我开始以非常近的方式看待事物，因为其背后有人会带来更深的影响。对达弥施来说，虽然他被训练成了一个哲学家，

---

[*] 访谈时间：2018年8月15日。访谈地点：纽约曼哈顿某咖啡馆。标题为鲁明军所加。
[**] 伊夫-阿兰·博瓦（1952—　　），普林斯顿大学高等研究院历史研究系教授，《十月》编辑。著有《作为模型的绘画》、《无定形：使用指南》（合著）等。

但令人惊讶的是，他在视觉上同样很敏感。每去一个地方，每一次演讲，包括每访问一个国家，他总是无休止地画着他所看到的东西。即使是每一本书，每一个字，他都把它们画出来。那是一种真正的视觉。所以，我认为他具有画家式的思维。当然，这样一种观念，对绘画来说，是同样有效的。作为一个想法的载体，绘画就是抽象的想法，画家就是抽象的哲学家。此外，达弥施也是一个非同寻常的人，他一直在建立联系。他会遇到一些人，那是令人印象深刻的，也是非常自由的。当我还是一个学生的时候，机构相对纯粹，没有人会去请愿。达弥施反对传统的思维方式，我相信那是因为他喜欢独辟蹊径。也正是受他们的影响和启发，我从来没有真正承受过传统学术界的愚蠢，因为我很早就把它扔到了垃圾桶里，这没有关系，因为我从他们两个人那里得到了这个许可。

鲁：达弥施、丹尼尔·阿拉斯（Daniel Arasse）等这些法国艺术史家与米歇尔·福柯的关系具体体现在哪些方面？

博：嗯，我不知道福柯是否对艺术非常感兴趣。我对福柯与艺术的关系一无所知。但在我看来，他对艺术性的了解非常非常少。我喜欢丹尼尔，但当他真正成为学者的时候，我从法国去了美国。我不知道福柯对他有没有影响，但我知道，达弥施对福柯非常感兴趣，尽管他们彼此并不是很了解。据我所知，他们是在康奈尔大学认识的，当时达弥施在那里生活了一年，具体是 1970 年还是 1971 年？——应该是 1971 年。所以他们并不真正了解对方。当然，福柯对每个人来说都是一个重要人物——不仅是对艺术史家。福柯对艺术史感兴趣，但他对它不太了解，而且他的品位很差。但是，你知道，他评论了欧文·潘诺夫斯基的一本书。哪一本？我想是《图像学研究：文艺复兴时期艺术的人文主题》（*Studien zur Ikonologie: Humanistische Themen in der Kunst der*

Renaissance）。他对此很感兴趣，他还写了关于马奈的文章。但在我看来，他关于马奈的文章非常无聊，都是陈词滥调。看得出来，他知之甚少，只是很感兴趣而已。当然他所做的，对于很多人——例如达弥施来说——还是非常重要，其干预的部分至今仍然存在，只是物理上离开了。

另外，对福柯而言，马克思主义很重要。尽管福柯不是一个马克思主义者，但他突然开始对马克思感兴趣，并由此提供了一种阐明文化和社会的方式，像是一种不简单的基础设施和超级结构。

福柯所创造的"知识型"（episteme）这个概念让我感兴趣的是，你必须看到不同时代不同的知识和不同的事物之间的关系，在不同的点上定义的基础，再经由这些关系进入政治。福柯当时基本上还不知道这个概念的意义，因为开始的时候他还不太出名。在某种意义上，可以说他是重做了一些俄国形式主义者所想到的东西，那就是，在思考与艺术、社会、政治的关系之前，你必须思考艺术、科学、意识形态、宗教和方式之间的关系，以从中找到它们之间可能的联系。因为所有这些都将决定一个艺术家的关系，而这显然不是一对一的关系。这意味着，你必须知道这个人的所有的要素（包括星座）及其结构，然后才能思考。因此，他更像是在社会、艺术以及所有要素之间的关系中找到了一个调解。

福柯当时正在做的，实际上在 20 世纪 20 年代雅各布森（Roman Jakobson）就谈过，不同的是，福柯是非常政治的，他反对任何形式的对艺术的痴迷或直接地对政治的亲和。巴特也是如此。但对于艺术的政治性，我认为如果你要做政治艺术，那法西斯分子做的同样是政治艺术，艺术就是艺术，它不是政治，因此这是失败的，福柯完全一样。记得我还是个学生的时候，去听了福柯关于方托马斯（Fantômas）的一个讲座。你知道那是谁吗？它是 1910 年左右出版的一系列侦探小说的主角，一个一战前在法国大受欢迎的邪恶天才，一个超级英雄的反派。我对福柯的演讲内容本身毫无印象——这并不奇怪，因为那是 50 年前或更久

以前的事了——我也不记得具体发生在哪里，只记得那可能是福柯喜欢工作的一个小图书馆。不过我没能找到当时在场的人，也没能证实这个故事。

我记得他的演讲结束时，有人从房间后面喊道："福柯同志，这对革命有什么用？"——这在当时是很普遍的想法。福柯则突然大笑起来，说："绝对没用！"这真是太解放了。言下之意是，你可以做一些对革命没有用处的事情，而不必感到内疚。

鲁：您是什么时候来的美国？

博：我第一次来美国还是在我读高中的时候，当时非常年轻。我想在这里申请哥伦比亚大学，但我不知道如何获得奖学金，因为我的父母非常穷，所以没有办法，我回到了法国。20 世纪 80 年代初我被迈克尔·弗雷德邀请到这里待一年做研究，后来他们让我留下来，于是我就搬到了纽约。

鲁：20 世纪 70 年代法国思想进入美国，刚好和纽约的反文化运动相遇，随后进入美国大学文学系，从内部颠覆了整个知识领域，也成为诸种政治斗争的理论基石。应该说，您来的时候法国思想在美国已经很盛行了？还有就是，当时为什么选择来美国？

博：说到法国艺术史，除了达弥施，也许还有几个人，现在已经没有人和我谈论他们了。这个国家和它的文化发展是如此微不足道，至今还是挺糟糕的，但以前比这还要糟糕十倍。我做过一本叫《光斑》的杂志，始于 1976 年，很了不起。当时不仅整个文化很糟糕，而且也没有人能和我说话。我当时在一个研究中心有一份工作，但在那里同样没有真

正可以交谈的人。

但在纽约不同，有很多人可以和我交谈，这就是我当时留下来的原因。到达纽约的那一刻，我想这里有很多20世纪重要的艺术学者，他们在不同的大学里教书。但当时的情况完全不是这样的。在美国的大学里，几乎没有人在教20世纪艺术。只有罗莎琳·克劳斯在纽约市立大学教授相关内容，仅此而已。没有任何重要的人在哥伦比亚大学、纽约大学、哈佛大学、普林斯顿大学、加州大学洛杉矶分校、伯克利大学教20世纪艺术。没有人在这些地方开任何关于20世纪艺术的讲座。他们都是平庸的白痴，相当于被我抛弃并留在法国的东西，这让我非常震惊。但这并不重要，因为它在随着时间的推移而改变，我们也在改变。那是真的，后来完全改变了。

这真的是一种奇怪的冲击。我不知道为什么，当时只有威廉姆·鲁宾在纽约教一门关于20世纪艺术的课程。哈佛大学没有人教这个，普林斯顿大学也没有人教这个，加州大学洛杉矶分校也没有。这是不寻常的，这是令人难以置信的，我感到非常震惊。

当我到达纽约时，美国大学正在流行所谓的"法国理论"，但它非常薄弱，因为它与所有的东西混在一起。迈克尔·弗雷德对此有点内疚，因为他让学生读的书，比如这一周必须是福柯的东西，下周是罗兰·巴特，第三周又是另一个人。你知道，这些人的作品都很难读，他们也很不同。所以，这是一个非常奇怪的想法。但这些人都是像我们一样"经营"它们的人。因为我来自法国，我认识的人都会说："巴特和福柯不一样！"这些人的想法是不一样的！这是一种怪异的现象。然而，学生们被催促着做大量的引文，以将他们的理论放在里面。可是，你知道，在使用之前你必须要理解它。

所以，我只是觉得它进展得太快了。我的意思是，我爱迈克尔，我们的关系非常好，他是一个伟大的同事。尽管我们并不经常达成一致，

但能以一种非常有趣的方式化解这些分歧，他一向很慷慨。那时我们都很年轻，我更年轻一点。

鲁：您第一次在《十月》发表论文是什么时候？您在《十月》成立之初就是编委会成员吗？

博：我不记得了。第一次在《十月》发表的文章应该是关于埃尔·利西茨基（El Lissitzky）的《埃尔·利西茨基：阅读课》（"El Lissitzky: Reading Lessons"），是在 20 世纪 70 年代末。但早在 1977 年，我在巴黎就遇到了罗莎琳·克劳斯。那个时候我们都刚刚开始办刊物，她们创办了《十月》，我开始了我的杂志《光斑》，我们交换了刊物，彼此变得非常友好，而且我们在两个杂志之间交换发布广告。其实，在遇到她之前我就知道她的著作，我知道《现代雕塑的变迁》（*Passages in Modern Sculpture*）这本书，它出版于 1978 年。从此，我们成了朋友，而且我们的关系也变得越来越亲密。除此之外，早期我还有一篇关键的文章，是关于马丁·巴雷（Martin Barré）作品的讨论，是 80 年代初发表的，也就是在我来美国之前。

鲁：《光斑》还在办吗？

博：不，一共只办了四期。当时每年出一期。第一期有一百页，第二期有两百页，第三期有三百页，第四年那期有四百页。

鲁：之所以能够加入这个群体，也是因为另外两位核心人物罗莎琳和安妮特本身也深受法国思想影响很深的缘故吗？从学术背景看，你们三位之间有哪些区别？因为我知道罗莎琳可能和您、安妮特不太一样，

她是从格林伯格那条线过来的，而你俩是从法国思想直接切过来的？你们之间会有争执吗？

博：她们都是我的好朋友，当时正好她们需要新鲜血液，所以邀请我去，我就答应了。罗莎琳经常会说："哦，你应该来见见这个人。"过了一段时间，她会来征求我的意见。最终她说："好吧，来加入我们吧。"如果不认识她们，我也许不会对这本杂志感兴趣。即使罗莎琳与迈克尔·弗雷德有巨大的冲突，当迈克尔要求我留在霍普金斯大学时，罗莎琳告诉我，尽管她真的与迈克尔多年来一直没有说话，她还是跟我说："你不能拒绝。当然，你必须要来。而且迈克尔非常聪明，你会跟他学到很多东西，所以你不能回法国去，你必须留下来！"她不是在为她们自己说话。

鲁：克劳斯和迈克尔·弗雷德算格林伯格的学生吗？

博：不，格林伯格没有教书。他不是一个老师。克劳斯和弗雷德只是他小群体的一部分，你也可以说他们是他非常强烈的崇拜者。不过，格林伯格晚年教了几年书。他没有一个固定的教学位置。所以，严格地说他们不是他的学生。按贾德的说法，他们都是格林伯格的人。准确地说，他们其实都是追随者。而且，迈克尔也不是唯一一个把他变得非常尖锐，甚至有点讨厌的人。

鲁：我没查到您和克劳斯、米切尔森的学术背景，您可以简单介绍一下吗？以及你们之间的差异？

博：我们这些人所受的训练是非常不同的，比如我从未真正接受过

艺术史的训练，我没有学习过艺术史。罗莎琳在哈佛大学接受了非常传统的训练。她是西德尼·约瑟夫·弗里德伯格（Sydney J. Freedberg）的学生，所以她受过非常好但也非常传统的艺术鉴赏训练。弗里德伯格是一个真正的传统鉴赏家，克劳斯很崇拜他。

至于安妮特的教育，我感觉她主要是自我教育的，据我所知，她从未完成她的论文。我不太了解她具体的教育情况，她去法国也许是为了完成自己的论文，她在那里生活了好几年。罗莎琳呢，我知道她在卫斯理学院读的本科，那里有相当好的艺术史专业。然后她去了哈佛大学做研究生，跟随西德尼·约瑟夫·弗里德伯格学习。她还有个老师是詹姆斯·索罗斯·阿克曼（James Sloss Ackerman），建筑系的，是一个非常有趣的人。所以，相比而言，克劳斯其实有一个很好的、非常扎实的训练，而我从来没有过。

鲁：在学术观点上，你们之间会有大的分歧吗？

博：当然有。我们在"后现代"这个词的使用上就有分歧。我基本上认为克劳斯所描述的后现代并不是后现代，它是现代的，我认为把它称为"后现代"是一种幻想。我还记得当时的那些讨论，例如她认为马奈是后现代主义者。如果马奈是一个后现代主义者，那什么是现代？但这并不是一个主要的分歧。我们一起做了一个名为"无定形"（Formless）的展览（图5-1），所以，我们从来没有真正的分歧。我的意思是，就像我们必须为那个展览选择三个主要对象，我们已经决定，每个人可以带来一件作品，另一个人不喜欢，每个人可以否决一件作品。我们不一定要同意对方的意见。或者说，我们允许分歧，或承诺分歧的存在。

所以，在根本的问题上，我们从来没有分歧。好吧，我举个例子，我们需要一幅波洛克的作品，哪一幅？这一幅，好！我们都同意了，这

图 5-1

艾伦·麦克勒姆（Allan McCollum），《犹他州中部煤矿的自然副本》（*Natural Copies from the Coal Mines of Central Utah*）（"无定形"参展作品），蓬皮杜国家艺术文化中心，巴黎，1995—1996

种默契很了不起。我们完全知道自己想要什么，我们知道自己想要哪件作品。也不完全这么顺利，比如我们都想要沃霍尔的两幅作品，但真正到底哪件作品更有价值，而且可以顺利借出，这都要考虑，所以其实很复杂。我们知道自己想要一个卢齐奥·封塔纳的作品，这件，或者如果不是这件，那也得是同一类的作品。所以我们其实清楚地知道自己想要什么，而且居然惊人的一致。除非我们都从来没有涉及过这件作品，我们决定可以以此否决其他选择，并承认我们从未使用过它。

鲁：克劳斯可能相对比较容易了解，感觉米切尔森比较神秘，您可以多谈谈她吗？

博：我不知道她具体在哪里学习，但她去了巴黎。在巴黎，她疯狂地爱上了一个人。也是在那期间，她写了很多好作品。我们打算在《十月》做一期专题，向她致敬。今天再读这些文章，其中一些真的很好，她有非常有趣的作品。据说几年后，在巴黎，她的伴侣自杀了。她当时深受打击，回到了美国，她不知道该怎么办。幸好，希尔顿·克莱默（Hilton Kramer）给了她第一份工作。

当时的她还没有成为"写作女王"。虽然在写作方面不断成长，但她还没有达到这个高度。克莱默给了她一份工作，担任《艺术》杂志的编辑。后来，她加盟了《艺术论坛》。我见到安妮特时，是 1978 年再次来到纽约访学的时候。当时，她对法国文化的深刻了解给我留下了深刻的印象，尤其对电影，她非常了解。当时，我觉得世界上没有比巴黎更好的看电影的城市了，因为你几乎每天都可以看到一部新电影，相比之下，在纽约或许只有三四个地方能看到一部比较好的电影。在巴黎，如果你想的话，随时都有好电影看。

这也是我怀念巴黎的原因之一。安妮特对法国文学和电影有着非常

深刻的认识，还有一些我们共同拥有的东西，也是我在美国所失去的，那就是对当代音乐的知识和经验。这里指的不是流行音乐，而是当代意义上的古典音乐。她对此很了解，我和她曾想在《十月》上推动相关的研究，但最终我们没有实现，读者们也不感兴趣。

鲁：我们知道《十月》之所以成立，一个直接的原因就是当时克劳斯和米切尔森想在《艺术论坛》发表福柯的《这不是一支烟斗》，未获得同意，所以才有了《十月》，您当时对于美国艺术批评状况的感觉是什么？是否觉得《十月》会带来一种新的可能？

博：是的，但还有很多其他原因。有一个事实，安妮特当时想发表更多关于电影和表演的文章，但《艺术论坛》不同意，因为——我想这是真的——这些在市场上没有多少人会感兴趣，或者说没有市场。所以，她觉得《艺术论坛》完全被腐蚀了。除了这个，还有别的故事。所以，他们期待一片丛林，但这里没有阵地。对于《艺术论坛》来说，这不仅是"反文学"（anti-literature）的问题，更多的是营销（marketing）的问题。

鲁：我看过一个米切尔森的访谈，我记得她说，《十月》的产生，特别是它与法国理论的连接，有一个很重要的原因：20世纪六七十年代的时候，艺术的媒介越来越丰富，涌现出表演、录像、装置等各种媒介，既有的理论无法解释这些作品，而法国理论是一个很好的入口，是这样吗？

博：矛盾的是，一开始，所有这些被带进来的作为新的真理和方法来分析新实践的法国理论自身都不知道这些新实践，这些理论家甚至可能也不喜欢这样。当时法国的哲学家、艺术和文学评论家基本上是19世

纪的人，他们是完全无知的，即使不是，他们对艺术实践也是无知的。利奥塔确实写了一本书，其中一半是关于丹尼尔·布伦的，但另一半写的是雅克·莫诺里（Jacques Monory）——一个可怕的写实主义画家。

所以，他们其实不懂艺术，他们没有艺术修养，我敢肯定他们所有人也都发现了这一点，因此，《十月》通过导入他们的概念来讨论新的艺术，完全是荒谬的。这是一个非常有趣的事情，但也是完全可以理解的。我的意思是，我们一直都在这样做。你试图处理一个自己没有话语权的对象，所以你去找另一门学科来帮助自己。这就是《十月》所做的，而且多年来，也的确做得很好。他们把法国的理论引进到美国艺术史学领域，引起了巨大的反响，反而我早年在法国的写作受众非常有限。

其实，《十月》早年的理论推动，主要靠的是罗莎琳和克雷格·欧文斯。但这里，太容易出现用过于简单的方法把艺术家的实践与话语等同起来的现象。比如，他们经常在事件中阅读作品，忽视了理论的本意。对我来说，这是一种方式，它太容易嫁接到法国的理论，但它看起来又不是法国理论家所谈论的。我经常有这样的感觉：它有点太快了。尽管如此，它确实产生了效果，让美国的批评家有一段时间变得更加聪明了。对此，我并不在意。因为我认为那一刻已经过去了。曾经有那么一刻，这些理论成为他们被迫阅读的东西，可一旦被引用，它也许会死在美国的艺术话语中。安妮特的文本清单中有一篇关于 1969 年罗伯特·莫里斯在华盛顿的科克伦画廊（Corcoran Gallery of Art）展览的文章《罗伯特·莫里斯：一种越轨行为的美学》（"Robert Morris: An Aesthetics of Transgression"），里面她聪明地谈到了"整合术"（chemitology）这个概念。我觉得这个很重要。我不认为她犯了一个错误，有时可能反而是我们犯了错误，当然克雷格也犯过这样的错误。要知道，当时美国的理论实践中可以看到太多的法国概念，但它终究还是温和的，它并不虚假，它只是在被同化过程中有点被夸大或速度有点过快。但不管怎么说，这

还是非常有成效的，很多人开始想，哇哦，你可以用这种方式来解读这个作品。

鲁：《十月》当时的定位是"艺术 / 理论 / 批评 / 政治"，这是基于什么样的考虑？

博：从一开始就有这样的想法，这是一个将艺术作为社会变革的工具的梦想。这也是为什么杂志被称为"十月"。《十月》诞生于 1976 年，当时越南战争刚刚结束，其实发生了很多事情，而我们当时很天真，认为艺术可以改变世界。这一点决定了《十月》的导向，但是你知道，它永远不可能有任何政治影响。这是一个乌托邦，因为我们知道这几乎是荒谬的，那个时候大部分人对社会主义的可能性的信心已经完全丧失了，因为那是资本主义即将重新抬头的时代。但即便如此，我们仍然坚持这样的想法，相信艺术可以创造政治影响。

鲁：这么多年过去，您认为《十月》在美国或整个欧美当代艺术界和学术界扮演的角色是什么？它和《艺术论坛》的区别是什么？

博：我认为《十月》在今天的艺术系统和整个社会中的作用是零。我们是做了，这个没错，但我认为它没有任何影响。《艺术论坛》越来越依赖于市场，论述的影响力越来越弱，不光是因为这个，其实也是因为人们不阅读。同时，《艺术论坛》也在变得越来越愚蠢。所以，我也不知道说什么，我能说什么呢？《十月》还是要继续出版编辑感兴趣的东西，比如一些特刊。我正在准备策划一个特刊，很疯狂，是一期十分疯狂的特刊。它是迈耶·夏皮罗（Meyer Schapiro）和达弥施两位艺术史家之间一年的通信信件。它就像提出了一个长达两百页的问题，都是关于夏皮

罗和达弥施之间种种谵妄的重复，甚至比弗洛伊德还要疯狂。妙极了！可是，谁对这些东西感兴趣呢？是我。达弥施当时在康奈尔大学，完全被夏皮罗迷住了——应该是彼此被迷住了，于是他们互相写信，这些信件就像无尽的想法的烟火。而这同样让我着迷，太吸引人了。

这只是一年的通信。事实上他们合作了很多年，不过这个时刻是不寻常的。所以我们打算发表的信约有一百封。而且我们正在出版达弥施的两个文本和夏皮罗的一个文本。这是一整套。非常好！

鲁：有没有觉得《十月》是在将当代历史化？或者有点过早地历史化的问题？

博：我不知道。我的意思是，我不认为《十月》对当代话语有任何影响。我认为，艺术批评对市场或对利益口袋没有影响。这是很冷漠的。我还记得一些东西，这也是我再也找不回来的东西。我记得那是在20世纪80年代末，在位于绿街（Green Street）的菲利斯·卢卡斯画廊（Phyllis Lucas Gallery）的一个展览。

卢卡斯的画廊位于绿街的一端，与休斯敦相交之处。卢卡斯叫它"仓库"（warehouse），我也不知道是什么意思。画廊存在的时间很短，后来搬到西百老汇，或是春天街的角落。有一个展览是由一个收藏家为他组织的。他要求收藏家组织、策划一个展览，邀请收藏家去看年轻艺术家的录像、去工作室参观，等等。后来，收藏家选择了10位年轻艺术家，组织了一个展览。在那个时候，已经不需要批评的话语。它直接从收藏家到画廊，没有中断，是直接的。这个很像今天，博物馆是由收藏家主导的，托管者（the trustees）不是总监（the director），而是另一个有权力的人。所以托管者选择他们喜欢的平庸的艺术家，没有必要进行讨论。这在某种程度上是非常好的。我的意思是，话语可以变得不正确，

你知道的。

鲁：过去四十年，你们刊登了很多论文，也引发了不少争议，您印象中比较重要的几次争议是什么？

博：最大的一次应该是道格拉斯·克林普离职事件。这是一个大的论战，一个比较大的公众事件，就是在艾滋病危机的时刻，克林普离开了《十月》，然后发生了对《十月》的抵制运动，说它是由恐同症患者制作的。这完全是荒谬的。我认为《十月》希望有更多的政治和更多的论战。

其实《十月》一直在攻击人。但这是否会引发论战，我不知道。我记得我不能对纽约现代艺术博物馆的"高与低：现代艺术与大众文化"（High and Low: Modern Art and Popular Culture）展览进行攻击（图 5-2）。除此之外，我不记得还有什么论战事件。

我觉得你在某种程度上给予《十月》太多重要性，其实已经没有人读它了。

鲁：《作为模型的绘画》（*Painting as Model*）作为"《十月》丛书"的一种，深受结构主义和后结构主义的影响，这是一种写作的尝试还是一种批评？对于这样一种写作，艺术家会怎么看？另外，还有一本书是您和罗莎琳·克劳斯合写的《无定形》，这两本书其实都带有明显的反形式主义的特征，其间还有一本著作就是《马蒂斯和毕加索》（*Matisse and Picasso*），在这三部著作中，问题先后是怎么展开的？在您的整个论述中，形式主义和结构主义之间是一种什么关系？

博：让我们从《无定形》开始，因为那是两件不同的事情。形式主义和结构主义，基本上是一样的。我的意思是，在我对形式主义或结构

图 5-2
"高与低：现代艺术与大众文化"展览现场，现代艺术博物馆，纽约，1990—1991

主义的理解中，当美国人说形式主义时，他们想到的是格林伯格，这不是我所关心的有趣的形式主义，这是形态学的形式主义。当我说形式主义时，我想到的是俄罗斯的形式主义者，这是结构主义。这是两种不同的形式主义。所以在我看来，形式主义和结构主义其实是非常一致的。

在这个意义上，《无定形》这本书更像是一本完全反结构主义、反形式主义的书，因为它是一本围绕乔治·巴塔耶关于结构如何被融化的书。它就像一部几乎颠覆了整个结构主义的书，除了你要重新构筑或其他什么。相比而言，我想我的第一本书《作为模型的绘画》只是一本让我得到终身教职的论文集，它不是一本真正的书，它是一个论文集，所以它缺乏真正的凝聚力。

《无定形》有一个论点，艺术文章的整个方式就是做"大炮"（cannon），但也不存在被理解的"反大炮"（anti-cannon），即结构主义艺术大炮的形式。因为 20 世纪的所有方面都被遗忘了，我们必须找到一种方法，而巴塔耶的反形式主义概念只是为了帮助组织它。

鲁：在您的研究和写作中，会顾及艺术家对自己作品的解读吗？或者说您是如何处理这个问题的？

博：都有。大多情况下，艺术家不得不说有趣。我试着不成为——但很难不成为——囚犯。这是非常困难的，特别是当艺术家是聪明的和非常好的作家的时候。马蒂斯很明显，他是自己作品的最好解释者之一。有时他也犯错误，但不多。这是很难收集的。蒙德里安就容易得多，他是个糟糕的作家。但和马蒂斯在一起就不行了。当然，大多时候你并不清楚艺术家是否完全知道自己在做什么，没有人知道。我的意思是我也不知道自己在做什么。所以，艺术家关于自己作品的说法虽然是有趣的，但它不一定意味着就是解释。事情要复杂得多。而有些艺术家是故意的，

你知道，像毕加索就很特别。毕加索除了在一段非常短的时间内写了一些糟糕的诗歌外，他没有写任何理论，也没有接受任何采访。但只要接受采访，可以确定他基本上说的是完全相反的。但至于马蒂斯，他是非常特别的，写得非常清楚，有非常好的选词。这是很难的，因为他非常聪明。

鲁：回到杂志，您前面提到现在没人读《十月》了，但我相信还是有人，所以我想问你们做过调查没有，到底有哪些读者在读《十月》？艺术家多吗？占多大比重？或者说你们关心读者群吗？

博：我不认为现在有很多读者在读它。我认为艺术界已经有相当一段时间弥漫着知识分子的气息，这是真的很好。但是，你知道，人们成名后就会取笑知识分子。现在策展人发表言论，处处是反智的腔调。你去纽约现代艺术博物馆开研讨会，发现尽是反学术的东西。而这在《纽约时报》上每隔两三天就会出现，处处是对知识分子的嘲弄。所以这是大气候。美国其实一直有一个强烈的反智传统，它也是一个运动，因为艺术世界是如此怪异，人们觉得他们需要知识分子来理解它就找他们，现在则不需要他们了。所以，很自然，像《十月》这种杂志就没有读者了。

鲁：我知道您曾经策划过很多展览，在策展人与评论家、写作者两个身份之间，您是如何平衡和区分的？

博：我不知道我是否可以平衡。我喜欢做展览，如果不是因为拉赞助等问题，我愿意一直做下去。这是使艺术世界本身阐明它是什么的最好方法，通过在不同的艺术作品之间建立联系，而不需要语言的调解。我的意思是，如果你在原则上想做一个智慧的展览，就不应该需要

图录。你把两个、三个、四个物体放在同一面墙上，它们本身就应该建立一个话语，而这样做是如此的幸福，令人十分愉悦。所以，如果可以的话，我愿意一直做展览。我心中有很多展览，当我将来退休时，我想做展览，当我完成时，就会产生很多其他项目。可是另一方面，我也知道，今天有太多的展览是完全无用的，我不赞成这样的展览，特别是图像展览，因为借来的艺术品大多都是脆弱的，无缘无故地把它们运到世界各地是荒谬的。所以，诸如关于菊花或狗的展览，我完全反对。如果你带来了新的对象，如果你带来了对一些对象的新的解释，如果你带来了一个你不知道的，或者你没有想到的主要经典人物的一个新的方面，那么博物馆就存在，展览就有意义。我的意思是，这样的话，策展人就向这个领域提出了一些问题。如果展览只是为了让房间里充满游客，我反对。除了极少数，我反对世界各地99%的展览，它们都是旅游展览。

鲁：批评写作在当代美国的变化是什么？有没有什么走向？

博：它没有走向。

鲁：像 e-flux 和《超敏》这种新型媒介会不会取代传统媒介，产生新的批评方式？

博：是的，这可能也是《艺术论坛》当下面临的挑战。我不认为新的主编对如何做有明确的想法，但它终究是一个重要的阵地，还是保持着一些想法，但我不知道它的方向。在某种意义上，我认为它无处可去。我认为在几年内，我们将回到愚蠢的状态。我的意思是，艺术批评基本上是一门非常愚蠢的学科。在美国，有一个时刻，它变得非常聪明，20

世纪 60 年代的《艺术论坛》算一个，但它难以为继，很快又变得愚蠢。它将回到：当你看《纽约时报》时，它是有趣的，就像回到约翰·肯尼迪时代；看印象派时，我们会说"哦，我喜欢它，它挂在你的沙发上面很好"，或其他。所以我想，既然市场不需要东西震荡了，那它要么完全消失，要么变成完全模糊的模式化的商业工具，我认为这将是它的本质。而且，它对精神性和其他方面还是有着巨大的吸引力。因此在我看来，所有被《资本论》摧毁的东西都会被赞美为艺术的一部分。对此，我并不乐观。

鲁：您怎么看待艺术家写作？比如老一代的像贾德，年轻的如黑特·斯特耶尔（Hito Steyerl）。

博：我喜欢黑特·斯特耶尔，我认为她非常好。贾德是一个有趣的作家，他多次与我意见相左，但这很好。如果一个艺术家想写，我很赞成，因为他们有非常开放的、特立独行的方式，而你不会有。如果你问我是否喜欢，我当然喜欢艺术家写作。如果一个艺术家有能力写作，我不会谴责他。我确实喜欢他们的写作，因为知道他们说什么利于我们的写作。在我的生活中，有很多这样的我喜欢的艺术家，我也喜欢那些不写作的艺术家，更不会因此责备他们，因为他们不适应写作这样一种媒介。但我确实喜欢艺术家的写作，因为我觉得他们没有"竞争力"，或者说他们写作的目的更纯粹。

鲁：如果让您选择的话，过去四十年来，您觉得最重要的艺术批评著作是哪一本书？

博：我不能回答。不过，非要让我选一本的话，那我选施坦伯格

的《另类准则：直面 20 世纪艺术》(*Other Criteria: Confrontations with Twentieth-century Art*)。它虽然是一本论文集，但是它开启了很多新问题。

鲁：没有问题了。再次感谢您！

博：也谢谢你！很高兴回忆这些陈年旧事。

艺术作为世界的"代理人"[*]

大卫·乔斯利特 [**]

鲁明军（以下简称鲁）：您好！乔斯利特教授，感谢您接受我的采访！您还记得第一次在《十月》发表论文是什么时候？是哪篇文章？那个时候《十月》在美国当代艺术界和学术界具有什么样的地位，或扮演着何种角色？

大卫·乔斯利特（以下简称乔）：我不记得具体哪一年在《十月》发表了第一篇文章，但那是在20世纪90年代，当时我还在读研究生，它叫《马歇尔·杜尚的〈蒙特卡洛债券〉》（"Marcel Duchamp's 'Monte Carlo Bond' Machine"）（1992年，第59期），是针对马歇尔·杜尚的一件作品撰写的一篇文章，作品名字叫"蒙特卡洛债券"，它指的是一个伪造或发明的债券票据，是一种金融工具。

那时候的《十月》尤其注重翻译，这里的翻译还不仅是一种字面上

---

* 访谈时间：2018年5月10日。访谈地点：美国亚洲文化协会纽约曼哈顿办公室。标题为鲁明军所加。

** 大卫·乔斯利特（1960— ），哈佛大学艺术、电影和视觉研究系教授，《十月》编辑。著有《无限的回归：马歇尔·杜尚（1910—1941）》《反馈：录像艺术的媒体生态学》《艺术之后》《1945年以来的美国艺术》《遗产与债务：全球化的艺术》等。

的语言转换，更重要的是，它将欧洲的后结构主义理论带到美国的艺术史研究中，成了 20 世纪 80 年代和 90 年代更广泛的思想努力和知识转向的一部分。我们通常称其为"大陆理论"（continental theory），而不是分析性的英美哲学。所以，像罗莎琳、安妮特这样的人非常重要，是他们把福柯、巴特等的法国后结构主义理论和思想带入美国，带入英语世界，特别是带进了艺术史领域。当然，那个时候，艺术社会史在美国也非常重要，包括来自欧洲的新批评理论等。《十月》代表了"大陆理论"的一面，而不是社会史的一面。事实上，在某些方面它们之间是相互对立的。

这当然只是一种笼统的表述方式，除了上述这些，当时还有与英美的分析哲学——分析哲学在美国比在英国更重要——相对的从英国传来的文化研究。所有这些新的理论模式都被引入了艺术史。总的来说，这是一个真正的方法论变革的时刻。

鲁：这些新的范式取代了形式主义？

乔：这个很复杂，因为像罗莎琳·克劳斯、伊夫-阿兰·博瓦以及我本人在某种程度上都是形式主义者，但我们反对与格林伯格有关的形式主义——一种纯粹的被简化的形式评估，而后结构主义方面首先引入了福柯，他早期一个非常重要的文本《这不是一支烟斗》发表在《十月》创刊号上，也就是说，一个非常基础的法国文本被首次翻译发表。在某种程度上，它不是针对形式主义，而是通过后结构主义理论对形式主义进行的一种重新塑造。

鲁：那时候您在哈佛大学读书？

乔：是的。我 1981 年从哈佛大学毕业，随后去了波士顿当代艺术馆

（The Institute of Contemporary Arts in Boston, 简称 ICA）担任策展人，在 1989 年回到研究生院。其间，我写了很多其他的东西，但都跟《十月》没有关系。

鲁：您在哈佛大学的博士论文指导老师是谁？

乔：实际上，我是从麻省理工学院开始的，因为本杰明·布赫洛在那里生活了几年。然后他回到了纽约，我去了哈佛，在那里我跟伊夫-阿兰·博瓦学习，他们两个都是《十月》的成员。

鲁：在此之前，我想您应该非常了解《十月》的出现及其历史争议，比如关于艺术批评写作的理论化、哲学化的争议，曾经有人就将罗莎琳的写作视为是把批评哲学化了，您怎么看？您觉得您的写作和罗莎琳那一代的写作有什么区别吗？还是说是一种延续？

乔：很明显，我的智力形成与那个世界有关，我想我们这一代的大部分人（包括我）对艺术生产的网络更感兴趣，而对西方典籍的兴趣要小得多。我目前的工作是关于全球化的。我想说的是，第一代的确辉煌，但人们也分不同的年龄。罗莎琳和本杰明在年龄上比较接近，伊夫-阿兰·博瓦和哈尔·福斯特更年轻一点。他们是一个整体，而且，他们这样的合作状态已经有很长一段时间了。我想说，虽然我受《十月》第一代的教育，但在一个非常强大的、作为典范的西方现代主义思维面前，还是有转变在发生。比如，一个重要的变化是互联网的出现，新媒体由此在理论上获得新的灵感，促进了知识方式的变革，当然也迫使我们必须要思考全球和全球化问题。如果说我们这一代和上一代有什么区别的话，在我看来——至少在我的工作中——这就是一个重要的不同。不止

我，和我年龄差不多的其他几个人，也都是受《十月》第一代的教育。

鲁：根据我有限的阅读经验，在罗莎琳那里，更关心的可能是作品及其意义是如何产生的，所以带有结构主义和后结构主义的特征，包括她后来的"后媒介"理论也是一样，但在您这里，图像的流通和传播实际上是把生产系统和消费系统视为一个整体来讨论，更强调其中的流动和变化。这是两种不同的思维方式。

乔：是的，具体来说，我认为罗莎琳建立了一个完整的思考领域，媒介特殊性观念的打破，使其有可能超出艺术对象的递归这种简单的想法，从而开启一种更复杂的理论方式，这对后面几代人来说都是非常有意义的。例如，她认为毕加索是一种符号学的寓言。因此，她使我们有可能以一种更复杂的方式来思考艺术的语言，我认为这是她给之后的每一代人的一个工具。我想，在美国几乎我这一代的所有艺术史学家——但凡是从事现代和当代艺术的——都会非常感谢她。但你知道，我还有不同的兴趣。

所以，我同意你这个评价。我认为，将图像内在化是很危险的。理解图像的相互关联及其生态——而不是单一的作品——是更重要的。所以对我来说，真正有趣的是它们如何从一个框架或价值体系迁移到另一个框架或价值体系。譬如，在关于电视媒介的研究中，我感兴趣的是电视、艺术和行动主义如何结合在一起，我关心的是它们彼此之间所形成的生态或系统。所以，我认为这其实与罗莎琳和伊夫-阿兰等有一定的关系，因为他们感兴趣的是如何理解立体主义的系统、超现实主义照片的系统或他们合作的项目"无定形"是如何反系统、反智性结构的。虽然他们关心的也是系统，但我更感兴趣的是如何将艺术作品从它的内部系统中移动出来。

鲁：我比较好奇的是，这样一种思维方式和兴趣是如何形成的呢？

乔：在我去研究生院之前，像本杰明·布赫洛这样的学者的研究对我来说更重要，这在很大程度上取决于我当时的工作，那个时候我是波士顿当代艺术馆的策展人，我们会委托很多学者、评论家为我们的展览写文章，除了罗莎琳，还有伊夫－阿兰、本杰明等，他们都跟波士顿当代艺术馆的项目合作过。那个时候，我其实就已经对商品文化非常感兴趣，包括它如何进入艺术，以及它如何在某种程度上提高艺术水平，从而使它以不同的方式思考艺术作品等都是我关注的领域。而我认为，罗莎琳并没有真正关心过这一点。这不是批评，这的确不是她所关心的，在我看来，她的贡献在于创造了一系列惊人的范式，比如她关于网格的思考，她关于雕塑扩展的理论探索，都使我们能以不同的方式清楚地看到一个领域。因此，她的工作其实对我很重要。但是另一方面，我又非常想在那种个人天才式的万神殿之外思考。我个人认为，专注于将个别艺术家作为研究单位是一个很大的问题，而现在，当我们研究艺术史时，这似乎是很自然的事情。它固然建立了一整套的价值观，可对我而言是有问题的。

鲁：您的第一部著作《无限的回归：马歇尔·杜尚（1910—1941）》（*Infinite Regress: Marcel Duchamp, 1910—1941*）主要研究的是杜尚，您在书里面提到，"现成品的策略不仅是反绘画，而是作为创造一个现代自我的新模式"。那沃霍尔呢？您的第三本专著《反馈：录像艺术的媒体生态学》（*Feedback: Television Against Democracy*）最后落到了沃霍尔那里，您在书中说，作为一个化身，沃霍尔这个名字和电视对角色的阐释恰好有着完全相反的作用：沃霍尔系统不是将个人信仰和社会角色进行调和，而是引发它们的分裂和扩散。就此而言，您认为，从杜尚到沃霍

尔，根本的变化在哪里？

乔：沃霍尔和杜尚的关系和区别是一个有趣的问题。我认为杜尚所做的是把艺术家和制造者分离开来，他创造了一种艺术模式，在很大程度上是一种话语的猜测。你知道，他以非常具体的方式推测自己作品的未来意义，比如他的最后一件作品《给予》（*Étant Donnés*）（图 6-1），他创作了 20 多年，没有向任何人展示，然后它被"遗弃"了。所以，我认为他是利用了艺术的功能，把艺术家的功能从传统的结构和品质中剥离出来，使艺术家成为一种概念性的艺术家、一个有争议的操纵者，某种程度上也可以说是一个棋手。

相比沃霍尔，杜尚可以说是退出了围绕艺术成长起来的市场——虽然我不认为那是真的，我认为他也在操纵它，只是以非常具体的方式将他的作品框起来。然而沃霍尔使用的是名人的形式，他是第一个有意使用它的艺术家。我的意思是，其他艺术家已经是名人了，如毕加索、波洛克等，但沃霍尔自觉地将名人作为一种媒介，他利用媒体、名人、利用电影、绘画、话语等任何东西。因此，在某种程度上，如果说杜尚是在幕后操纵，那么沃霍尔是在幕前操纵。

鲁：说到杜尚，我想起蒂埃里·德·迪弗的《杜尚之后的康德》（*Kant d'après Duchamp*）这本书，它被译成中文，在中国反响比较大，您怎么看他的这套论述？

乔：是的。我认为他建立了一个非常强大的范式，他的基本切入点是：一个东西是美丽的，但在内容和意义上，它是艺术吗？他提供了一个非常重要的思考方式。至于蒂埃里关于杜尚的研究，我一下子没办法做出一个简单的描述，但我在我那本书中提到了他，有一些不同意见。

图 6-1

杜尚,《给予》,装置,尺寸可变,1946—1966

他在纽约，目前在亨特学院教书。如果你想见他，我有他的联系方式。

鲁：谢谢，我原计划是要去见他。

乔：回头我把他的邮箱和电话给你。回到刚才的问题，我认为杜尚最有趣的是他使用了延迟的方式，这有点像我之前说的，它是一个提前几步的计划，是一种基于当下的判断对未来进行推测的方式。在这一点上，无论如何，我相信蒂埃里是同意的。

鲁：姑且认为杜尚和沃霍尔是两个时代的艺术家，我好奇的是，20世纪90年代以来出现了新的变化，一个是全球化，另一个是互联网，您怎么看这个变化？

乔：全球化与互联网这两件事虽然不能等同，但在某种程度上它们是一起"工作"的。我可以肯定的是，这两件事都反对西方现代主义作为20世纪艺术主要谱系的可能性。因此，这是一个真正的大变化，只不过这还没有完全发生，但我认为这是不可避免的现代经验的替代形式。因此，对于西方艺术史来说，这是一个巨大的转变，虽然尚未被完全吸收，却极其重要。这意味着，在西方的背景下，我们需要用新的方式来评估作品的原创性，以及用新的方式来理解什么是现代。这一点必须得到发展。

鲁：您这个说法主要是针对欧美而言的吗？

乔：是的，但不完全是。我的意思是，在20世纪70年代末的某个时候，至少在美国，认为艺术要按照以前的运动或过时的运动来进行的

想法基本上崩溃了。所以，我不确定它是否已经完全进入一个新的阶段，理论上也很难解释。不过在我最近写的《遗产与债务：全球化的艺术》（*Heritage and Debt: Art in Globalization*）这本书里，我正试图做到这一点，尽管这很难。

鲁：前段时间也和艺术家朋友谈到区块链，他们也很焦虑，这会不会成为新的艺术系统的替代方式。我们回到沃霍尔的问题，您如何看托马斯·克洛（Thomas Crow）在《大众文化中的现代艺术》（*Modern Art in the Common Culture*）中对沃霍尔的解释？这似乎和您的视角、路径完全不同？

乔：托马斯在谈到沃霍尔《银色车祸》（*Silver Car Crash*）（图6-2）和《金色的玛丽莲·梦露》（*Gold Marilyn Monroe*）时引入了"死亡"的概念，我认为这为沃霍尔的作品赋予了一种非常重要的品质。所以我很尊重他在著作中的观点。但是，我们的视角确实不同，我们的问题意识也不一样，但我认为他的观点非常重要。

鲁：在《反馈》中，您分析的对象都是六七十年代的艺术，那也是一个电视的时代。相比而言，电视的革命性的确要远远超过摄影和电影，我关心的是，这本书出版于2007年，这个时候其实已经是互联网时代，也就是说，我们身处的是另一个图像时代，就此，我想问的是，这一基于电视传播机制的图像行动方案在互联网时代还是否有效？

乔：《反馈》这本书，我是把它定位为一部互联网的前史，因为美国的有线电视被认为具有和互联网一样的乌托邦式的可能性，然后它被商业化了，为其他目的关闭了。所以，在很大程度上这成了一种内部网络

图 6-2

沃霍尔，《银色车祸》，1963

的寓言，但这不是新的。后来，我写了一本叫《艺术之后》（*After Art*）的小书，它关心的同样是这个问题。虽然它像是《反馈》的后记，但它讨论的是当代艺术家。

在某种程度上，无线电也有类似的历史，但它是不同的。我们都知道它是为军事目的而发明的，后来成为一个业余的媒体。然后，希拉里使用它，它成为一种大众媒体，真正影响到广大公众。

鲁：您认为当下比较符合或接近您主张的艺术家有哪些？比如黑特·斯特耶尔或其他？

乔：我对黑特·斯特耶尔的想法非常感兴趣，她认为图像的移动有一种物质性，在我看来这非常重要。还有她思考可见性和不可见性的那种危险的方式：有这样一种倾向，认为被代表是一件好事，但你知道，她在作品中谈到了可见性如何成为一种监视，在某种程度上，看不见会更好。所以，她的作品让我很感兴趣。

鲁：从您的这样一个视角，怎么看当代绘画的问题？您认为是否还存在所谓的"绘画"本身呢？或者说是否还有"元绘画"（meta-painting）这样一种认知？最近，麻省理工学院出版社出版了一本新书《元界面：平台、城市与云的艺术》（*The Metainterface: The Art of Platforms, Cities, and Clouds*），表明"元"（meta）这个概念在扩展，您怎么看这个问题？

乔：我还不知道《元界面》这本书。但我想起另一本，本杰明·H. 布拉顿（Benjamin H. Bratton）的《堆栈：软件与主权》（*The Stack: On Software and Sovereignty*），你知道这本书吗？

鲁：我知道这本书。

乔：这本书里面提到一大批有关互联网的物质性文献，非常有趣。布拉顿谈到了存储东西所需要的服务器、云等，从地球上的金属到芯片，直到云。类似的看法我也很感兴趣。有一种说法认为互联网是非物质的，但事实上它是相当物质的，有一整套围绕它的经济运作系统。昨天我参加了一个小组活动，其间有人对我说，现在数据比算法更重要，更有价值，因为它被掌握在很少的几个大公司手中，像亚马逊、谷歌这样的极少数大公司都有着巨大的数据库。可见，人们现在真的在思考互联网的问题，思考它的物质性问题。这是一个很有趣亦很紧迫的问题。你刚才提到的《元界面》这本看似也参与其中，我会研究一下，它听起来很有趣。

鲁：您怎么看艺术史对于当代艺术——特别是当代绘画——的意义？比如，今天迭戈·委拉斯凯兹（Diego Velázquez）、马奈、塞尚这样的艺术家对我们当下的艺术实践还有哪些意义？

乔：应该说，它既有意义，也没意义。但我确实爱那些艺术家，我不希望他们的作品被从博物馆里拿出来扔掉。而且，你知道，这是未来主义者想要做的。但同时，我也确实认为某种艺术史在继续讲述着一些已经枯竭和无意义的人的故事。比如在我目前的研究中，我试图思考的是艺术如何成为全球化的媒介。不是说你如何通过艺术或不通过艺术来解释全球化，而是说从制造业到采掘业一直到各种知识经济，文化如何成为全球资本的一部分。其中，艺术扮演着一个重要的角色，比如它是吸引资本的某种价值。因此，我对艺术作为世界的一种代表所发挥的作用非常感兴趣。我认为它是世界的"代理人"（agent），这是我试图开发

的一种解释当代艺术的方法。

鲁：我记得您在一次访谈中说，绘画反而在今天比影像和摄影等其他媒介更有力量，比如纽约一些最新的绘画实验将观念或概念与体制批判相结合，这个如何理解？

乔：我不确定我是否会这样说，但我想我确实谈过这个话题，或者说我同意的是，绘画可以在某些方面展示图像的流通，而那些已经在运动中的移动媒体本身可能反而做不到。所以，这几乎就像绘画可以记录运动，而它本身不能移动一样。我的意思是，有些绘画可以做到这一点。但总的来说，即便我们说它们不能，它们至少也可以记录这些流通，而且一直都有。想想西方宗教绘画的伟大周期，无论是中世纪传统，还是文艺复兴传统，抑或是中国的卷轴画传统——这个你应该比我更了解——其中都有一点，你会发现绘画总是在参与描述或记录某种类型的运动的历史，而这在实际的文献记录中是很难捕捉到的。

鲁：我记得之前您数次谈到"阿凡达"（Avatar）这个词，对您而言，它到底意味着什么？

乔：对我来说，它是一种可以被人操纵的假体身份。所以它不一定是你自己的。我的意思是，这真的就像在电子游戏中。举个例子：档案，它不仅记录历史，也涉及人们如何制作档案，比如他们在种族上被剖析这个层面如何体现在档案的制作中。于是，档案变成了一种信息的档案，变成了非常福柯式的一种东西。在这个意义上，它既是一种自我表达的方式，也是一种权力的手段，如果将它强加给人，那么你就会让自己可以被控制调节。

有一段时间我对这个词非常感兴趣，但近期我对"profile"（轮廓，或概况、简介等）这个词更感兴趣，它已经取代了"阿凡达"。

鲁：我印象中似乎没有专门讨论过这个词，都是习以为常地使用，我回去查一查。接着刚才的提问，也涉及一点"阿凡达"，我想问，全球化和互联网时代，在图像流通与传播中——比如好莱坞意义上的"阿凡达"形象——有没有不平等或者霸权存在？换言之，是否存在国际地缘政治意义上的不平等？

乔：是的，我们刚才其实已经开始讨论这个问题了。对我来说，一个非常有趣的问题是，比如知名度，它既是一种力量，也有一种脆弱性——想想名人，是吧？再比如，最近在美国发生的种族斗争。黑人的命固然重要，但作为一种运动，其可见性也可以使你处于危险之中。所以，我认为这些问题关乎形象的流通，但同时，它也是关于形象可见度的问题。一个人如何控制自己的可见度，我认为这是一个非常重要的问题。

还有，你知道，信息都是可以获取的，我们都可以发布自己想要发布的东西，但现在的问题是，会有人看吗？所以，这里的问题是你如何获得更多的关注。比如，美国总统就是这样的一个例子。除此以外，还有很多。我认为发行量的问题也已经转移到这个问题上了。比如说，以前在电视上，你必须是一个制片人才能把东西拿出来，但现在不是这样了，我们都是制片人，问题在于你如何以不同的方式吸引人们，抓住他们的注意力。

鲁：2016 年底，您曾做过一个演讲，主题是"真实性与恐怖性"（Authenticity and Terror），涉及图像与政治、资本及其暴力的关系，您

的这样一种思路与阿比·瓦尔堡的图像学，特别是乔治·迪迪-于贝尔曼（Georges Didi-Huberman）的解释——包括他在巴黎国立网球美术馆策划的展览"起义"（Uprisings）——之间有什么区分或不同吗？

乔：我还从来没有想过这个问题，但这是个有趣的问题。我认为，类似的这种使历史艺术事件当代化的想法，以及关注它们在历史—暴力中的运作，这种机制其实在这些想法中是共享的。

鲁：您怎么看风头正劲的"法证建筑"（forensic architecture）小组的作品？（图 6-3）从全球化与数码化的角度，我们该如何理解他们的实践？

乔：我很喜欢他们的作品，而且我觉得他们真的很重要。众包（crowdsourcing）和数字化的问题本身也很有趣。我在新书的一章中也提到了这个问题，但我还是在思考他们到底算什么，我对他们真正感兴趣的又是什么？你可以研究一下另一位以色列艺术家、思想家，名叫阿瑞拉·艾祖莱（Ariella Azoulay）。你知道她的作品吗？

鲁：这个我不知道。

乔：她是写摄影的，非常有趣。我想还是转到"法证建筑"这里，刚才也说到，我非常喜欢他们所做的事情。他们不是像通常那样去设法解释并显示出图像背后的意义，而是通过使用图像或阅读图像来产生其他类型的意义。因此，对我来说，"法证"是一个非常强大的模式，正如你之前提出的，他们是在以不同的方式思考艺术史。他们往往不看艺术作品，这就是问题所在。我不知道你是否了解他们的工作，他们正在模

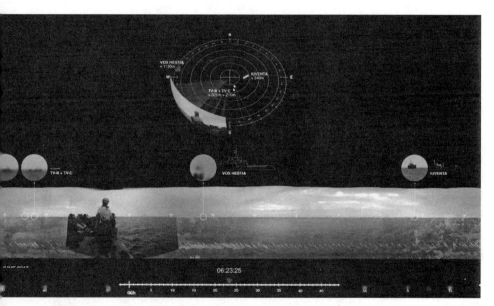

图 6-3
法证建筑,《扣押 Iuventa 号》(*The Seizure of the Iuventa*),录像,33'45",
2018

拟、重建在叙利亚或巴勒斯坦发生的攻击，通过城市里的摄像头和类似的东西捕获图像。所以他们并没有真正缺乏对艺术作品的关注。但我认为，这不是一个批评，批评不是他们工作的目的。如果用这样或类似的观点来看待艺术，那我认为还是令人兴奋的。

鲁：他们代表了一种新的社会参与和社会实践的方式吗？

乔：我认为社会实践经常发生在博物馆等场所之外的"泡沫"地带，有时也不然。但我觉得在某种程度上，它更像是一种政治的表现，而不是真正地将视觉应用于政治。相比而言，我认为"法证建筑"做得更多。或者说在我看来，它有更多的希望。这令我更加兴奋。

鲁：好，前面是主要围绕您个人的学术生命来谈的，下面让我们回到《十月》上。您是什么时候开始兼任杂志编辑的？除了审稿、编辑稿件外，还从事哪些工作？

乔：我的记性不好，时间观念很差，所以我不太记得，可能是八年前，但我不确定。不管怎么说，你知道，我不是编辑。我们是一个编辑委员会。你知道它是如何运作的吗？也许这值得简单说一下。

鲁：《十月》的办公室现在在哪里？

乔：官方说是布鲁克林，但我们通常都在罗莎琳在翠贝卡的公寓里见面。

我想，既然你感兴趣，我就给你讲讲实际情况，不会花很长时间。我们没有全职编辑，但有一个管理编辑，负责生产和商业的事情，他在

布鲁克林工作，但我们从来不去那里。具体有多少个兼职编辑，我不记得了，但我们每年都会见六次面，所以我们是在一个小团体内合作，更像是一个编辑集体。我们集体做项目，有时也做个人项目。

此前，我们还在帝国大厦待过一段时间，在那里租了一个小空间做办公室。这是纽约人做的事情。人们从建筑公司租用空间，他们不断地租用和解租，这取决于他们有多少工作。不过这个地方我也只是听说，没有去过。

鲁：除了编辑和写作，您还参与其他方面的工作吗？

乔：我们是委托制，就是说，你可以将我们视为编辑，也可以认为我们不是编辑，但我们一般都是委托对方并确定具体的专题和稿件。所以，我们不只是被动地编辑，在工作中也委托一些事情，努力思考什么是重要的。例如，我和两三个同事一起做了一个问卷——我们经常做——关于纪念碑的，因为最近在美国围绕纪念碑出现了一些争议，当然世界各地都有。为此，我们试图和不同身份的学者、艺术家对话。

鲁：自20世纪70年代以来，您认为《十月》的立场和方向有变化吗？如果有的话，具体指的是？

乔：从某种意义上说，最大的变化是，它最初是一种"替代"（alternative），现在则变得非常"经济"（economical）。我的意思是，我们在某些方面尤其被人们鄙视，因为在很长一段时间里，有这样一种非常强烈的观点——我们已经成了一种经典，但我认为这种观点目前正在以有趣的方式瓦解。我们已经任命了一些新的编辑，但还没有公开。所以，无论如何，它从边缘者变成了被攻击的机构。有时候，当你

去参加会议时，你会听到人们的批评。但没有人害怕批评《十月》，这很好。

鲁：你们会收到艺术家的反馈吗？艺术家们怎么看这本刊物，我比较好奇。或者说，这本刊物你们预设的观众或读者群是怎样的？

乔：可能主要还是艺术史学家，但艺术家确实会关注，而且我们与艺术家的合作其实非常密切。就像在最近的调查问卷中，我们也会问询相关的艺术家。对我们来说，他们是提示，他们是问题，而不只是调查的对象。我刚刚采访了一个叫露西·雷文（Lucy Raven）的艺术家。不过，我不知道是否有一些单一的反应。但我认为在纽约有一群在智力上与我们接近的艺术家，他们对艺术史理论比许多艺术家更感兴趣。对他们来说，这可能很重要。但是你也知道，对于很多艺术家来说，这是不相干的。

鲁：据您观察，《十月》与《艺术论坛》、e-flux、《灰房间》（*Gray Room*）之间有何区别？您觉得批评是不是已经终结了，我们是不是已经进入了一个没有批评或后批评的时代了呢？

乔：《十月》肯定是更加学术化的，它是基于某种研究的，它不是批评，因此它的大部分材料可能比《艺术论坛》更接近于艺术史。《灰房间》有点类似，比起《十月》，它更年轻。e-flux 有它自己的观点，这非常有趣，但可能更偏欧洲一些。

说到批评是否已经死亡，我认为它并没有死亡。不过我也确实认为，艺术市场的兴起，让人耳目一新——你还没有问过关于艺术市场的事情，我很高兴过了这么久才提出来——但是很多艺术写作的功能已经被艺术

市场以这种或那种方式吸收了。批评变得更像是一种艺术新闻或学术解释。一种真正意义上的批评越来越难看到。而且，在这里靠批评写作谋生是很难的，他们要么是学者，要么是以某种方式参与市场，要么是策展人，这也导致在今天一个独立的声音和想法越来越罕见。

鲁：您如何评价跟您比较近的这些同行或同事，比如伊夫－阿兰·博瓦、哈尔·福斯特、帕梅拉·M.李、米尼翁·尼克森等？

乔：这些都是我的朋友。这样，我给他们每个人讲一句话。伊夫－阿兰曾跟着罗兰·巴特学习，他把理论带入了绘画，这是无与伦比的。在我看来，这就是他的贡献。哈尔在后现代主义方面做了非常重要的工作，而且确实相信自己是一个批评家。另外，他是我认为对参与建筑和文学等各种新话语最感兴趣的人，并持续地尝试用其他种类的学科观点来活跃艺术史。然后，帕梅拉，她和我是同学。她的新书是关于兰德公司——一个智库——和美学的关系的。在很大程度上这本书考察的是冷战时期的游戏理论、网络理论如何影响或几乎成为艺术实践的隐秘基础。所以，我认为她正朝着一个非常有趣的维度和方向发展。米尼翁呢，我认为她正在做的可能是最有趣的女权主义工作，是真正深入的精神分析。这虽然不是我自己喜欢的方法，但我发现她的思考极其缜密和精确，每次都完成得非常漂亮。所以即使她很多观点我不喜欢，我也总是发现自己真的能从她那里学到很多。

鲁：本杰明和伊夫－阿兰的区别呢？以及您和他们是什么关系？

乔：本杰明是我的论文指导老师。说到他俩的区别，有一点简单粗暴，但很明显。首先，我应该说他们已经对话几十年了。你知道，他们

有不同之处，但也有很多共同的领域。本杰明来自法兰克福学派，侧重对文化工业的批判。正如我们前面已经讨论过的，伊夫－阿兰来自法国后结构主义的模式。所以，伊夫－阿兰的兴趣主要在理解艺术家的那种系统，像什么是马蒂斯的系统、巴尼特·纽曼（Barnett Newman）的系统，等等。基于此，他做了种种惊人的深度挖掘，以现代艺术家为主，包括毕加索、蒙德里安等。而本杰明的工作主要针对的是更强的文化控制。他是反对文化产业的，这一点和我不同，我想思考艺术和文化产业是如何相互牵连的，而不去评判和批评。因此，他对我非常重要，但是我们在很多事情上有分歧，几乎所有的事情，但事情有时候总是这样的。所以，你会发现，我有一整套关于绘画或其他相关的思考，可能更接近于伊夫－阿兰，而不是本杰明。

鲁：据我所知，你们这些学者或写作者很少介入策展工作，但我记得您以前是策划过展览的，根据您的经验和观察，批评、研究写作与策展的关系怎么处理比较好？或者说，各自有哪些要求？

乔：我不确定我是否客观，但我试图做一个强有力的论证。我不认为道德化的学术标准一定是客观的，但我确实相信事实——有些事情是真实的，有些事情是不真实的。你知道，我曾做过8年的策展人，但从那时起，在过去的25年里，我只做过两个展览。所以，我策划的展览很少，不过最近我在惠特尼美术馆和我的老朋友伊丽莎白·苏斯曼（Elisabeth Sussman）合作策划了雷切尔·哈里森（Rachel Harrison）的个展（图6-4）。我发现，跟过去比，真的非常不同，特别是现在因为博物馆的要求，你可以做的事情受到各种限制，从运输成本到整个预算，以及观众可能会有什么反应，等等。但我觉得，这些限制是很有趣的，让我可以尝试用物体而不是用语言来进行论证。而且，与想自己组织展

图 6-4

雷切尔·哈里森个展"生活黑客"（Life Hack）现场，惠特尼美术馆，纽约，2018

览的艺术家合作通常非常有趣，但有时合作起来也非常困难。这可能就是差异。所以，我其实并没有真正戴上那么多的帽子，因为我在 25 年里只做了两个展览。

鲁："《十月》丛书"与《十月》的关系是什么？"《十月》丛书"的遴选标准是什么？"《十月》档案"的编辑是委托的吗，还是先确定艺术家，再由艺术家确定谁来编选这个文集？

乔：这一切都由编辑委员会或集体管理。"《十月》丛书"是提交给我们书稿，有时要求我们提出建议，有时我们只是对它们进行投票。然后有一位编辑负责通过麻省理工学院出版社编辑出版这些书。"《十月》档案"也是，我们选择编辑，而不是由艺术家决定，尽管有时可能会有人推荐。

鲁：您能谈谈与麻省理工学院出版社的关系吗？这方面是怎么运作的？

乔：我跟这些事情有点遥远，因为管理编辑做了大部分的工作。但有一点，我们的书必须由麻省理工学院出版社的编辑批准，有时候也会有一点摩擦。所以，基本上他们是作为出版商，而我们几乎是独立于他们的，只是在书印刷前他们必须要在上面签字。有时他们也不喜欢我们的建议，就会有一些来回。这也是问题所在。

鲁：有人说，今天的《十月》只是出现在图书馆、大学的艺术史系，您会不会觉得《十月》已经有点保守了，或者说已经无法为当下的艺术现场提供有效的理论能量了？还是说，它依然是最具动能的刊物之一？

乔：我们可能都比较保守，但换一个说法，我们也被视为建设，而且这里的保守多多少少取决于它。你知道，我的大多数同事在这个领域都有非常显要的职位，在这个层面上我想我们被认为是保守的。但我认为我们已经做了很多尝试，我不知道它们是否有所开拓，但它们已经展开了很多重要的对话，比如几年前关于视觉文化，最近关于纪念碑、"新物质主义理论"（new materialist theory），等等。每个问题都是一个新的领域，所以我们现在的工作中不需要有共识。编辑们有更多的机会去做一些也许不是所有人都同意的项目，我认为这使我们有可能继续在某种程度上保持相关性。每隔一段时间，我们就会做一些超级相关的事情，而且你永远不知道什么会成功，什么不会。

鲁：几天前我在蔡国强工作室参加一个活动，和一个美国记者聊天。说起这个项目，他说《十月》现在流到大学图书馆，作为艺术史经典供大学老师和学生做研究用，艺术家以及整个艺术界已经几乎没人读它了？

乔：我不这么认为。据我所知，不少艺术家很乐意在《十月》看到自己被讨论或提及。它不是《艺术论坛》，它不会以这种方式来运作。

鲁：《十月》关注的似乎还是以美国、欧洲艺术为主，很少涉及欧美之外的艺术家和相关论文，为什么？

乔：我们一直试图将范围扩大到欧洲传统以外的地区，但也是在这个杂志的范围或是在有意义的范围内进行扩展。例如，与过去相比，我们在拉丁美洲和东欧做了更多的工作，梅隆基金会曾赞助我们一笔翻译经费，不幸的是，目前这已经结束了。其实之所以没有扩展到更大的范围，也是因为我们没有专业知识，而且如果没有人懂得其语言，我们也

并不想发表该领域的文章。比如，我们中间没有人学过任何亚洲语言。这的确是个问题，而且我们也很想打破既有的某种传统。因此，我们一直在思考如何扩大和继续这一传统，而不是试图成为所有人的一切，因为我不确定我们能否成功地做到这一点。

鲁：我这边暂时没有其他问题了，非常感谢您！希望有机会再向您讨教。

乔：很高兴见到你。祝你的研究取得好成绩！也许还会再见到你。

历史即当代，思考即行动 *

莱耶·迪克曼 **

鲁明军（以下简称鲁）：您好！迪克曼女士，非常感谢您抽出午休的时间接受我们的采访！为了节省时间，我直接开始提问。罗莎琳·克劳斯是您在哥伦比亚大学的博士论文指导老师吗？当时为什么选择到哥伦比亚大学读博士？

莱耶·迪克曼（以下简称迪）：罗莎琳·克劳斯不是我在哥伦比亚大学读博士时的导师，因为在我开始读博士时，她还不在教师队伍中。她和本杰明·布赫洛加入哥伦比亚大学的教师队伍时，我的研究生学习已经相当深入。我很庆幸他们的加入，因为从此我对艺术史及其可能性的思考有了真正的转变，我开始意识到，我感兴趣的问题并没有从我一直抱有期待的哥伦比亚大学原来的老教授那里得到真正的解答。罗莎琳和本杰明的到来为我提供了一套新的批判性的视野，他们让我感到非常振奋。后来，本杰明成为我的博士生导师之一，罗莎琳没有，但她读了我

---

* 访谈时间：2018 年 9 月 21 日。访谈地点：纽约现代艺术博物馆餐厅（在线）。标题为鲁明军所加。

** 莱耶·迪克曼（1964— ），纽约现代艺术博物馆策展人、艺术评论家，《十月》编委。

的论文。当然，她是我非常钦佩的人，在她加入哥伦比亚大学的教师队伍之前，我就很欣赏她。

本杰明说我是他第一个完成博士学位的学生。至于我为什么选择在哥伦比亚大学入学，你知道，在美国，这是一个综合性的东西，包括奖学金。当时我申请了很多顶级的艺术史项目，一些通过了，也有没通过的。有两个项目给了我津贴和奖学金，其中，哥伦比亚大学是最有吸引力的一个，在那一刻，我想我还没有意识到在纽约对我有多么重要。作为一个研究生，你在纽约拥有的机会非常多。而我在读博士的时候就为画廊工作，在博物馆做研究助理，而且时间还不短。

鲁：您还记得第一次在《十月》发表文章是什么时候吗？

迪：我想应该是 2000 年的《明箱：摄影的阴影下的社会主义现实主义》（"Camera Obscura: Socialist Realism in the Shadow of Photography"）这篇文章。

鲁：所以，是在您真正加入《十月》编委会之前？

迪：是的，紧接着，2001 年我就加入编委会了。

鲁：克劳斯说，目前《十月》主要由您和大卫·乔斯利特负责当代部分，您和大卫之间有具体分工吗？

迪：我们没有这样的分工。我们每个月都有编委会会议，首先讨论一些我们认为重要和相关的问题，并讨论我们将如何解决这些问题。我们也讨论近期所看到的演讲者或我们认为有趣的文章。然后，我们开始

根据这些内容和提交给杂志的内容制定目录，但没有任何一个或两个人负责当代内容。我们是作为一个编委会集体来执行编辑工作的。相比而言，大卫的兴趣是非常当代的，我的兴趣其实在历史，但我真正感兴趣的是过去与现在对话的可能和方式。罗莎琳的意思可能是说，大卫和我已经有了一个惯例，把当下正在发生的问题、对话带回来，供大家讨论。除了我俩，卡里尔·兰伯特-贝蒂（Carrie Lambert-Beatty）和哈尔·福斯特也一样更关注当代，比如前不久哈尔做了一期关于纪念碑的专题，其实是我们四个人一起做的。我们向各种各样的艺术家和写作者发出了一份调查问卷，询问在纪念碑、公共纪念碑中体现的各种历史，以及这些纪念碑的政治性发生了什么变化，或者这些纪念碑的种族政治是如何被挑起、辩论和争论的？我们应该如何对待这些纪念碑？过去的哪些作品与你存在的愿望有一种不舒服的关系？

鲁：的确，这是一个很独特，也很尖锐的切入点，它可以带出很多敏感的当代议题。就纪念碑这个问题，从您个人的角度看，它的历史与现实意义在哪里？

迪：对我来说，非常有趣的是认识到这个国家建造纪念碑的策略与苏联建造雕像的策略有一些真正的相似之处。这是两个通常不会被放在一起的对话，但它对美国人重新思考历史和文化战略很有帮助。为领导人建造纪念碑的想法并不是一个旧的想法，但你可以问自己，这些纪念碑在20世纪20年代是如何建造的？其中非常明确的一点是，这不仅仅是一个单一的纪念碑，不仅仅是塑造一个物体，而是一个纪念碑扩散、渗透的战略。在这一点上，苏联模式和美国模式似乎没什么区别。这些纪念碑的重要意义在于，有数百个这样的纪念碑，它们与媒体推送的图像相联系，通过时间的关联，表明这些事情正在发生。

竖立纪念碑是一个不寻常的事实。对于美国人而言，政治权力的让步是建立这些纪念碑的逻辑路径。这些纪念碑大多由国家建造，因此，可以说它也是一个令人难以置信的意识形态梦想。

鲁：我想知道，您是哪一年进入纽约现代艺术博物馆的？在入职之前，您主要在从事什么？也是在美术馆或艺术机构吗？当时为什么没有选择到大学教书？

迪：实际上在美术馆工作之前，我就是在教书。当然，我从事过很多工作，迄今为止，我前前后后在 MoMA 就待过三次。最近的一次是 2008 年至今，从事目前这份策展人工作。在这之前，我在华盛顿国家美术馆工作。在进入国家美术馆前，我在斯坦福大学教书，更早之前，作为 MoMA 客座策展人，我策划了亚历山大·罗德琴科的展览。即使在读研究生时，我也在 MoMA 兼职研究助理。所以这并不是一个非此即彼的选择。同时在博物馆任职和在大学教书，其实都不是全职。我在不同的时刻兼职教书，主要是主持工作坊和教一些课程。在我看来，认为这两种方式之间有一个鸿沟的想法，或是这样一种思考世界的方式，是不幸的，因为研究和学术可以为策展工作提供支持，反之亦然。你知道，教学可以帮助我们阐明问题，得到反馈，通过听自己说话，便可以明白你需要更努力地思考，这样问题可能会带你到那里。学生是很好的听众，他们可以提出问题。哈尔·福斯特和我一起在普林斯顿大学上过好几次课，我们还围绕劳申伯格组织了一个研讨会，因为我在那个展览项目中。而且，在我参与"发明抽象：1910—1925"（Inventing Abstraction: 1910—1925）展览（图 7-1）的时候，我们还一起上了一门关于抽象艺术的课程。

图 7-1

"发明抽象：1910—1925" 展览现场，现代艺术博物馆，纽约，2012

鲁：是否可以说，您更愿意做一个行动者，而不单纯是一个思考者？

迪：我认为这是一个错误的二分法。如果一个人只是思考，这是非常罕见的。也许有，但大多数情况下，这不是真的。因此，作为一个文化思想家，或者作为一个作家，或作为一个学者，或者作为一个老师，或作为一个策展人，再或者作为一个画廊主，都可能通过某个行动来实践自己的技能。那么，其中到底哪个领域、哪些做法对你的思考是有用的？什么能让你感到愉悦？你到底喜欢做什么？在过去，似乎有一个博物馆的世界和一个学术界的世界，但即使是学术界，他们也是在大学的体制中进行教学工作，这一点更真实。问题是，你想如何生活呢？我认为最终还是归结于这样一个问题。但对我来说，这是一个小问题，关键在于你喜欢在团队中工作还是喜欢自己工作。

在学术环境中，你有更多的自主权，因为你可以在课堂上教你想教的东西，你可以作为一个作者写你想写的东西。而在博物馆里，你必须和团队一起工作，你要使用机构的资源，因此，无论是金钱还是空间问题，你必须对自己的主题达成更多的共识。但另一方面，在博物馆的背景下，你有能力使一个问题公开。可以说这是我们这个时代的一个关键问题，也是我们想要说服学者的东西，让他们一起思考这个问题。我的意思是，这些也是强有力的东西。我认为对于年轻的研究生来说，他们不应该考虑是成为一个学者还是一个策展人，或者说，他们可能想象这些技能，有时会串联实践，有时则会依次实践，但实际上，它们以不同的方式相互支持。我一直很感激，例如，博物馆给了我一个机会，让我看到大量的东西，我认为远远超过在学术界获取的东西。当我为包豪斯展览工作时，我敢肯定看到了三四千件包豪斯作品，而在学术系统内则很难做到这一点。所以，我认为博物馆或许会给你一个更大的思考空间。

鲁：您的研究、写作和策展是密切结合在一起的吗？您如何看策展与评论的关系？

迪：我认为教学是一种测试想法的方式，其实也是一个非常有用的工具，可以提醒你必须把"人们"带在身边，你不能只写文章，而从来不问为什么会思考这样的问题？因为学生想知道为什么会发生这样的事情，所以他们是一个检查或验证，以确保你已经回答了这个问题。如果你不能说服他们某些事情是重要的，那么你所做的事情就有问题了。我认为有很多人是把批评和学术作为思考问题的不同方式，哈尔·福斯特就是一个很好的例子，他的批评与学术研究携手并进，对他而言，这是一种学习以新方式提问的策略。因此，没有办法解开这个包含了不同活动的网络。

鲁：可以谈谈您策划的雅克布·劳伦斯（Jacob Lawrence）的展览吗？我知道这个展览与纪念 1915 年黑人迁徙运动一百周年有关，我在纽约的半年期间也感觉到种族问题似乎是美国当代艺术的一个重要的政治议题，我想问的是，特朗普上台以来，种族问题有没有什么变化？或者说，今天我们是否面临着一个新的种族政治处境？

迪：我认为劳伦斯的展览是一个典型的例子，说明我们如何利用历史来为当代事件提供视角（图 7-2）。这是一种关注事物的方式，以新的方式讲述故事，确保人们不会忘记自己丰富历史的某些方面。在美国，我们很容易忘记第一次世界大战后发生的种族骚乱，及其对圣路易斯以外地区和塔尔萨的破坏。当你看这些地方的档案图片时，它们看起来像是被撞出来的，这是你在第二次世界大战后看到的，但这些东西并不是美国历史意识的一部分。而且，讲述这种历史是一件非常重要的事情，

图 7-2
雅克布·劳伦斯个展"单程票：雅克布·劳伦斯的迁徙系列和对北方伟大运动的其他愿景"（One-Way Ticket: Jacob Lawrence's Migration Series and Other Visions of the Great Movement North）现场，现代艺术博物馆，纽约，2015

因为我认为，如果你不了解历史，就无法真正处理好现在，也无法理解人们可能感到屈辱的原因，如果你不了解过去的框架，就不知道如何创造一个新的公正模式。

其实，这些问题也刺激我们去调查和思考纪念碑问题。在雅克布的案例中，我特意去读了一本由一位名叫伊莎贝尔·威尔克森（Isabel Wilkerson）的记者写书，叫作《他乡暖阳：美国大迁移史》（*The Warmth of Other Suns: The Epic Story of America's Great Migration*）。这是一本关于大迁徙历史的书，是一本漂亮的书，它讲述了一段非常精彩的、神奇的目击者的故事，可是她说，对一些人来说，大迁徙是美国最大的人口事件。600 万美国黑人从国家南部搬到北部，整个迁徙持续了半个多世纪。这样一个巨大的变革性事件改变了我们城市的性质、我们的政治、我们的经济和我们的文化。她说，关于这个事件的记录、档案非常少，可以说它还没有真正进入历史记录。然而，我在阅读她的著作时发现，实际上有很多生动的描述，包括对年轻的雅克布·劳伦斯的描述、音乐家的描述和诗人的描述等。那么，我们如何将这些描述带入公共对话，特别是在这个时刻，我们如何反映我们的种族历史，这才是我们关心和要做的。这无疑是一个非常特别的事件，当然，还包括我们如何由此讲述现代主义的历史。在某种意义上，可以说大迁徙是我们所知的美国现代文化的催化剂。所以，仅讲述这样一个故事，不是我们的目的和方式。

鲁：2016 年，特朗普上台后，种族冲突变得更加激烈和尖锐，基于当下的处境，历史为我们提供了哪些反思的可能？

迪：我不确定在这种情况下我要做什么，至少我认为有很多话要说，这几乎是一种压倒性的思考方向，而且，我认为特朗普对民主的威胁是

真实的，但我不认为我们能够强烈地捍卫它们。对于这个博物馆来说，其中一件事似乎很有意义，那就是强调移民和迁徙一直是美国文化的基础，而我们的藏品也恰好赶上了 20 世纪的政治动荡，在整个国家的历史上，我们一直是产生伟大艺术作品的艺术家和知识分子的家园。另外，我们一直非常致力于与其他国家公开的交流、对话。可以说，在文化和其他领域，我们实际上是作为一个国家的成功的创新思想和创造力的核心。因此，在特朗普的问题上，你可以有很多方向去探讨和实践。但我认为，追溯历史确实是对自由表达和跨国界人民思想交流的一种承诺。

鲁：最近约翰·亚康法（John Akomfrah）在新美术馆的展览和亚瑟·贾法（Arthur Jafa）在加文·布朗画廊（Gavin Brown's Enterprise）的展览，您去看了吗？您怎么评价这两个展览？

迪：我有去看，虽然我一时不知道该如何评价它们，但我喜欢他们的作品。可能我的感觉和别人不同，比如我觉得两个展览都在讲述别人的死亡。

鲁：近十年来，《十月》的文章大多偏重历史，似乎很少涉及当下艺术最前沿的变化，在这一点上，编委会内部有分歧吗？杂志会根据每个时期的热点话题做临时的调整吗？

迪：我们一直在争论。我认为我们有点朝着恶性循环的方向在发展。我们想要处理问题的承诺——就像我们在纪念碑问题，以及其他具有当代意义的问题上所做的那样——现在似乎正在推动我们。我不认为有很大的分歧，只是作为一种有趣的集体向一个方向或另一个方向前进。特别是在过去的两年里，与当代相关的问题一直在激励着我们。

鲁：当然，您的研究和展览也多是历史的，我想知道在历史与当下之间，您是如何寻找和捕捉问题的？在您的研究和策展实践中，会明确表现出自己的政治态度吗？

迪：是的。对于如何在过去和现在之间驾驭这个问题，我认为这与故事的选择有很大关系。你选择讲这个故事，是因为你认为这个故事有意义。故事可以以不同的方式转折事物。比如我在参与"发明抽象：1910—1925"这个展览项目的时候，战争是一个重要的背景，对我来说，我更关心的是一个艺术运动何以会与战争、大众媒体、技术走到一起，在那一刻，我们有一种共鸣，我们相信那些艺术家可以对我们说出一些另外的历史。当然，我们也的确以一种新的方式展示了它，凸显了历史与当下之间的关系，连《华盛顿邮报》（*Washington Post*）的评论都声称要与"发明抽象：1910—1925"走到一起。

其中一个关键问题是，你如何有一个真正的范式转变的想法？比如，你如何想象抽象并非不可能的，以及它在 20 世纪的第一步是如何开始的？它又如何在 20 世纪的第二个十年突然变得可能，这一想法是如何移动的？通过艺术家和具有创造性的思想家、作家、知识分子的纽带，我们可以追踪这个故事。在这种情况下，我认为它确实有当代性，也许不是那么政治与大写的 P，但它关乎你如何创造一个新的文化。比如包豪斯，他们用 14 年的时间思考现代艺术如何服务于社会。对我来说，智囊团成员聚集在一起，从不同的角度提出问题并进行辩论，思路便一直在转变，这本身就是一个非常强大的模式。因此，过去和现在相互对话的很多方式归结为我们在一个特定的时刻选择什么样的主题，以及最终讲述哪些故事。

鲁：作为《十月》的编辑和 MoMA 策展人，这两种身份之间会有矛

盾和冲突吗？

迪：这个问题的提出是因为你认为可能有冲突吗？

鲁：我比较好奇，因为在中国，很多人也身兼数职，不同身份之间难免会有"打架"的时候。所以，我想问的是，当"打架"的时候，您是如何平衡，并保持相对中立的？

迪：嗯，你知道，在 MoMA 如果有机构之外的工作，特别是当利益冲突出现时，我必须要向这里的人公开说明。比如我们博物馆的某些收购计划，一般都是在不透明的情况下决定的，假如正好《十月》的编辑、作者有兴趣写我们当年可能购买的作品，我会努力思考利益冲突可能出现在哪里。有时候，我们可能对《十月》论及的艺术家感兴趣，有时候，《十月》可能会对 MoMA 展示的艺术家感兴趣，这都是非常集体的行为，我完全尊重博物馆对话的保密原则。

尽管如此，在大多数情况下，我认为两者之间很少有冲突，写作者的旨趣还是很接近博物馆的意图。杂志也帮助我跟踪一些非常当代的写作，我看到一些非常年轻的学者写的东西，对于他们正在思考的问题，我们同样很感兴趣，也开始尝试一起做一些事情，但不是《十月》编委会所有的成员都参与。我们已经在进行一个博物馆研究的项目，这是与五个研究生中心合作的艺术史项目，包括普林斯顿大学、耶鲁大学，所以我们真的在尝试一些更好的交流和研究项目。我认为，这能帮助我们与非博物馆同事有更多的、细微的、丰富的联系，对于大学来说，也能帮助它们打破这种鸿沟。当然，有些时候，我们还是不得不谨慎，如不能讨论机密信息等。因此，多数情况下，我为《十月》写的东西与我为博物馆写的东西是不同的，这当然也是基于对两个受众群的认识。

鲁：有人说批评已经终结了，传统的艺术媒体也濒临死亡，包括一直以来对《十月》文风的质疑，您觉得理想的艺术写作应该是一种什么风格？

迪：《十月》从创刊开始，就一直关注视频、舞蹈和表演等最前沿的艺术，一直处于现代艺术实践的中心。所以，我不认为这在写作方面是矛盾的。当然，它有一个写作风格，一个非常侧重理论的写作风格，但我认为，《十月》最好的写作还是那种独特的散文体。我自己的写作风格部分受《十月》的影响，部分来自博物馆体制的要求。我认为处理复杂的想法是非常重要的，而复杂性其实是可以在散文中消化的，散文体根本不害怕或规避思想的复杂性。我不敢说《十月》是否实现了这一点，但如果说这是我写作的目的，至少表明了我对读者的偏好。

鲁：没有问题了。非常感谢您！

迪：也谢谢你！希望有机会再见。

《十月》：晦涩是一种适当的挑战 [*]

希维亚·柯波乌斯基 [**]

鲁明军（以下简称鲁）：您好！希维亚，应大卫·乔斯利特教授的推荐，冒昧打扰您，非常高兴能见到您！之前发了提纲给您，可能您已经看到了。首先，我想知道您是什么时候第一次接触到《十月》杂志的？您曾经在上面发表多篇文章，第一次发表文章是什么时候？这本理论性极强的杂志吸引您的地方主要在哪里？

希维亚·柯波乌斯基（以下简称柯）：我认为我的成长过程属于比较典型的那种，既带着我们这一代人的痕迹，也有一些是我个人独有的经验。我从 10 岁就开始学习艺术了，那个时候就想成为一个艺术家。上了大学，我学习非常传统的绘画艺术。我在政治方面并不天真，曾积极反对越南战争和其他问题，但在艺术方面却很天真，因为我被抽象表现主义这一过时的流派所吸引。除了艺术，我在大学还修了文学。在位于新罕布什尔州的弗兰科尼亚学院——一个没有课程要求的实验性学院——

---

[*] 访谈时间：2018 年 9 月 12 日。访谈地点：纽约布鲁克林希维亚·柯波乌斯基工作室。标题为鲁明军所加。

[**] 希维亚·柯波乌斯基（1953—　　），艺术家、写作者，1993 至 2000 年间任《十月》编辑。

学习了三年，后来转到纽约市立大学的亨特学院，完成了我的学业。我有很多工作室艺术的学分，我不能把它们全部转到亨特学院。相反，我通过学习艺术史课程来完成亨特学院学位所需的大部分学分，这让我大开眼界。从此我对通过理论观察世界变得非常感兴趣，一些答案就在艺术理论和艺术史中。对我来说，弄清楚如何创作与历史相关的艺术变得非常重要，这也许是不太典型的事情。

当时，我还意外地找到了一份工作，在一个非常有名的建筑研究所——建筑与城市研究所——兼职接电话。那是一个关注建筑、城市化及相关理论的智囊团，他们也举办多学科的公共活动。我在那里被提拔了很多次，最后一个职位是一个展览图录项目的联合主任编辑。事实证明，我有编辑文本的能力，虽然我也在做书的视觉设计。

在这幢建筑里，《十月》也有一个办公室，早期的《十月》都是在那里生产出来的。他们还给了《十月》编委会一个专门的房间来制作杂志。其实在这之前，我就已经知道《十月》。在这里，因为参加一些文化活动，我认识了罗莎琳·克劳斯，也认识了哈尔·福斯特。我还记得是在研究所研究员、建筑师伯纳德·屈米（Bernard Tschumi）和他的艺术史学家妻子凯特·林克（Kate Linker）举办的一个小型晚宴上认识哈尔的。当我作为艺术家开始参加展览的时候，我是一个叫作"挪用主义"（the appropriationists）小组的一员，我曾经和这些艺术家一起参加展览，哈尔也开始写关于他们中一些人的作品。在那些日子里，艺术世界要比现在小得多，甚至可以说它非常小。它比 60 年代大，但又比 80 年代及其之后的艺术界小得令人难以置信，所以我们中的大多数人都认识彼此，而且我怀疑，即使没有与建筑与城市研究所的联系，我在某些时候也会遇到哈尔。在那些日子里，有许多周末会议，哈尔和我都参加了。我相信你一定熟悉那个时期迪亚艺术基金会的系列讲座和研讨会。你知道这些吗？

鲁：我知道哈尔·福斯特主编过"视觉与视觉性"（Vision and Visuality）、"当代文化中的探讨"（Discussions in Contemporary Culture）系列文集，是由迪亚出品的，这些内容是来自这个系列讲座吗？

柯：对，哈尔主编了一系列书，不仅有他，还有其他很多人参与。迪亚基金会当时举办了一系列的研讨会、座谈会，出版了一系列文集记录研讨会，其间，哈尔邀请我参与其中一场研讨会。所以，那是纽约艺术界一个非常有智慧的时刻。大概是 1993 年左右，哈尔来找我并邀请我加入《十月》——我想这是他的主意，我有点犹豫。朋友和同行对我加入《十月》都有些不以为然，他们认为它有着不必要的排他性和狭隘，而且对一些社会问题不够开放。很多艺术家当时不喜欢《十月》，觉得它太精英了，太排外了，它就像一个小俱乐部，一遍又一遍地发表同样的人的文章，很少甚至无视当时的一些紧迫事件和问题，比如女权主义、性别问题或种族主义，等等。但我在那里的时候，我帮助发起了某些变革。哈尔是那里的年轻编辑之一，比我年轻三岁，也许我们产生的变化与我们的年龄有关。例如，我们开始出版圆桌讨论，揭示编辑部内部真实的意见分歧，并允许《十月》关注当代问题，我认为这可能带来了一批年轻的读者群。同时我尝试做一些紧迫议题的采访，比如种族问题，通过在董事会上的游说，我终于采访了曼西亚·迪亚瓦拉（Manthia Diawara），他是《十月》顾问委员会的非裔成员，但并没有积极地参与杂志的运作。

虽然这是一个在教学中被大量使用的采访方式，但你知道，这是一个以白人问黑人的方式进行的采访。所以，我在那里的时候，努力做了很多改变，试图获得更多关于当代议题的文章。在此之前，杂志似乎有一个传统，而我的做法或许对此有所冲撞。我记得安妮特·米切尔森谈到了反对"被动"，而不是有方向性，就像她说的："《十月》不是回应性

的杂志。"

但不管怎么说,它的确在改变,因为我们中的几个人都想成为时代的响应者。这种情况随着一期关于布鲁斯·瑙曼(Bruce Nauman)的特刊而彻底改变。当时瑙曼有几个大型展览,他正在经历一场复兴,一些编辑——主要是哈尔,如果我没记错的话——想探讨这个现象。可是,这多少有点违背安妮特对杂志的定位或是应该做什么的想法。问题是,这个时候变化已经开始发生了。而且你可能也注意到,现在的杂志对文化和政治问题的反应非常积极,不过,依然是基于艺术和艺术史理论的视角进行筛选和探讨。我离开编辑部后,加入了顾问委员会,不久美国入侵伊拉克,我很担心杂志没有发表关于暴力入侵的声明,我记得我遇到一位编辑,他说有一些关于发表编辑声明的讨论,但它被搁置了。我非常强烈地敦促他尽快发表,我不知道自己是否产生了影响,不久之后《十月》确实发表了一份简短的声明。所以你会注意到,那期杂志的前面有一个由编辑撰写的声明,这其实并不经常发生,但每隔一段时间,这里的文化中总会发生一些事情,从此编辑们决定即时做出回应。

总之,我认为年轻一代的艺术家和历史学家开始注意到变化,我也感觉到,随着时间的推移,《十月》变得不再是我以前所说的"人人爱憎分明的杂志"。我当时之所以同意加入编辑部,是因为尽管它有问题,但我钦佩该杂志反对折中主义的立场,以及他们对理论的承诺,我认为在主题和时间性层面上打开杂志,这种变化很重要。

当我加入编辑委员会后,有一天哈尔告诉我,编辑们同意我可以通过发表一件作品或一篇批评文章的方式加入这个集体,就像作为艺术史学家的新编辑发表一篇文章一样。但本杰明·布赫洛不同意这样做,他说学术编辑出版文本和艺术家编辑出版艺术品之间有很大的区别,因为他觉得对艺术家来说,这是在做商业宣传。当时我觉得这种说法很有趣,若是我在《十月》上发表作品,如果说会对我的作品有什么影响的话,

它恰恰会损害我的商业机会，因为艺术界的很多人对《十月》有敌意。我曾经用纽约市的一个老笑话来回应本杰明：在《十月》发表作品仿佛是用一个象征性的东西让我上地铁，他讨厌我这个说法。随后，我发表了我自己的其他几个艺术项目。

在我离开《十月》几年后，我确实想知道本杰明对一个艺术家编辑出版艺术作品的批评是否正确。但现在我又想，这没有什么太大的区别，因为我们毕竟还是发表了其他艺术家的项目。事实上，哈尔让我来帮助征集其中的一些项目，我认为我做到了，但需要得到整个编委会的批准。虽然本杰明和我之间有一些矛盾，有时也和哈尔有矛盾，但总的来说，我和编辑们相处得不错。特别是我认为罗莎琳和哈尔很欣赏我对已决定发表的文本的编辑工作，我花了大量的时间对文本进行编辑，当时罗莎琳和哈尔也是如此。我在《十月》的整个八年里，我、罗莎琳和哈尔几乎做了所有的编辑工作——对文本的实际编辑。相比之下，其他编辑在这个层面上参与得较少，但在决定哪些文本被接受、哪些被拒绝的层面上却非常投入。

鲁：据您了解，当时看这本杂志的艺术家多吗？艺术家们在一起会讨论这本杂志或里面的文章吗？

柯：尽管艺术家们在很长一段时间内讨厌这本杂志，但我知道他们有时会读它，而且在某些方面，杂志变得越来越受人尊敬。这是真的。我刚加入编辑部的时候，人们真的不喜欢那本杂志，但我确实认为他们仍然在读它。另外，那是一个没有那么多东西可读的时代，是一个在美国也许只有为数不多的五本有趣期刊的时代。而不像现在有互联网，你可以读到无数的东西，你也永远不会有时间去读一本像《十月》这样的杂志。

鲁：《十月》发表的文章一度被批评为晦涩难懂，作为艺术家，您如何看这个问题？您的作品中也常出现一些理论（比如精神分析、后结构主义，或如阿伦特 [Hannah Arendt]、德里达的理论），您是如何运用这些理论的，将它们作为素材，还是作为观念，还是其他？

柯：我不认为它们是晦涩难懂的。我认为它们是适当的挑战。对一般读者来说，它们的确是困难的。但我认为，有时想法本身就是难以理解的，它们需要复杂的阐述。

至于我自己的实践，虽然我不直接在工作中应用理论，但我也不能在没有理论的情况下做艺术。我认为理论和艺术是非常不同的语言。应用理论的艺术作品是我所说的"学术艺术"（academic art），这是非常有限的，就像一个公式，令人无法理解艺术在文化中的真正作用。

鲁：这个可否再具体一点吗？

柯：关于理论，我不会说它是灵感，但它有时会是一种催化剂。另外，我的实践在很大程度上是关于观众的政治，对我来说，理解观众如何解释作品需要了解理论，例如精神分析理论，它可以帮助我了解观众的心理。例如，我刚刚完成的一件名为《那个怪物》（*That Monster*）的视频作品便试图通过寓言的形式来理解特朗普时代的自我毁灭的政治，为此，我需要了解为什么寓言是一个潜在的强大的批评工具。在构思作品和写剧本时，我还需要借助后结构主义关于语言原则的知识。

和许多人一样，我也感到非常不安，因为特朗普让数以百万计的人对他感兴趣并关注他。而我的大多数自由派、有点偏左的朋友对这些人恨之入骨。所以我想了解那些关注他的人们，因为我相信是我们创造了他们，也是我们创造了特朗普。因此，我试图理解那些人怎么会爱上这

个人，但如果没有理论，如果不了解心理如何运作、政治如何运作、多年来代表权如何运作，是不可能做到的。例如，这个国家在资本主义方面出了这么多问题，然而，我们却不谈论，这居然不是一个常见的话题。在这个国家，居然没人喜欢提到"资本主义"这个词，这真是不可思议。它就像一个肮脏的词，不能提它。除非你要对它说些正面的东西。所以你知道，要理解语言是如何通过这种方式流通的，以及为什么人们投票反对自己的利益，这对左派来说一直是个谜。目前，关于这个紧迫问题，我读到的为数不多的解释都是出自那些研究精神分析理论、左派理论以及代表理论的学者之口。

鲁：这么多年过去，您一直在订阅这本杂志吗？根据您的观察，《十月》在艺术界扮演着什么角色？这个角色在改变吗？

柯：我认为这本杂志在艺术界和其他领域中扮演的角色越来越多，也变得更有意义。它的编辑团队在过去也已变了好几次了。说到这里，你还没问我当时为什么离开《十月》，这很有趣，难道你不想知道原因吗？

鲁：对，我很好奇。您当时是执行编辑吗？

柯：我是编辑委员会成员，是我要求加入编委会的，但我不是（执行）编辑。

鲁：您是什么时候离开的？

柯：我记得是 1999 年。这里面的关键在于我是一名艺术家，这是我在整个编委会显得比较独特的一点。因为我不认为有很多艺术家能像

我这样去做编辑。我的生活部分靠出售自己的作品，部分靠教学，但也靠编辑。我也一直在建筑和艺术领域做编辑。最近，我就在编辑一本书。这样做不光是为了挣钱。你知道，我原本喜欢这个工作。如果书是有趣的，这就是有趣的工作。所以，我一直觉得自己是非常不寻常的。至少我相信哈尔清楚，我是一个称职的编辑。我们每个月有一次周末会议，我也都会去参加。那些会议真的很紧张，每次都争论不休。其实，大多数时候也只是在争论一些东西是否应该出版。很明显，在这里我处于一个弱小的不利地位，因为我不是一个评论家和历史学家。但他们有时候也听我说，所以我基本上还是被尊重的。

和他们不一样的是，当涉及这个或那个文本的微小细节时，我也许不像他们那样感兴趣，我对一般的东西更感兴趣，比如要做什么特别的专题，或者我们要报道什么，这对我来说更重要。当时杂志还是收集了很多文本或相关的信息，如果有编委会的学者恰好参加某个会议上遇到了某个不错的文本，就会设法联系作者本人获得文本。但那个时候，几乎每个人都认为我们是一个小圈子、一个小俱乐部，只发表朋友的文章。但事实是，在那些日子里，很少有高水准的文章可以发表，非常少。要得到一整期的稿子是很困难的。艺术史已经改变，我们也试图以一种有趣的方式将它变得更开阔。好在《十月》编委会的学者有很多研究生，他们可以供稿，而且提供了一些有趣的文章。有一段时间，他们出版了很多研究生的作品，对此，也有人抱怨说，我们不应该只出版我们研究生的作品。可问题是周围并没有那么多高水准的文章。在我看来，《十月》还是以欧洲、美国为中心，我不希望一直这样，所以我提议应该打破这个局限，做一些事情，比如我们为什么不关注和刊发一些关于日本艺术、电影和文化的论文？安妮特支持我，她对我说，她有一个学生是日本人，而且已经回到了日本，可以与他取得联系。我想，这无论对于我，还是对于杂志，都是一个重要的改变。于是，我尝试委托一些类似

的作者。

但结果，他们的观点是对的，委托却没有真正发挥作用。委托那个日本历史学家写的稿子令我非常失望。我试着和他合作了几个月，但从来没有得到一个像样的稿子。那怎么办？我不得不说，我们只好放弃，最后没有发表他的论文。有几次，稿子回来后，我不得不与作者一起修改。鉴于此，我们最终停止了委托制。当时，还不像现在有互联网。在那些日子里，要知道谁在做什么是非常困难的。即便如此，我还是觉得我们不能完全以欧美为中心，所以我也试图接触南美洲。这非常困难。人们没有意识到，要把大家团结在一起真的很困难。此外，我记得在加入后不久，我还做了一个关于女权主义的专题。米尼翁·尼克森协助我完成，她当时正在纽约市立大学撰写她的论文，导师是罗莎琳——他们经常雇用学生来这里工作。这前后有两个执行编辑，玛莎·布斯柯克（Martha Buskirk）和米尼翁。

鲁：前两天，刚刚好采访了玛莎，她提供了一些非常重要的信息。

柯：我不记得是我还是米尼翁想到了女权主义这个问题。我请米尼翁和我一起工作，她是我的下属。她昨天还在这里看了我的电影。我认为她是目前世界上最杰出的作家之一。但她当时就像秘书一样，我请她和我共同编辑那一期，我们的意见有些不同。她对很多在当时我认为是本质主义的艺术感兴趣。不过现在，我更了解她的立场，我不再认为那是本质主义，但她与我的立场非常不同。后来她写了多篇关于我的艺术的文章。

鲁：有点遗憾，要知道她在纽约，可以提前联系她，说不定还能见到她。

柯：她最近在纽约，但不巧今天回伦敦了。如果你去伦敦，我能确保的是不要让她拂袖而去——因为她很忙。我昨天跟她说起了你，说你的问题很有意思。

鲁：谢谢您！

柯：我接着说。关于我的艺术和写作，我觉得米尼翁写得简直不可思议。实际上，我从中学到了很多东西。无论是写作前，还是写作中，她并没有问我很多问题，非常少。哈尔不同，他和我经常在工作和许多事情上持不同意见，我们也经常争吵。我们关系一直很好，但过去没有现在这么密切。他和我在惠特尼美术馆的独立项目中也曾一起教书。我认为，哈尔是一个喜欢在写作之前发问的人，米尼翁则非常少。但我认为米尼翁的写作是非同寻常的，虽然非常低调，但具有革命性，每次就像一场轻微的地震。

她以一种非常平静的方式写作，但她的东西又确实非常激进。我记得有一篇关于我作品的文章，她用我的作品和路易丝·布尔乔亚的作品作为案例——她的博士论文其实写的就是路易丝。那篇文章被收录在一本名为《千禧年的女艺术家们》（*The Women Artists at the Millennium*）的论文集里。那篇文章是如此激进，它完全改变了我们对现代主义和后现代主义的理解，但它是通过女权主义的视角来实现的。我无法相信，她用路易斯·布尔乔亚和我的作品作为案例。我觉得这很了不起。但也许我是唯一一个知道她有多激进的人，她有点像在做卧底——她掩饰了自己的激进性。

鲁：您觉得《十月》对自己的艺术创作有影响吗？有的话，这种影响体现在哪里？可以通过某个具体的作品来谈谈吗？

柯：我还是以最近的这个作品为例。米尼翁昨天在这里，我为她播放了这部电影，之后我们做了简单的讨论。她非常喜欢这件作品，还向我介绍了 2011 年《十月》上的另一篇文章，是另一位作者写的。今天，我就让助手找到这篇文章，我们一起阅读。所以，不能说有什么直接影响，但我还是会去读《十月》。

关于这件作品前面也提到一些，我还想说的是，它的灵感其实来自推特。如果你去看唐纳德·特朗普的推特，你会发现所有的人都在互相争吵。无论是支持特朗普的人，还是反对特朗普的人，都在互相争吵。而我读那些东西已经有很多个月了，可能有一年半的时间了。我不推荐它，因为它是世界上最令人沮丧的事情，但它给了我很多洞察力，它让我了解了现在人们是如何获得这些立场背后的思维的，亦即该如何理解这样一种行为。它其实也不是思考所致，在某种程度上它恰恰是因为缺乏思考导致的。另外，我也做了一些阅读——并不一定是在《十月》——关于自恋的问题、对羞耻感的心理反应和产生愤怒的原因等相关内容的论文。所以，在这个作品中，我做了这两件事，一件是非常流行的，另一件是非常理论性的。

鲁：作为一个写作者，您觉得艺术家写作和学者写作之间的区别在哪里？影像是您主要的媒介语言，您是如何思考和实践将影像本身作为一种写作的？

柯：我认为艺术家的写作应该与学者不同。就我自己而言，我觉得我有很大的自由，可以不拘泥于任何特定的流派，我可以转换流派，不需要顾及所有的先例。但我发现学者们必须这样做，这很令人吃惊。在坐下来写作之前，他们真的必须知道关于某个东西的每一个字。而我可以直接从零开始，这在某种程度上是一个很大的特权。另外，我认为，

艺术家缺乏写作的准则，也同样可以有不同的见解。比如做视频艺术，对我来说是一个有趣的问题。有趣的是，我把使用视频作为一种写作方式，而我确实认为自己就是这样做的。我觉得它还不仅仅是一种写作方式，也可以将它作为一种阐明哲学的方式，只是不那么直接而已。对我来说，有些哲学问题或者说结构性问题可以通过视频艺术得到解决。但不管怎么说，我想之所以近20年来我几乎只使用视频，是因为我认为它是一种可以自我创造的形式。

这个形式不是我发明的，但我必须找到我在其中使用的语言。重新创造一个形式的负担是艺术市场的考量，我们都知道，在这个历史时刻，它主要还是由市场需求驱动的。它仍然是一种来自原创性或差异性的需求，是对某种对象的需求，但我并不真正尊重它。其实，早期我做了多年的装置，我还以不同的方式使用摄影作品，对于每一件作品，我都试图找出在那个时刻该使用的恰当的媒介和形式。但是你知道，最终就像拍摄视频或仿佛转动的齿轮一样，并不预先考虑这个问题，形式往往是被给定的，但它允许我有很大的自由度来发展其中的内容，我觉得这非常有趣。我在一些采访中也说过，它允许我自己产生作品。当我在做装置艺术的时候，我不得不依赖委托，这很难。不过随着年龄的增长，有时我也做一些委托的作品，就像我的网站上有一些小作品，我被委托去解决一个特定的问题。我喜欢这样。因为我可以通过某种姿态快速完成作品。因为有一个需求，而我又不想做假，所以说实话，对我来说，来这里做作品是我在这个恶心的国家生存的唯一方法。有时候我不得不做。至少它让我觉得自己在做出一个回应，虽然不见得是直接的。

鲁：您的作品一直带有很强的历史感和政治性，而《十月》的理念之一即是政治，从政治的角度看，您怎么评价《十月》？比如在今天，《十月》还具有政治性吗？

柯：不，我认为《十月》经历了多个阶段，它在每个时期有着不同的定位。因此，我想在安妮特和罗莎琳最初创办《十月》时，她们很清楚有些工作是她们认为需要重点支持的。琼·柯普耶克和道格拉斯·克林普在那里时，我认为是一个有更多转变的时期。另外，克雷格·欧文斯也在那里短暂地待过一段时间，那是80年代初的一个时期，他们试图对里根及其政治形势做出更多的反应，你知道，所有这些都在创造关于艺术和种族等问题的不同想法，还有女权主义、精神分析等。克雷格算是我的老师，我上过他一门课。

我想柯普耶克离开主要是因为编委会觉得那是非常糟糕的艺术——也许道格拉斯后来也在向这个方向发展，具体我不知道。但无论如何，我在他们离开后加入了编委会。如果我遇到这样的压力，可能也不得不离开。但是我确实意识到，我无法跟上每一期。我觉得频率太快了，每一期都要付出很多努力才能解决问题。例如，新的一期是关于纪念碑的，里面有一个采访，涉及种族问题。但在我看来，编委会还是缺乏足够的多样性。对此，他们试图通过引入新的写作者、艺术家或通过圆桌会议来有所突破。我不知道他们的想法是什么，因为我没有参加会议。我离开编委会以后，还是顾问委员会的成员，但后来这个顾问委员会也自动解散了。所以，我不完全确定为什么在那里还保留着我的名字。事实上，我该问问米尼翁——这有点疯狂！也许，有色人种不能加入编辑部？但我真的不知道。

我前面提到，我曾经对曼西亚·迪亚瓦拉做过一次采访。我想他仍然在顾问委员会。迪亚瓦拉曾经是——也许仍然是——纽约大学非洲研究的负责人。他是一个电影制片人，也是一个学者和作家。那是很久以前——2007年或2008年——当我对他进行采访时，我邀请了两位黑人参加，一位是黑人艺术家，一位是黑人作家。艺术家是英国人，带着伦敦后殖民主义色彩；作家是美国人，她在20世纪80年代非常受欢迎，

后来听说生病了，就不像以前那样发表作品了。他们来参加这个会议，但没想到，会上他们两位一直在侮辱我，只是因为我是一个想进行这种对话的白人妇女。我想说的是，这真的很糟糕。等他们离开后，我就哭了。最后剩下曼西亚，他是非洲人，不是美国人，我对他说："我和你单独做采访。"我们单独做了采访，曼西亚对他们的表现也非常不满。那个访谈发表后，英国艺术家走到我面前，向我道歉。他说："那是一个了不起的采访！"但他本可以成为其中的一部分。所以，我想说，其实一直有这种紧张关系，而唯一的方法，我认为是把它分配给更多不同的编辑。学术界的问题是，一旦你是一个编辑，往往就不愿意离开，因为它具有某种威望。

鲁：当时编委会有哪几位成员？

柯：当时编辑部非常小，前面说到，大部分工作是哈尔、罗莎琳和我三个人在做。除了我们三位，还有安妮特、本杰明、伊夫-阿兰、丹尼斯·霍利尔、约翰·拉赫曼。我想就这些了。我记得只有我们八个人。我是唯一被邀请去做编辑的艺术家。我怀疑他们之所以抓住我不放，部分原因是我比一般艺术家更了解理论，另外我还有编辑工作的经验。

后来罗莎琳得了脑动脉瘤，所以我承担了很多工作。这个时候，说实话我开始有点厌倦了。因为编辑的工作量太大，坦率地说，到了这个阶段，我不再像在前几十年里作为一个自学者那样热衷于阅读理论和艺术史，所以我有一种不舒服的感觉，也渐渐觉得自己无法跟上编辑的步伐。我甚至都开始怀疑自己为什么坚持了那么久，也开始变得不那么感兴趣了。在那之后，我经历了一个痛苦的阶段，我不再读那么多书。你知道，我的教育不是很好。因此，我花了10到15年的时间通过阅读来接受教育和弥补自己的不足。但那个时候，我还是想专注于自己的工作，

不想花那么多时间读那么多书。另外，当时董事会内部也在讨论出版建筑方面的文本。我在建筑领域工作了几十年，我觉得一群艺术史学家不可能对出版哪些建筑文本做出正确的决定，因为它是一个非常专业的领域。我表达了这个观点，但我不觉得它被认真对待，我不想参与这场斗争。有趣的是，他们从来没有真正走向那个方向，所以这基本上就是我离开的主要原因。

鲁：终于知道您为什么离开《十月》了！您是阿根廷裔，但生活、工作在纽约，身份问题会困扰您吗？您会将其带进作品中吗？

柯：我是阿根廷人，但我有这个国家的公民身份。我丈夫是英国人，大约 5 年前我帮助他获得了美国绿卡，他有了一个大约 40 年的绿卡。我 6 岁时来到这个国家，最初我会以自传的方式创作作品或把自己的经历融入作品中。以前我写过一点自传，后来不写了。在某种程度上，它对我来说不那么有趣。尽管它肯定传递自己在这个国家的感觉，但我并非出生在这里，而是后来才来到这个国家，和我一起长大的朋友都是第三或第四代美国人，而我不是第一代，因与我的同龄人不同步，这种差异以及这种作为局外人的感觉不断得到加强。当然，这个国家的大多数人，除了本土美国人，几乎所有人都有这种身份——移民身份。但是我的同龄人，在我来的时候，都是土生土长的美国人。

鲁：在您的艺术实践中，借助了很多历史档案和数据，但似乎您不是直接挪用过来，而是重新虚构，您如何看待这样一种修辞手段与政治的关系？这样一种实践与社会参与性艺术的区别是什么？

柯：我的实践与社会参与性艺术有什么不同？我将自己的实践称为

"概念艺术的不充分历史"（inadequate history of conceptual art）。

鲁：具体指的是？什么是"概念艺术的不充分历史"？

柯：那个项目实际上来自一篇文章。大概 20 年前，我正在编辑一篇投给《十月》的文章。那是一篇关于戈登·马塔－克拉克（Gordon Matta-Clark）在纽约桥墩上实施行为的文章，作者提到，当人们去桥墩上看他切割它的项目时，他们感到非常害怕（图 8-1）。作为一个编辑，我对她说："好吧，你不能就这么说。你有什么历史记录吗？你知道，除非人们真的说'当我去那里时，我很害怕'，否则你就是在自我投射。"于是，她去看了看，并带回了记录。这个时候，作为一个艺术家，我觉得很有趣，于是问她人们现在对他们几十年前看到的东西的回忆。所以，我其实有双重角色：作为一个编辑，我想要证明这个是否客观；但作为一个艺术家，我创造了一个不涉及证据的项目，希望能够使用人们的记忆。于是，我给大约 60 位艺术家写了信。那是在 1998 年，在那些日子里，也就是在互联网之前，还有一种叫作"艺术日记"的东西，"艺术日记"中罗列着不同城市的艺术家，有他们的电话号码和地址。我给纽约的 60 位艺术家写了信，告诉他们我的想法和期待。我对他们说："我想问你一个问题，你能允许我把答案录下来，并在你说话时把你的手录下来吗？"我保证，不会说出他们的名字，也不希望对方提到自己的名字，不希望对方提到标题和问题，可以提到地点和日期，但不要做任何详述和研究。最后有 40 人回信，并答应了我的请求，结果我得到了一个机会，记录了 22 个。在最后的展示中，你知道它看起来像什么？

鲁：我在网上看到过几张图片。

图 8-1

戈登·马塔-克拉克在布鲁克林大桥下的垃圾墙表演，纽约，1971

柯：有一个房间，只有手和沉默，另一个房间有声音。在开始的时候，我让声音通过一个非常昂贵的 CD 播放器播放，以代表一种在概念艺术作品和人们讲述的故事中不存在的物化——我去了，但我保持沉默，我只是记录。通过这个项目，我对概念艺术有了一个新的定义，同时，对概念艺术被历史化的方式开始有所怀疑，例如有几个展览和本杰明·布赫洛的写作，在他们对概念艺术的定义中，几乎所有的女性艺术家都被排除在外，因为他们的定义中不包括表演、电影、舞蹈等。所以，我赋予它一个新的定义，但我没有以任何方式告诉人们应该选择什么。有趣的是，人们选择的项目中，大约有一半是女性艺术家，这并不是我的指令，我只是改变了定义，将表演、电影等包含在里面。总之，在我看来这不是一种社会参与性艺术，因为我的要求实际上是非常严格的。我希望他们保持匿名，这样他们自己的身份就不会对他们所说的话产生影响，因为这些都是非常有名的艺术家。我所记录的大多数人，我不希望他们提到所描述的艺术家的名字。当然，这不能是你自己的作品，实际上也有人用这个作弊。但是，我还是不希望作品被附加上身份。有时人们说他们把不充分的历史作品称为"口述史"，但它不是口述史，因为你不知道谁在说话，整个权威问题已经从作品中消失。准确地说，这是对历史书写方式的一种隐性批判。顺便说一下，这件作品先后在世界各地展出，每年它都会在两到三个地方展出，最近在巴德学院的一个展览上展出。

鲁：希望有机会在中国展出。下一个问题，随着特朗普时代的来临，无论是全球政治格局，还是整个艺术界，都发生了很大的变化，作为艺术家，您如何看待这些变化？

柯：关于特朗普，你知道，一个客观事实是，人类是唯一会跟随不

稳定的领导人的物种。没有任何一群动物会追随一个不稳定的领导人。因为人类有理性，而动物没有。而且我认为，发生在特朗普身上的事情已经持续了几十年。很多美国自由主义者不喜欢这样想，对他们而言，这也是一种防御策略，他们说这是因为俄罗斯人的干预，或希拉里、伯尼·桑德斯（Bernie Sanders）如何如何。但这已经发生了，而且已经有很多年了。在我看来，这是从里根时代就开始的，那是 40 年以前的事了。因此，这是一直在发生的事情，政治中夹杂着越来越多的钱和资本，夹杂着越来越多的控制。资本主义无孔不入、无所不能，资本与政治没有任何区别，这导致民主党人与共和党人的区别也在变小。今天，因为这样一个不稳定的领导人，我们每个人都很轻易地受其影响。

鲁：我这里没有问题了，时间也差不多了，再次谢谢您！希望有机会和您合作展览。

柯：非常期待！

《十月》：学术话语的守护者[*]

玛莎·布斯柯克[**]

    鲁明军（以下简称鲁）：您还记得第一次在《十月》发表文章是什么时候？之前对这个杂志有了解吗？

    玛莎·布斯柯克（以下简称布）：实际上，在《十月》上发表文章之前，我就知道它。我熟悉它是在读大学本科的时候，我的一位艺术史老师推荐我去看看它，但是没有订阅。我记得大概是第 18 期或 20 期，也可能是 21 期。那个时候，我就对罗莎琳·克劳斯的写作非常感兴趣，这就是为什么我去了纽约市立大学研究生中心读本科，主要是想跟着罗莎琳学习。所以，早在 20 世纪 80 年代初，我就已经非常熟悉《十月》，直到 1990 年开始在那里担任执行编辑。而自从我在那里工作后，我也才真正有文章在上面发表。我在《十月》发表第一篇文章应该是在 1992 年，是《作为审查员的商品化：版权和公平使用》（"Commodification as Censor: Copyrights and Fair Use"）这篇，发表在第 60 期。其实，我在

---

  *   访谈时间：2018 年 9 月 18 日。访谈地点：在线。标题为鲁明军所加。

  ** 玛莎·布斯柯克，美国蒙特塞拉特艺术学院艺术史和艺术批评教授，20 世纪 90 年代初曾任《十月》编辑。著有《当代艺术的或然之物》《创意企业：博物馆与市场之间的当代艺术》及《杜尚效应》（合编）等。

上面很少发文章，加上参与的对话、访谈，也就三四篇。

鲁：那您现在还读《十月》吗？从 1990 年至今，你觉得这本杂志有什么特别的变化吗？

布：我一直在看它，肯定有很多变化。我记得，在我离职（1994年）后，他们开始做更多的问卷调查，这非常好。比如我刚刚拿到的最新一期，就有关于纪念碑问题的问卷调查，这显然是一种不同的知识生产方式，但要求提前想好一整套问题。另外，我在那里的时候，他们就开始尝试圆桌会议，在这之前，他们也做过访谈，但圆桌会议是另一种采访形式。如果要说变化，那这是非常明显的一个变化。

鲁：艺术现场每天都在变动当中，您觉得《十月》还能适应今天艺术的变化吗？它还具有革命性和政治性吗？

布：在艺术系统中，它始终卓尔不群，占据着一个不同的角色。你知道，艺术界越来越商业化，但它始终是一个非商业的声音。我认为它在最开始的时候就坚持传递一种学术话语，与艺术市场无关。或者说，它与学术界的联系更加紧密，而不是批判性的，所以，它所刊发的更多是带脚注的论文。不过，最开始的几期中，大多文章似乎都偏短。

鲁：您对罗莎琳·克劳斯和安妮特·米切尔森的印象如何？有人说《十月》是个封闭的圈子，您怎么看？

布：无论是罗莎琳，还是安妮特，她们都支持自己认为引人注目的东西。反之，她们很少或不关心对她们而言没有说服力或无趣的东西。

如果这使它看起来有点狭窄，我想的确是的。

鲁：您算这个"圈子"的成员吗？

布：我在《十月》待了四年，离职后我没有和他们保持密切联系。我后来并没有成为编辑委员会的一员。我感兴趣的是，也许要去一个稍微不同的领域。我想任何机构或媒体，无论是《十月》还是《艺术论坛》或其他，都会有一些人是这个机构内最有活力的声音。

鲁：您和米尼翁·尼克森合作编辑了《杜尚效应》（*The Duchamp Effect*），在那么多关于杜尚的著作中，当时为什么要编这本书？

布：那时杜尚的作品已经大大地扩展，当时有很多之前从未出现的作品进入人们的视野，但也是从那时起，有一种将杜尚作为一个行业的感觉，而且变得越来越极端。这本书的前身是《十月》的一期特刊——1994 年发行的第 70 期，是由这份特刊延伸出来的。至于这份特刊，最初其实源自沃克艺术中心举办的一个关于杜尚的展览，所以，我们甚至可以将它当作展览的图录。

鲁：对《十月》来说，以这种方式与机构合作是常见的吗？因为到目前为止，我是第一次听到这种情况。

布：嗯，这实际上是一次比较偶然的合作。当时他们正在重新安排计划，准备举办一个以杜尚作品为主的收藏展，而我那个时候也正在写关于杜尚的文章。于是，我和他们取得了联系，说我对他们的工作很感兴趣，然后他们问我："有什么办法可以合作吗？"于是，就有了这期

特刊。

　　鲁：当时为什么选择和米尼翁合作？可以谈谈您对她的印象吗？

　　布：当时我们都在为《十月》工作，也都很年轻，自然地就合作了。米尼翁是一个非常有趣、有思想、容易合作的人。因为我们都在《十月》编辑部，所以我们最终被列为这本书的共同编辑。

　　鲁：《当代艺术的或然之物》（*The Contingent Object of Contemporary Art*）想必是您重要的作品之一，什么是"或然之物"（contingent object）？这本书探讨的核心问题是什么？其中，您是如何处理时间性问题的？

　　布：我感兴趣的是那些不一定有固定身份的作品，不管它们是基于装置的做法，还是基于非永久性的材料，它们都具有一定程度的、源自艺术家言说和行为的时间性。我对此类作品感兴趣，但我的目的不是了解作品本身的实际身份是什么，我真正关心的是它可能不被直接识别为单一对象的地方。当然，就作品意义的界定随时间变化的方式而言，基于时间的问题是其中的一部分。我也看了很多关于物体生产和表演实践之间的相互作用，包括影像，它的逻辑是其中一个人创作了作品，然后只能通过文献（document）来看它。在我看来，几乎所有基于时间的艺术实践都是这样的。

　　鲁：从格林伯格到迈克尔·弗雷德、罗莎琳·克劳斯，"物"或"对象"（object）在当代艺术的研究中经历了怎样的变化，您的研究和他们的区别在哪里？

布：我想说，格林伯格、弗雷德和克劳斯他们三位已经是非常不同的研究者，我想我不太清楚如何回答这个问题，从某种意义上说，这是一个非常复杂、非常多维的比较。我其实一直对体制的作用非常感兴趣，我认为克劳斯对这些问题更感兴趣。比方说，她对极简主义和体制运作之间关系的讨论，这当然是我要联系的部分。我认为，她的方法和格林伯格、弗雷德截然不同，这自然也启发了我，所以，体制的作用是我深入挖掘的一个领域。

鲁：没错，这就回到您《创意企业：博物馆与市场之间的当代艺术》（*Creative Enterprise: Contemporary Art between Museum and Marketplace*）这本书，很显然，在这本书里您已经转向了美术馆批判。我想我们都有同感，今天画廊、博览会、双年展、美术馆之间的张力越来越弱，而更像是一个共谋的关系，您怎么看这个问题？

布：我在《创意企业》中基本上是将艺术世界作为一个行业来讨论的，我想，你也看到，无论是在商业市场方面，还是在博物馆或学术方面，当代艺术世界与各种类型的品牌、企业之间存在非常密切的协同形式。我对这种情况发生的各种不同方式非常感兴趣。这里仅举一个例子，在《创意企业》后面的章节中，我谈到了艺术和手袋。在这里，我讨论的是那些被路易威登和其他奢侈品制造商委托为其做特殊项目的不同艺术家，他们在这些项目中的表现与其长期的艺术实践经验到底有多大关系。比如，即便是像村上隆这样的艺术家，最后也将自己为路易威登做的工作与在博物馆或画廊的展览区分开来。所以，这肯定是这种系列联系的线索之一。这样的艺术家也不止他一人，其实非常多。

鲁：您是否觉得，今天这些商业画廊、艺术博览会和博物馆以及双

年展之间的界限正在变得越来越模糊？还是您觉得它们之间始终存在着某种斗争或冲突？

布： 我记得我在《创意企业》中谈到一个例子，具体忘了是哪一年的展览了。几年前，当各大博物馆都开始做大型时尚展览时，产生了巨大的反响，有几个比较典型的案例。我记得有一个是阿玛尼的展览，展览的规模非常大，博物馆的空间也变得更大，所以它需要做重大的筹款活动，而在这个过程中，画廊扮演了非常重要的角色。尤其是在幕后，需要非常明确地通过筹集资金为博物馆展览服务。因此，它们之间存在一种非常紧密的联系。当然它们之间也必然存在一定的张力，但我更关注它们之间的协作，因为这决定了机构能否正常运行。

鲁： 艺术家自己对作品的阐释会影响您的写作吗？您怎么看待艺术家的写作？比如？

布： 没有具体的例子，因为在我看来它已经成为艺术家相当普遍的一种经验。艺术家期望被采访，艺术家期望提出自己的声明。但也有一种相互作用的想法，你知道，艺术家在思考作品，但艺术家也被要求在幕后以各种方式定义作品。例如，如果一件装置艺术作品被展示过一次，然后被撤下来，接着又被卖掉，艺术家很可能被要求继续在幕后谈论这件作品。这是有可能的。我记得古根海姆美术馆几年前做了一个项目，叫作"可变媒体倡议"（The Variable Media Initiative）（图 9-1），这是一个相对较早的项目，它有组织地尝试让艺术家做基于保护的采访，这是有趣的一面，因为它不一定谈论对作品的解释，而是谈论针对作品的物理属性，在允许的物理参数内应该采取什么作品保护措施。在我看来，这是艺术家通过生活实际定义作品的另一种方式，也是我在《创意企业》

图 9-1

"可变媒体倡议"之珍妮·霍尔泽（Jenny Holzer）作品《无题》(*Untitled*)，古根海姆美术馆，纽约，2001

中试图解决的问题之一。

鲁：这个很有意思，过去似乎很少将它拿到理论层面上讨论，一般都当作博物馆馆藏系统的专业技术问题。但听您这么一讲，我觉得它涉及作品的定义以及对艺术家的理解这些重要的问题。回到我的问题，我想问的是，从您个人的角度看，特朗普上台以来，美国艺术界特别是评论界有什么反应吗？您个人怎么看这两年来世界的变局以及艺术的变化？

布：我很兴奋！总的来说，艺术界还是相当自由的，当然，我们也感到震惊和恐怖。这只是一个整体的概观，但其实反应的具体细节在不同方面是不同的，还是取决于你看到的具体事情，比如，前不久惠特尼双年展期间艺术家的抗议。这不见得是直接针对特朗普的，但它的确关乎我们目前的政治气候。在相当长的一段时间里，艺术界围绕多样性的活动一直在持续，表明这个领域还是有很多方法去试图解决自己遇到的问题。我想，这就是多样性。但无论如何，我认为艺术界大体上比特朗普更加认同自由民主的政治议程。

鲁：您之前跟克劳斯、安妮特等一起工作了几年，虽然过去很久了，有什么精彩的记忆可分享的吗？

布：我是 1990 年至 1994 年任《十月》执行编辑的，待了四年时间。这是一个非常有趣、非常迷人的工作环境，里面的每一个人都有着非常强烈的个性。每次编辑部的会议，都像是一场批评或哲学辩论，各种观点、立场相互碰撞、相互交织，很遗憾我当时没有做笔记，这些精彩的瞬间都没能留下来。因为太多了，加之过去太久了，具体的对话片段我

都不记得了——抱歉，我不是那种记忆力超好的。但有一点是肯定的，那些会议、活动，每一次都非常非常生动。

但其实，那个时候，我已经在兼职教书了，同时还在做我的毕业论文，最终，我觉得自己对教学岗位更感兴趣，所以我最终离开了《十月》，全身心地投入教学工作，直至今日。但是我依然觉得，那是我一生中很重要的一段经历。

鲁：在您眼中，《十月》杂志与"《十月》丛书"和"《十月》档案"之间的关系和区别是什么？

布："《十月》档案"项目是在我离开之后开始的，那个项目主要是针对具体的艺术家个案，试图在真正实质性的深度研究层面有所发展。在我的理解中，"《十月》档案"项目的核心是寻找和搜索，将过去最精彩的论述汇编成文本。其中的文章不一定全部来自《十月》杂志，但核心部分肯定是从杂志上转载的。"《十月》丛书"是最新的专题研究，既支持了作者，也支持了麻省理工学院出版社。由于丛书中的内容不一定是在杂志上发表过的东西，因此对于作者而言，这是一个不同的表达途径。

鲁：最后一个问题，您如何看待其他类型的出版物，如 *e-flux*、《弗里兹》、《美国艺术》和《艺术论坛》，它们是如何运作的，或者它们在这个对话中是如何运作的？

布：这是一个多项比较，其实也很难比较。因为这些出版物都有自己的历史和身份。我相信你知道克劳斯和安妮特早期离开《艺术论坛》、创办《十月》的那段历史。其实，《艺术论坛》的身份很特殊，它的确不

同于《十月》，你可以说，广告比例如此之高也是它的特点。《十月》则是一个正式的非营利组织，有一些广告页面，但都是非商业的，只有一两个公告页。两个刊物的出版发行动态也有所不同，但它们都有别于现在那些完全在线的出版物。

鲁：那您会阅读 *e-flux* 这些在线刊物吗？

布：当然。你提到的这些刊物我都看，而且一直在看最新的东西。因为我目前还在研究艺术作者和版权的问题，这是一个稍微不同的轨道。所以，我需要不断了解新信息，我读这些刊物某种意义上是为了自己的研究。当然，也是为了讲授当代艺术课。

鲁：没有问题了，再次感谢您分享了这么多精彩的回忆。

布：不客气，祝你的研究取得好成绩！

《十月》的生产、流通与传播 *

亚当・莱纳 **

鲁明军（以下简称鲁）：您的研究方向是什么？可以简单介绍一下您
的学术经历吗？

亚当・莱纳（以下简称莱）：我不是一个学者。我有一个哈佛大学
的本科学位，在那里我学习了哲学和古希腊语。我之前在《纽约客》做
编辑工作，也在上面写一些东西，同时，也为博物馆、画廊和艺术杂志
（如《艺术论坛》）编辑艺术出版物。我写了一本关于一个室内装修师精
神崩溃的小说，名为《重新安排》（*The Rearrangement*）——算是准艺
术的，因为它有很多图像。我正在写另一部小说，也会有图像。

鲁：您是什么时候加入《十月》的？之前对《十月》有多少了解？
您在《十月》发表过论文吗？

莱：我是 2008 年加入《十月》的，因为他们需要一个管理编辑，我

---

* 访谈时间：2018 年 9 月 11 日。访谈地点：纽约布鲁克林《十月》杂志办公室。标题为鲁
明军所加。

** 亚当・莱纳（1976—　），作家、《十月》管理编辑。

认为这将是一个有趣的工作，事实证明我是对的。在这之前，我当然读过这本杂志，并与其中一位编辑本杰明·布赫洛是好朋友。但我从未在该杂志上发表过任何东西。虽然我的身份是管理编辑，但实际上，我并没有做多少编辑工作，也不负责提出任何关于内容的意见。我的工作主要是行政。我主持编委会，讨论决定发表哪些文章，然后负责收集这些文章，把它们送出去编辑，当它们回来时，我再设计杂志，一边与作者沟通，一边与麻省理工学院出版社沟通出版事宜，确保杂志按时出版，确保那些过审的文章出现在杂志上，我所做的一切工作（比如支付房租、筹款等）也是为了保证这一过程顺利进行。

鲁：您加入《十月》的时候，当时美国的当代艺术与批评写作生态如何？

莱：我觉得自己没有资格回答这个问题。

鲁：您怎么看《十月》受到的种种质疑？比如文章过于理论化、哲学化，包括偏保守？

莱：正如下面将讨论的，《十月》的基本理念是"重要的艺术本身就是理论性的"（significant art is theoretical in its own right），《十月》旨在提供对"当时的失忆症和反理论倾向"（amnesiac and antitheoretical tendencies of the time）的抵抗——正如"《十月》档案"系列的序言所说——所以当我们在页面上发现大量的理论，不应该感到震惊。当然，没有一本杂志是完美的，当我们犯错时，也可能是在过于哲学化等方面。我曾为那些在另一个方向上犯错的杂志工作过，我对《十月》的错误感到满意。我没有听到对《十月》过于保守的指控。

鲁：杂志每一期的成本是多少？稿酬呢？杂志的运营经费来自哪里？

莱：我没有把我们的预算分解成每期的费用，但我们每篇文章会支付 300 美元的稿酬。麻省理工学院出版社出版《十月》。对于期刊来说，当我每次把杂志的 PDF 格式文件发给印刷厂后，我的工作就结束了。麻省理工学院出版社与印刷商合作，确保它被印刷出来，再与分销商合作，确保它被送到书店和订户那里，等等。我较少参与《十月》的编辑工作，大部分业务发生在作者和出版社之间。

经费有两个主要的来源。一个是麻省理工学院出版社出版杂志后，他们把杂志寄给书店、订户、JSTOR（Journal Storage），等等，然后他们从购买期刊的人那里收到钱，也从为阅读文章而付费的人那里收到钱。例如在 JSTOR，如果读者想下载文章，会付一定的费用。所有这些都会产生收入，我们与麻省理工学院出版社分成。麻省理工学院出版社是一个非营利组织，所以，它得到的所有收入都会投入期刊本身的制作过程中。此外，我们也从捐赠者那里得到经费，你可以在杂志后面看到捐赠者的清单。有时我们也和艺术家合作编辑出版书籍，有的艺术家会捐赠给我们一件作品，然后我们通过出售这些捐赠的作品来筹款。

鲁：从您的角度看，几位主编和编委选择论文的标准是什么？他们之间会因为一篇论文能否刊发有争执吗？

莱：大多时候，当我们收到文章时，有两种基本的情况：一种是当我们收到它并决定发表它；另一种是当我们收到它但不确定是否要发表它。所以，当有人给我们发来文章时，除非确定要发表，否则我们不会先编辑它。如果决定要发，我们才编辑它，具体由编辑委员会的成员负责。另外，我们有两个文案编辑，专门负责文字的编校。

我们没有主编，也没有明确的选择标准。遇到争议，有两种可能：一是一位编辑喜欢某篇文章，而另一位编辑不喜欢它，这时文章会交给第三位编辑来打破平局；二是极少数情况下，一篇文章如果其中一个编辑非常喜欢，另一个编辑非常讨厌，会被推荐给一位艺术家。我不相信有一个固定的程序来解决这个问题，这已经很久没有发生了。

鲁：您和他们之间会有争执吗？

莱：我是杂志社的雇员——事实上我是杂志社唯一的雇员，我的工作之一就是不与雇主发生争执。我当然会试图说服他们，X 或 Y 是比 A 或 B 更好的方案，但最终我的工作是实现他们想做的。也许正因为如此，编辑们对我往往非常尊重，通常允许我做我所认为的最好的事情——尽管总是在一个强有力的、共同的寻求真理的背景下。

鲁：你们日常办公的方式是怎么样的？

莱：《十月》有一个办公室，之前在曼哈顿，2017 年搬到了布鲁克林（图 10-1）。但我们（包括我）不经常使用它。我住在巴黎，大多数时间是在我的公寓里工作。我每年飞过来参加六次编委会会议，当我在纽约时，我会使用办公室。平时会来几个小时，做一些需要做的事情——比如说设计议题，或者打印议程，但大部分工作是在巴黎的公寓里完成的。

鲁：杂志发表的论文都是经过匿名评审的吗？

莱：不是。

图 10-1
位于纽约布鲁克林的《十月》杂志社办公室一角，2018

鲁：你们会经常收到艺术家的来信吗？最多的一种反馈是什么？

莱：我们没有收到过读者的反馈。

鲁：杂志的定位是"艺术／理论／批评／政治"，但您有没有觉得，近十几年来，后两者也就是批评和政治越来越弱，或者越来越淡化了？似乎反而更加历史化，为什么？换句话说，它越来越无力回应今天艺术、政治的快速变化及其复杂性？

莱：如果这个问题不是基于印象和感觉，而更多的是基于你的阅读经验和真实的观察，我会觉得更舒服。当然，在过去的几年里，《十月》发表了许多"政治"文章，例如本期（第165期）的《十月》用了大约200页的篇幅来讨论应该如何处理冒犯性纪念碑的问题，还有50页是对"博物馆的非殖民化"的讨论，包括从政治视角来审视艺术史话题的文章。我不知道你说的"历史化"是什么意思——一件艺术作品在什么时候会变成"历史"？等等。所以，我并不完全接受你问题的前提。

不过，就《十月》变得更加偏向"历史化"而言，这肯定与大多数编辑是艺术史学家有关，他们眼中的艺术史都是朝向未来的艺术史。事实上，由于多年来《十月》的大部分内容都是关于艺术的，艺术史系是《十月》文章被分发和阅读的主要场所。在这种情况下，可以预期我们会收到更多艺术史性质的稿件，而由于这些稿件是基于对我们已发表论文的仔细研究，因而它们会比其他类型的论文更像是我们发表的。

鲁：和今天的其他媒体比如 *e-flux*、《弗里兹》等不同——它们涉足的领域很广——《十月》似乎一直守护着创刊以来的标准和边界，甚至看上去很学院化，为什么？

莱：这有点自相矛盾，因为现在你说《十月》一直有一种"学术"的感觉，但你之前问题的前提是这是一个新的发展。你的问题是什么？到底是哪种情况？我们是在走下坡路还是一开始就堕落了？

如果说《十月》有一种延续性的感觉，那肯定是因为编辑部的许多成员从一开始就参与其中。安妮特·米切尔森、罗莎琳·克劳斯、哈尔·福斯特、伊夫-阿兰·博瓦、丹尼斯·霍利尔和本杰明·布赫洛都是一开始就参与其中，或者很早就开始投稿。此外，这些人似乎都有一个共同的意识，即当艺术显示出某种迹象，反映了它的来源，包括政治、艺术和艺术史、心理、理论等，它就会更好，而能够欣赏这种艺术的批评家也必须能够做到这一点。这需要一定体量、一定专业类型的知识，而学术界传统上就是一个传播知识的地方。虽然许多编辑是在以批评家、作家和策展人身份获得了优秀的艺术写作和思考的声誉之后才进入学术界（即获得博士学位）的，包括安妮特、本杰明、哈尔和大卫·乔斯利特，但他们所做的工作，部分地改变了艺术史系统，而且是在这些系统之外开始的。

关于《十月》编辑为什么相信这一点，还有很多话要说，但这是一个很精彩的故事，最好是在《十月》的版面上由他们自己来讲述。最后，还应该指出的是，《十月》的资金并不来自画廊广告或其他商业宣传，因此它并不因经济原因而被迫详尽地、热情地、坚持不懈地适应当下的需求。

鲁：在您加盟编辑部以来，您觉得《十月》的定位或者探讨的话题有过哪些变化？比如？

莱：比如我们花了很多时间来关注和讨论唐纳德·特朗普，所以这是我们最新的一个重点领域。

鲁：近年来，杂志的发行量如何？有变化吗？发行量最大是什么时候？多少？最低是什么时候？多少？

莱：对不起，我没有时间去研究这些问题。不过，我可以告诉你，销售情况很好。

鲁：你们的编辑会受到外界评价的影响和干扰吗？

莱：不会。

鲁：在工作中，您觉得最棘手的环节是什么？

莱：我的工作中最不喜欢的部分可能是在校样上输入文字编辑的书面修改。我还发现预算工作相当无聊。组织制订议程有时会使我感到紧张。对于编辑部的成员而言，我猜测是阅读不请自来的手稿——有很多这样的手稿，而阅读这些手稿的编辑往往对其不感兴趣，但他们必须阅读这些手稿，消耗他们的"自由"时间，而且没有报酬。关于这一点，他们会比我更清楚。

鲁：《十月》大部分编辑都是兼职的，或者说他们都是独立的，所以他们经常参与各种活动，似乎你们很少以刊物的名义和美术馆、艺术机构或者画廊合作一些学术活动，有吗？

莱：我不接受你关于一般编辑或特别是《十月》编辑的前提。《十月》的编辑是全职的学者，他们在空闲时间为杂志工作，没有报酬。因此，他们没有与博物馆等合作的基本原因之一是，他们忙于自己真正的

工作——教学和研究，我们很幸运他们还能为杂志服务。另外我还想再次指出，《十月》的财务模式并不依赖于"促销"。仔细想想，它的知识模式也是如此，《十月》一直很谨慎地对待它在知识界所扮演的"关键"角色。

鲁：从创刊至今，你们所发表的文章还是以美国、欧洲为主，欧美以外的稿件似乎很少？

莱：《十月》的编辑们似乎觉得美国和欧洲艺术是一个非常丰富的领域，值得广泛研究和探索。撰写、选择和编辑这些主题的文章是他们最擅长的工作，做好这些工作是他们为广大读者提供服务的前提。谢天谢地，还有其他具有专长的杂志！这是一个层面的回应。另外，《十月》确实为扩大关注的范围做出了努力。举个例子，我们争取并赢得了梅隆基金会的资助，翻译文本，特别是《十月》不太熟悉的语言的文本。我们寻找并出版了南美主题的葡萄牙语和西班牙语文本，以及波兰语和德语文本，前三种语言编委会没有成员会说，第四种语言只有两个人会说。所以，我告诉你，用你不懂的语言来评估文本的质量是非常不容易的！同样地，要征集这些语言的文章也很困难。

鲁：对于美国当代艺术系统而言，您觉得《十月》扮演着什么角色？

莱：我认为它就像一个棱镜，在帮助塑造西方——当然是美国——的学者和艺术家思考艺术是什么和应该是什么方面做了很多努力。

鲁：这些年来，您个人的研究会受到编辑工作的影响吗？比如《重新安排》，这似乎是和《十月》的风格完全不同的一本书？

莱：我不是一个学者，但我发现花这么多时间去思考艺术和思想很刺激，所以，它对我还是有影响的。《十月》本身对我写作和设计《重新安排》没有什么影响，不过《十月》写的艺术家，比如埃德·拉斯查（Ed Ruscha），肯定有一定影响。

鲁：没有问题了，再次谢谢您！

莱：不客气。

"《十月》不是一个党派" *

蒂埃里·德·迪弗 **

鲁明军（以下简称鲁）： 您好！迪弗教授，很高兴能够见到您！我的提纲此前已经发给您，想必您已经看过了，那我们开始吧。我想，先请您谈谈您和《十月》的关系，包括与罗莎琳·克劳斯、安妮特·米切尔森的友谊，你们是什么时候建立起这种友谊的？

蒂埃里·德·迪弗（以下简称迪）： 1977 年，我去法国参加关于杜尚的会议，在那个会上我遇到了罗莎琳·克劳斯，从此就成了朋友。1979 年开始，我就定期去纽约，差不多每年去一次，每次都会去看她。1982 年，我搬到了加拿大。从那时起，我开始每半年去一次纽约。安妮特·米切尔森我没有真正地接触过，虽然我在同一时间遇到了她，但感觉我们之间的距离非常遥远，我估计不会再见到她了。

---

* 访谈时间：2018 年 8 月 27 日。访谈地点：纽约曼哈顿中城区某咖啡馆。标题为鲁明军所加。

** 蒂埃里·德·迪弗（1944— ），纽约市立大学亨特学院教授，艺术评论家、艺术史家。著有《字里行间的格林伯格：兼与格林伯格的辩论》《杜尚之后的康德》《马克思血汗工厂里的缝合：博伊斯、沃霍尔、克莱因、杜尚》《逍遥的美学》等。

鲁：您知道她最近病得很重吗？

迪：是的，她也老了①。不过对于罗莎琳，我还是偶尔会遇到她。

鲁：我们已经和罗莎琳约好了，这周晚些时候会去见她。

迪：哦，太好了，给她带去我最好的问候！我接着说。后来有一次我曾邀请她到我当时所在的里尔第三大学，但她要去巴黎，结果没能成行。1978 年，罗莎琳非常慷慨地邀请我在美国大学艺术协会第 66 届年会（66th Annual Meeting of the College Art Association of America）上做了一个题为《曝光时间和快照：作为悖论的摄影》（"Time Exposure and Snapshot: The Photograph as Paradox"）的学术报告。那些日子里，他们有钱支付欧洲学者的往返机票，很了不起。同年，这篇文章便发表在《十月》第 5 期。迄今为止，我在《十月》总共发表过多少篇文章，我也不记得了，也许有八九篇。但我不认为自己是《十月》核心小组的成员，我想他们也不认为我是。

鲁：您当时在欧洲，是在什么情况下关注到格林伯格的？可否谈谈您的《字里行间的格林伯格：兼与格林伯格的辩论》这本书引发的讨论？在这个问题上，您和罗莎琳·克劳斯有分歧吗？

迪：这本书主要有一个与格林伯格的辩论，我认为它很重要，因为里面涉及对格林伯格理论的修正，过去形式主义成了格林伯格的标签，但实际上他的观点要比形式主义复杂得多。这么多年过去，我的基本观

---

① 安妮特·米切尔森于 2018 年 9 月 17 日在纽约去世。

点没有变。当然了，我也可以说这是世界上最好的书。

鲁：您是用法语写的，后来被翻译成了英文？

迪：法语和英语同时出版的。多年后，芝加哥大学出版社还出了新版。英文译者是布莱恩·霍姆斯（Brian Holmes），他译得非常好。但即便如此，也在我的"监督"下经过了多次编校。

鲁：克劳斯对您这本书有反馈吗？在这一点上，她和您有分歧吗？

迪：很遗憾，没有，我不记得是否和罗莎琳讨论过这本书。你知道罗莎琳对格林伯格有着非常强烈的负面意见，所以，这个话题更多是在不太禁忌的情况下才能谈。我对格林伯格的兴趣是在 20 世纪 70 年代阅读《艺术与文化》时引发的，那真的很有趣。顺便说一下，我正在筹划一个格林伯格系列研讨，从明天开始，我和 20 多个学生一起读格林伯格。

你应该知道伊夫-阿兰·博瓦，他也是《十月》的成员。他曾在巴黎经营一本叫《光斑》的杂志，20 世纪 70 年代，他刊发了格林伯格关于波洛克的所有文章，这是一个思想的开端。但它也表明了一点：格林伯格并非作为一个思想家或理论家，而是作为一个艺术评论家发现了波洛克并与读者分享他的发现。

鲁：可以谈谈您跟格林伯格交往的过程吗？

迪：20 世纪 80 年代，我在加拿大渥太华大学教书，有一天我决定给格林伯格写信，这就是我和他交往的开始。我在信中问他对弗兰克·斯特

拉的"黑色绘画"有什么看法，因为在我看来，它完美地说明了格林伯格在《现代主义绘画》中的观点（图11-1）。但我知道他不同意这一点，因为传言说他不喜欢这些，所以他非常客气地在明信片上回复我说，"黑色绘画很好，但还不够好，铝制的画更好，但也还是不够好"。而且，没有任何解释。然后他说，你若到了纽约，一定来见我。1987年，我邀请他到渥太华大学进行了一场公开辩论，这就是刚才提到那本书的最后一章。

那是一场非常有趣的辩论，一开始他脱稿讲了15分钟，之后我们有两个小时的对谈。在这之前，我先对我的学生进行了演练：组织了一个关于格林伯格的研讨会，并告诉学生他们将在学期结束时见到这位伟人，最好为他准备一些棘手的问题。我记得当时有400人。所以，等格林伯格来的时候，学生各个其实都已经有所准备，整个过程非常精彩，不仅是我和学生们，包括格林伯格本人也非常享受。

鲁：我知道，您之前一直在欧洲教书，据您观察，您觉得《十月》在欧洲的影响力如何？

迪：《十月》在欧洲也有影响。这并不是说每个人都一直在读它，但它始终有一种严格的准教条主义的声誉。这就是为何我在边缘，不在《十月》小组，因为并非他们所有的想法和做法我都同意。

鲁：沈语冰教授主持翻译的《杜尚之后的康德》中文本出版后，在中国影响力非常大，有很多讨论，特别是很多艺术家也非常喜欢这本书，可以谈谈这本书吗？2015年，您在《艺术论坛》发表了一组文章，是对相关问题的重申吗？它不仅对杜尚，也是对康德的一次理论解构和重新认知，其中您有没有受到福柯理论的影响呢？另外，马克思的批判理论

图 11-1

霍里斯·弗兰普顿,《弗兰克·斯特拉的秘密世界》(*The Secret World of Frank Stella*),摄影,1958—1962

也是您重要的思想资源，那么在康德、马克思与福柯之间，您是如何切入其中的？

迪：谢谢沈语冰教授主持翻译了这本书，有机会我要当面谢他，我回头在我的简历上加上他的名字，因为我看不懂中文本封面上译者的名字。你知道，我一只脚在哲学和美学，另一只脚在艺术史。书名"杜尚之后的康德"恰好表达了这一点。几个月后芝加哥大学出版社将会出版另一本新书《逍遥的美学》（第一卷：艺术，伦理，政治）（*Aesthetics at Large* [*Volume One: Art, Ethics, Politics*]），它是继《杜尚之后的康德》之后，单纯对美学问题的思考和探讨，里面没有艺术史。

鲁：这本新书也是关于康德的吗？

迪：对，它也是关于康德的，但它是我所说的杜尚之后的康德美学方法，实际上是建立在一个非常简单的假设之上。用这个方法阅读康德关于美的文本，也就是用"艺术"这个词代替"美"这个词，然后看看它的结果如何。整本书还是聚焦于康德。在研究文本和解释文本的基础上，再从那里走出去，比如说有一章是关于阿多诺的。另外，你刚才提到发表在《艺术论坛》的那几篇文章也将结集成书，我最近才对它们进行了修改和增补，但目前还没有找到合适的出版社。

鲁：我记得《杜尚之后的康德》一开始就提到您和福柯的故事，而且这本书也是献给福柯的，我想知道，福柯对您来说，意味着什么？

迪：在我很年轻的时候，福柯就对我有着非常重要的影响。但那并非在美国流行的福柯，或是那种被政治化的福柯，我其实对早期的福柯

更感兴趣。我在飞机的报纸上得知他去世的消息，但早在 1980 年，我就认识他。我当时正在攻读博士学位，我跟他说，我想沿着他关于古典时代的考古学方法重新思考现代性，但只是限于艺术方面。他非常友好，鼓励我说："当你完成这项工作时，一定回来看看我。"几年后，他去世了，我再也没有见过他。

关于马克思，你知道我有一本小书叫《马克思血汗工厂里的缝合：博伊斯、沃霍尔、克莱因、杜尚》，你知道那本书吗？

鲁：我知道，是克劳斯翻译的。

迪：对。这是一本关于约瑟夫·博伊斯、安迪·沃霍尔、伊夫·克莱因和杜尚的书，里面我使用了马克思的理论，但它不是一本马克思主义的书。所以对我来说，康德、福柯、马克思是三个重要的思想来源，也是我理论的支撑。当然，理论的使用最终还是取决于研究对象，比如杜尚，比如格林伯格。我差不多研究了一辈子杜尚，就像我读了几十年格林伯格，今天还在读一样。作为一个理论家，我的经验法则是尝试从艺术作品中提取理论，而不是将理论应用于艺术作品。

鲁：说到这里，我有一个疑问，一般来说，杜尚当时所针对的还是一个漫长的艺术史系统，姑且认为有一个艺术界，所以他的反叛还是在艺术史内部，就像您说的，他重新命名了艺术，艺术不再是实在的，而是一种"唯名论"，但经过差不多一个世纪的激烈变革，我们今天面临的却是另外一番处境，比如，今天的艺术更多地直接介入社会政治议题，在某种意义上，杜尚意义上的艺术已经衰退了，那么这个时候，您觉得讨论杜尚除了艺术史的考察以外，还有什么意义？

迪：为什么你认为杜尚衰退了？或者说，今天很多人避免讨论杜尚？

鲁：我觉得今天人们思考和实践艺术的话语方式已经改变了，而杜尚的革命能成功是因为有一个具体的、整体的革命对象，有一整套惯例，但今天的艺术家面对的不再是一个整体的大敌人或"大他者"，而是无数个小敌人或"小他者"。这无数个小敌人或许是一个巨大的漩涡，艺术家深陷其中无法自拔，导致的结果可能是连自我都丧失了。所以，我想说，时代不同，艺术家或艺术的处境和遭遇的危机不同，艺术的方式也不同，这个时候，杜尚还能成为一个有效的参照吗？

迪：是的，这样的情况已经有一段时间了。我在80年代就已经注意到了这一点。现在在美国，我们的政治局势可以说是灾难性的，确实有很多需要关注的社会政治问题。但关键是，艺术家能否转化出有趣的艺术作品，这是另一个问题。你明白我说的吗？

鲁：明白。

迪：在美国，这样的作品非常多。例如最近围绕着南方的纪念碑展开的对政治艺术的讨论。如果你把李将军（Robert Edward Lee）的雕像拿下来，那你打算用什么来代替？艺术家们已经想出了一些项目。
诚然，这些是具有一定意义的政治讨论和政治行动。但另一方面，我个人不太相信现在被称为"社会实践"或"社会参与"的东西，好像它成了一种新的艺术流派。因为我觉得我们每个人都有一个社会实践。如果你有一份工作，不管那份工作是什么，都是一种社会实践，而今天它们却被当作艺术，感觉艺术被用在一个非常奇怪的地方，我不是很喜欢这样。

鲁：我们转到另一个问题，您认为沃霍尔和杜尚的根本区别在哪里？

迪：哦，我会让你震惊的。因为我认为沃霍尔是一个比杜尚更伟大的艺术家。我认为杜尚是一个"信使"，发表在《艺术论坛》上的那一系列文章中都谈到了这一点。杜尚告诉我们世界已经改变了，却被误解为确实改变了规则的人。因此在我看来，他只是一个"信使"。

我认为杜尚可能是20世纪最好的艺术理论家，他的有些作品是不可思议的。比如《大玻璃》（*Le Grand Verre*）就非常神秘（图11-2）。"现成品"（Ready-made）很好，但也有很多坏的、不好的。他的很多小东西其实都不是很有趣。相比而言，我认为沃霍尔是一个伟大的艺术家。不是因为波普图像。我认为沃霍尔是我们这个时代的戈雅（Francisco Goya）。他是一个比你想象的要严肃得多的艺术家。他制作了坎贝尔汤罐头和玛丽莲肖像，等等。所以，你必须像看待旧时代的绘画一样看待沃霍尔，而不仅仅是为了图像的美感。这是它真正被完成的方式，丝网、油漆放在一起的方式。你知道，他的图像有两个面板，一个是单色的，另一个有丝网印刷的图像。这些图像是非凡的，它们非常感人。特别是创作于1961年至1968年间的一系列图像，它们讨论暴力、种族主义，它们讨论的是真正的美国。再比如关于影子的画，是一组抽象画，它是如此美丽！（图11-3）之后沃霍尔被枪杀，其实后来他没有那么好，但比起其他艺术家，他仍然是一个非常好的艺术家、一个真正的艺术家，直到他去世。相比而言，杜尚更像是一个知识分子艺术家，他是一个理论家，而不是一个艺术家。

鲁：这么多年过去，《十月》似乎一直保持着它的风格和节奏，但今天，很多人觉得它过于保守，您怎么看这个问题？您觉得它的革命性还在吗？

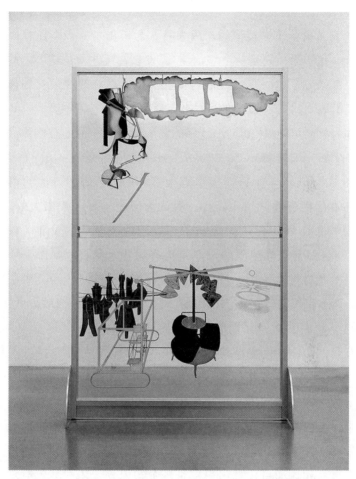

图 11-2

杜尚，《大玻璃》，综合材料，227.5 cm×175.9 cm，1915—1923

图 11-3
沃霍尔,《影子》(*Shadows*)作品展览现场,余德耀美术馆,上海,2016

迪：这个我没有什么可说的，我也不想说。正如我所说，我们只是偶尔合作，而且是远距离合作。因此，我不想发表评论。我也不是一直在看。在过去的四年里，我没有读过《十月》——这个不要对罗莎琳说。但无论如何，我不想将它与革命这些联系起来，感觉它是一个党派或什么一样，《十月》不是。

鲁：您策划展览吗？

迪：是的，我策划过展览。

鲁：我知道一个"观看：当代艺术一百年"（Look: 100 Years of Contemporary Art）。

迪：是的，那是我策划的一个重要的展览。展览的信息你将来可以看看我即将上线的个人网站，里面有很多资料和信息，包括图像资料。其中就有这个展览——包括其他展览——的文献，我的阐述也在里面。我策划的展览不多，前后策划过 10 个左右。

鲁：今天，艺术评论、艺术写作面临着前所未有的危机，有人说理论终结了，评论已经死亡了，您怎么看？

迪：我想你是对的，批评的确处在危机之中。这就是为什么《十月》杂志仍然有意义，因为它做的是严肃的智力工作。20 世纪六七十年代，例如在纽约，艺术批评是非常活跃的。你会读《艺术论坛》，参与高水平的讨论。当我 2013、2014 年在《艺术论坛》上发表这些文章时，我并不指望有人会读它们，事实上没有人读它们，除了你，因为没

有人再读《艺术论坛》了。我都不读它了，它每一期都是 200 页的广告加 20 页的文章。我没有时间，所以我只是想让我的文章发表出来，这样我就可以对它们进行再加工，但我并不指望围绕它们有多少辩论。所以，这是很可悲的，因为今天的艺术界是由艺术收藏家和经销商把控的，他们几乎不需要批评家了，就像 20 世纪 50 年代的巴黎一样。批评家只是用来给展览图录写个序言，而且你永远都不能在文章里说艺术家的"坏话"。

另外，我觉得艺术批评之所以在六七十年代变得非常有活力，主要也是因为"概念艺术"的兴起，它需要有一个理论来辅助说明和解释。今天，我觉得艺术家们应该对批评更感兴趣，但不是每个人都这样。

鲁：您说到这里，我突然想起《马克思血汗工厂里的缝合》这本书最早是应某画廊主的邀请，为他们举办的一个由博伊斯、沃霍尔、克莱因、杜尚四位艺术家组成的展览写的，我记得你在前言提到，一开始拒绝为画廊写作，后来画廊妥协，答应出版才同意写的，是这样吗？

迪：不是画廊，是一个出版商。出版商说在这个画廊将有一个展览，我说："我不为画廊图录写作，因为这样我不能自由地写自己想写的东西，比如我想对伊夫·克莱因进行批评。"他说："你可以做你想做的。"可是当文章完成，他看了以后又说不行，那我只好选择在其他地方发表。

因为我不能撒谎或写我不相信的东西，那是不可能的。我的意思是，这只是基本的智力诚实。当然，我知道批评的危机一直存在，但我不想太悲观。现在年轻的一代，他们在互联网上写作，他们写博客、推特。我认为有一种很好的辩论正在进行，只是我不是其中的一部分。我太老了，而且我也不知道年轻人现在如何从事批评写作。

不管怎么说，我认为作为一个艺术评论家，你必须谦虚。我不认为

自己没有批评，但我的确越来越像一个历史学家和理论家。不过我依然看展览、看艺术，我想每个看艺术的人都与他或她那一代的艺术家一起成长，至于年轻一代的艺术，如果我不理解，我就不做判断。我理解早期艺术和已经进入艺术史的老一辈的艺术和一些年轻的艺术。我的意思是，我有展示年轻艺术家的时候，比如当我做威尼斯双年展比利时馆的时候，我也会邀请年轻艺术家参加，所以并不是说我完全被时代切断了，尽管有很多我还是不了解，也不想去了解，因为太多了。如果你住在纽约，你可以整个星期什么都不做，只看画廊的展览，但我没有时间，因为更多的时间我必须要写作、必须要教学。

鲁：没有问题了，再次感谢您！

迪：也谢谢你的采访！希望将来有机会再聊。

《十月》、"社会参与"与艺术批评的困境 *

克莱尔·毕夏普 **

鲁明军（以下简称鲁）：您好！毕夏普教授，想必您已经看过我的问题了，我们直接开始吧，个别问题可能带有一点挑战性。

克莱尔·毕夏普（以下简称毕）：哦，这很好。我的写作风格有时是相当对立的，之前也常遇到对抗性的提问。

鲁：好的。您最早在《十月》发表文章是什么时候？是《对抗主义和关系美学》（"Antagonism and Relational Aesthetics"）这篇吗？您如何评价《十月》及其历史意义？

---

* 访谈时间：2018 年 9 月 5 日。访谈地点：纽约市立大学研究生中心克莱尔·毕夏普办公室。标题为鲁明军所加。

** 克莱尔·毕夏普（1971— ），英国艺术史家、艺术评论家。自 2008 年 9 月以来，她一直在纽约市立大学艺术史系任教，是参与性艺术和表演艺术的重要理论家之一。先后出版《装置艺术：一部批判的历史》《人造地狱：参与性艺术与观看者的政治学》《激进的博物馆学》等著作。曾策划 2008 年伦敦 ICA 行为艺术展"双重代理"（Double Agent）、纽约市立大学研究生中心行为艺术节"序曲 11"（PRELUDE 11）等。她亦是《艺术论坛》常任撰稿人及 2013 年"弗兰克·厄特·马瑟奖"（Frank Jewett Mather Award）艺术评论奖的获得者。

毕：说到我与《十月》和《艺术论坛》的关系，其实很有趣。我是它们的作者，也是它们忠实的读者，但相比而言，我觉得自己与《艺术论坛》的关系要比与《十月》更密切。我在《十月》只发表过两三篇文章。第一篇最重要，就是《对抗主义和关系美学》。那是2004年，我还在英国工作——你也许能从我的口音中听出我不是美国人，我其实是英国人。2001年我完成了学业，获得博士学位。毕业后，我用半年时间完成了《对抗主义和关系美学》这篇论文。它其实来自我在（英国）皇家美术学院的教学，当时我在那里教硕士生策展课。

　　记得那时波瑞奥德（Nicolas Bourriaud）《关系美学》（*Esthétique relationnelle*）的文本刚刚流传开来。虽然它还没有正式出版，但英译本已经在流传，学生们对这个非常感兴趣。我对此非常懊恼，于是写了这篇批评文章。当时我也不知道作为一个英国博士能否在《十月》杂志上发表文章，一直觉得它似乎是一个非常封闭的世界，作者是少数几个非常有影响力的美国学者和他们的学生，他们构成了《十月》杂志的整个网络。我在本科阶段并没有真正接触到20世纪的艺术，到了埃塞克斯大学艺术史系攻读硕士和博士学位时才开始学习和研究当代艺术，其间，我在《十月》上读到的文章比其他任何刊物都多。但当时我不知道有什么办法可以接触到他们，后来在导师的建议下，我把文章寄给了本杰明·布赫洛。文章寄出去后，如石沉大海，没有接到任何消息。

　　大约一年后，我收到了乔治·贝克的电子邮件，说他们想发表这篇文章。我当时激动得差点从椅子上摔下来。对我来说，这是来自大西洋对岸的伟大刊物对我的认证和许可，相信鉴于它的声誉和发行量，很多人能够读到这篇文章，所以这会是一件影响我职业生涯的大事。后来他们给了我很多修改建议，连标题都改了，但对我来说，这是一个很享受的过程。

鲁：您的关注点和写作实践与《十月》还是有很大的不同，比如您更侧重当下现场，而《十月》似乎越来越历史化，这两者在您身上有冲突吗？

毕：说到《十月》的历史意义，我认为它恰恰在艺术批评和艺术史之间打开了一个特别的空间。尤其是在第一个十年，它确实做到了这一点。但此后它做得越来越少了，尽管它也一直在尝试，比如把大卫·乔斯利特和卡里尔·兰伯特-贝蒂招进编辑部。我认为他们在努力地改变。20世纪60年代，美国的艺术批评是由《艺术论坛》主导的，到了70年代中期，作为一个专业媒体，它已经失去了批评的动力，因为它已经感觉不到变化的速度。但此时你可以在欧洲的杂志上看到更好的政治化的批评，比如英国的《国际工作室》(*Studio International*)。所以，到了1974年左右——准确时间我记得是1975年——罗莎琳·克劳斯、安妮特·米切尔森与《艺术论坛》彻底决裂，紧接着她们创办了《十月》。这种冲动是为了追寻一种带有现实意识的历史，它和基于历史依据的批评看似是两个方向，但两者并不矛盾，这在《十月》中体现得尤为明显，对我有着巨大的影响。

鲁：您如何评价克劳斯、哈尔·福斯特、伊夫-阿兰·博瓦、布赫洛等几位编委？比如他们之间的异同。

毕：我一直把罗莎琳·克劳斯当作我的榜样，尤其喜欢哈尔·福斯特的写作，相比，我觉得布赫洛的文章有点过于教条。至于伊夫-阿兰·博瓦，我对他的写作没有兴趣，感觉他的思路还是非常形式主义。应该说，也是从那时起，我发现了许多其他类型的艺术史，而且我的研究生教育就是围绕《十月》展开的。因此，从批评的角度来看，我之所

以认为《十月》很重要，就是因为它打开并建构了一个不同类型的"20世纪艺术史"，这对我们很多人来说是非常新鲜的。它通过摄影和出版物，恢复了"超现实主义""达达主义"（图 12-1）和俄国"构成主义"（图 12-2），让历史上的这些前卫艺术变得比格林伯格所论述的前卫更加核心。这是另一种选择，虽然他们的叙述依然是以绘画和雕塑为主导的。

讽刺的是，2001 年我在写《对抗主义和关系美学》这篇论文的时候，克劳斯出版了《北海航行：后媒介时代的艺术》（*A Voyage on the North Sea: Art in the Age of the Post-Medium Condition*）这部演讲集，显然，她对跨媒介实践的论述及其可信度，远远比不上她关于超现实主义的论述 ①。所以我认为，他们这一代人思想的形成仅限于在绘画和雕塑及其之外的不远处移动，对于离其更远的一些实验和探索还是持怀疑态度，以至于他们会接受装置艺术，但绝不会接受表演，更不用说我后来关注的社会实践和参与性艺术。

鲁： 早在 20 世纪 90 年代，《十月》就已经被批评过于保守和封闭了，但似乎它始终保持着其一贯的风格和节奏不变，就此您怎么看？我发现您的文章更多发表在《艺术论坛》上，您觉得《十月》与《艺术论坛》的主要差异在哪里？

毕： 你认为自 90 年代以来《十月》变得保守和封闭，我猜你想到的是发生在道格拉斯·克林普身上的他们与行动主义（activism）的决裂，对吗？

鲁： 是，这是一个非常重要的转折。但除此以外，可能还涉及杂志

---

① 因为超现实主义本身就是跨媒介的。

图 12-1

"第一届达达国际展览会"开幕现场，博夏特画廊（Otto Burchard Gallery），柏林，1920

图 12-2
"第一届俄国艺术展"现场，柏林，1922

内部的圈子化，就像您在前面提到的，它是一个由一批有影响力的美国学者和他们的学生构成的网络。

毕：是的，我在《艺术论坛》上发表的文章比在《十月》多，主要是因为速度。我喜欢在杂志上快速发表自己的观察和思考，与学院期刊漫长的审稿周期相比，《艺术论坛》发文真的很快。在《十月》那里，你是在等待名单中，即使在录用名单上，你可能也是在第三或第四期，有时候一等就是一年。虽然最终会被发表，但同行评审的过程总是很慢。另外，像《艺术论坛》这样的杂志，它的读者、观众也要多得多，而且还能得到彩色配图，这真的很好——我是一个视觉主义者，喜欢彩色图片。同时，这也是由文章长度和风格决定的。当你为《艺术论坛》写作时，它更多时候是源自邀请，所以它可以让你以更可读、更易懂的风格来写作，文章长度很大程度上取决于作者自己。而且，我一直认为好文章不必很长，一个好的观点也可以在很短的时间内提出来。所以，相比而言，我更喜欢为《艺术论坛》这样的杂志写作，尽管它是一个真正的商业媒体，充满了广告。但是，它的编辑过程是惊人的，我的很多同龄人不喜欢为《艺术论坛》写作，因为编辑过程非常严格，但我很享受，我很信任这种对话。

说到这两个平台之间的区别，其实很明显。不过，两者一度还是有很多重叠和相似的地方。在蒂姆·格里弗（Tim Griffin）担任《艺术论坛》主编期间，他把学术界带回了《艺术论坛》，这是一个全新的学术共同体，整个90年代都没有出现过，80年代有过，但是完全不同的一代。后来的主编郭怡安（Michelle Kuo）是哈佛大学的博士生，她同样把学术界带回来了，特别是把哈佛乃至整个常春藤联盟的学术界带回来了。2017年底，大卫·维拉斯科任主编，但我们看到，过去的学者正在离开。大卫是我的好朋友，所以我仍在其中，但我注意到，我的许多同

代人都离开了，无论好坏。

你说《十月》是保守的，我认为它不是。包括《艺术论坛》以及一般的艺术杂志，都不是保守的。《十月》可能不是非常进步，但在美国和欧洲，它真的改变了艺术批评，只是我觉得它的批判力后来变得越来越弱。

至于我的写作风格，确实与《十月》非常不同。我的工作主要致力于当代艺术的溯源，其中，我的任何行为，比如看周围的东西、看展览或者旅行时的偶然反应，都为我的研究提供了素材。因此，我一直将寻找历史作为一种方式来诉诸批评，给它历史的先例，同时给它当代的视角。所以，它总是一个双向运动的过程。当代艺术成为重读历史的起点或动力，这正是《人造地狱：参与性艺术与观看者的政治学》（*Artificial Hells: Participatory Art and the Politics of Spectatorship*）这本书所实践的。因此，起初我并没有说明历史在哪里，而是从当下开始，就像所有这些参与性实践，它们有什么谱系，它们是从哪里来的？我把它们追溯到 20 世纪初的前卫艺术运动。从一个当代的问题——而不是从过去和通常的地方——开始，到最后你会发现它重新组织了 20 世纪艺术的故事。我们都知道，本雅明那篇经典的关于历史哲学的论文——就像他提醒我们的——需要从当代的紧迫性出发，对历史重新进行思考。我一直在朝这个方向努力，除了《人造地狱》，它也是我在《激进的博物馆学》（*Radical Museology: Or What's Contemporary in Museums of Contemporary Art?*）一书中尝试阐述的方法（图 12-3）。只是这本书太薄了，无法产生任何影响。相比之下，《人造地狱》有很多人回应，而《激进的博物馆学》由于太简短，除了一些博物馆，没有人回应。

鲁：2004 年的《对抗主义和关系美学》这篇文章是在回应"社会参与"与"关系美学"的争论吗？这么多年过去，"关系美学"似乎也已经成了历史，但"参与性艺术"的风头正劲，为什么？

图 12-3
"陌生而亲密：游戏凡艾伯"（Strange and Close: Play van Abbe）展览现场，
凡艾伯博物馆，埃因霍温，2009—2010

毕：《对抗主义和关系美学》这篇文章不是对"社会参与"和"关系美学"之争的回应。我写这篇论文的时候，对"社会参与性艺术"还一无所知，后来才关注到。这篇文章其实是从我关于装置艺术的博士论文《装置艺术：一部批判的历史》（*Installation Art: A Critical History*）中产生的，是对一个策展人提出的当代艺术理论的回应。对我来说，这完全是基于自己的喜好，希望能给予与自己同代的一拨艺术家一些支持，在那一刻，我甚至希望欧洲艺术能针对美国艺术说点什么。

这其实也是一个非常男性化的讨论。尽管"关系美学"中讨论到女性艺术家，但我所经历的是一代男性艺术家和策展人非常自信地在谈论并认为这只是一种新的艺术类型，只是他们对所做的事情完全没有历史认知，没有提到利吉亚·克拉克（Lygia Clark）、博伊斯或其他任何人，只是将它作为新的东西提出。在我看来，它确实带着某一代欧洲艺术家的烙印，这也是我主要的问题。我会说他们（"关系美学"群体）是一群非常自信的年轻人，没有受到任何人的挑战，但我想问"关系美学"到底是什么？这些人到底在做什么？也许他们不喜欢这样一种提问。但我想"关系美学"之所以能留在历史上，主要是因为它不是一个策略。它虽然涵盖了很多东西，但没有勾勒出一种工作方式。它只是描述了一代人、一个小团体，或一个由朋友构成的网络，而不是一套可以转化为其他的审美策略。我想，大约20年后，人们不会再说他们的工作方式是"关系美学"。因为对我来说，"关系美学"不表示当代艺术的一套操作，但它表示一个朋友网络，相对而言，我眼中的"社会参与"或"社会实践"指的则是一套有目标的策略和方法，即使很多目标已经随着时间改变了，但它也是比"关系美学"更加连贯的实践。说到底，"关系美学"其实只是把很多不同兴趣和策略的艺术家聚集在一起，你觉得这有意义吗？！

鲁：我记得在《人造地狱》那本书里您最后写道提诺·赛格尔

（Tino Sehgal）的"情景艺术"，相形之下，你觉得像"法证建筑"这样一种实践是否代表了一种新的参与方式呢？

毕：提诺·赛格尔很重要，但他与"关系美学"无关，虽然他的老师是那一代人，如菲利普·帕雷诺（Philippe Parreno）和皮埃尔·于热（Pierre Huyghe），但也属于20世纪90年代的"舞者"。对提诺来说，编舞者至关重要。但我认为，提诺真正的贡献在于，他研究出如何将表演货币化，如何填补展览时间，因为在这之前表演受限于活动时间，你会在某个时间去看一场表演，对吧？它不会每天从上午10点到下午6点持续存在。画廊或博物馆是开放的，提诺的工作重心是如何以一种持续的方式进行表演，这对表演者及其工作（或"劳作"）都是一种挑战，关系到具体什么人和什么类型的表演可以做到这一点。而且，通常是舞者被训练来表演别人的作品，而不是他们自己的作品，并且可以重复地实施。所以提诺把表演带回来是超级重要的，准确地说它不叫"表演"，这也是它和视觉艺术一样变得非常流行的部分原因，因为它没有任何过去盛行的那种关于身体、裸体的内涵。曾经，那种不愉快的70年代人体艺术和表演的历史，让以概念为导向的艺术史家和批评家很反感，提诺不是复活了70年代的表演，而是研究出如何将表演货币化和市场化。

这有意义吗？在我看来，它其实还是在视觉艺术的范畴内，尽管在提诺工作的前10年，他禁止对作品进行拍照和复制。记得当时我给《艺术论坛》写的关于他的文章，没有插图，是一篇没有图片的纯文本。这一行为其实就是一个标志性的姿态，他也非常热衷于此，但我认为到了2010年它就瓦解了，因为当每个人都拥有一部智能手机时，就不可能对摄影进行监管了。这的确改变了他的作品。但同时，他又是如此坚决，以至于你真的不能拍它。在我看来，他与舞蹈和戏剧的关系比他与社会

实践的关系更密切。这样一种表演行为没有目标，没有对社会转型的那种推动力，表演者是谁都不重要。由于提诺从不与特定的人群一起工作，因此在他的作品中缺少了阶级意识。

"法证建筑"我了解不多，在 2017 年的文献展上，我看过他们的一件作品，但因为没有看到更多的东西，所以还不够了解。他们应该属于研究型艺术的范畴，这也是我正在写的东西。我希望今年能去伦敦看看"特纳奖"的颁奖典礼[1]，因为每次我做讲座的时候都有人问，你对"法证建筑"怎么看？而每次我都不得不说我没有看法，到目前为止，他们好像还没有在纽约展出过。所以，我不知道该说些什么。好吧，就这样吧。我很抱歉在这方面没有提供更多看法。

鲁：您在《人造地狱》一书的开头提到了"长征计划"（Long March Project）（图 12-4），但为什么在后面的论述中就不提了，我记得书中只是提到了谷文达"联合国计划"当时引发的事件和争论？

毕：是的，我在《人造地狱》中提到了一些亚洲的项目，但正如我在导言中所说的，当你写历史时，必须限制在一定范围，不可能覆盖全球。所以对我来说，作为锚点的是欧洲前卫艺术的遗产。它曾进入南美、东欧和西欧，但我没有把它带到更远的地方。我虽然提到了清迈的社会装置，我也去了清迈，还做了一些初步的研究，但我意识到这是一个完全不同的谱系，需要我熟悉一个完全不同的历史，所以只好放弃，因为牵涉太多我会失去这本书的中心谱系主旨，这是唯一支撑它的东西，而且即便如此，它看起来也已经很零散了。

---

[1] "法证建筑"入围了 2018 年"特纳奖"。

图 12-4

姚瑞中，《乾坤大挪移》（"长征计划"之"泸定桥站"），行为表演，2002

鲁：最近麻省理工学院出版社出版了《2016：博物馆、金钱与政治》（*2016: in Museums, Money, and Politics*），这是一本非常有意思的书，编者安德烈·弗雷泽（Andrea Fraser）统计了 2016 年选举周期内美国各州 100 多家艺术博物馆的受托人所做出的政治贡献。这本书揭示了美国文化慈善事业与竞选金融之间的复杂关系，也为研究未来世界博物馆政治提供了一个重要的样本。从您个人的角度，怎么看 2016 年以来作为公共事业的美术馆与美国政治的关系？两年来，出现了哪些变化？

毕：哦，最近很多人一直跟我说起这本书，但我还没有看到它，我想看一看安德烈·弗雷泽的这本书，看看选举后事情是如何变化的。其实，在艺术、资金和博物馆方面，我认为实际上没有什么变化，什么都没有。因为有一些人与特朗普政府的关系非常密切，他们是惠特尼美术馆、MoMA 和其他大博物馆的董事会成员，没有人停止在那里的展览，也没有人提出抗议。2017 年春天，惠特尼双年展上有一个事件——一群艺术家"占领"博物馆——并引发了对 MoMA 的一些董事会成员的关注。但是，把注意力从惠特尼转向 MoMA，而不是把注意力指向惠特尼自己妥协的董事会成员，这是多么容易啊。我们知道，组成博物馆董事会的人都是富有的收藏家，其中许多人是共和党人。这就是每个人都生活在其中的矛盾，也是一个令我非常懊恼的纠结，特别是当我看到艺术界只是专注于个别艺术家，而不是从结构上思考这个矛盾，即意识到所谓的"进步机构"实际上是由非常右翼的寡头和对冲基金经理等资助、支持和管理时。比如在惠特尼双年展期间，根本没有人意识到"占领"博物馆的这个展览的根本冲突在哪里，如丹纳·舒茨（Dana Schutz）的一幅画，描绘了一个在 20 世纪 50 年代被谋杀的黑人少年，这成为大量关于文化占领讨论的焦点。但这是内讧，并没有把它看作一个统一战线或团结起来抵抗更大权力的表达，即质问艺术界的钱到底来自哪里。我

觉得这真的很糟糕，最近在为《洛杉矶书评》（*LA Review of Books*）撰写的一篇小文章中，我也谈到这一点。

　　所以，说到公共博物馆和政治之间的关系，实际上这里没有公共博物馆，比如像纽约现代艺术博物馆，我们会说它是公共的，因为它向公众开放，或者大都会艺术博物馆，我们同样会说它是公共的，因为它在城市的土地上，它从城市获得一点资金。但是，如果从欧洲的公共博物馆或亚洲的国家博物馆的标准看，美国这些机构大多没有公共的概念。华盛顿的史密森尼博物馆可能是唯一的例外，因为它由政府管理，其他的都是私人的。所以，美国博物馆史其实是一部私人机构和私人慈善事业的历史。也正因如此，博物馆不得不妥协，博物馆代表什么、展示什么样的艺术以及它所代表的利益不得不迎合统治阶级或其他富有的精英阶层。基于这些思考，我在《激进的博物馆学》中专门讨论了几个独特的实验。你知道这本小书吗？

　　鲁：我读过这本书，和学生在课堂上也讨论过。

　　毕：哦，真的吗？谢谢！所以，我说的那种博物馆、那种实验性的展览在这里是不可能的，因为你需要国家资金和公共资金资助才能做那种实验，因为它代表的历史不是统治阶级的历史。

　　鲁：这是从机构或美术馆的角度讲，我想如果从一本杂志或刊物讲，它们该如何参与和行动，比如？

　　毕：其实，做一本杂志是很难的。我从来没有想过要在杂志社工作。在我搬到这里的研究生中心之前，《艺术论坛》曾一度想雇用我。但我对每个月都要制作一些东西，而且不是由自己的研究问题来引导的这

种踏实的工作没有兴趣。我认为做杂志编辑完全是一个噩梦，但博物馆有多种时间性，它们可以与一些展览合作，一些展示是永久性的，一些是临时的。一本杂志虽然也有同样的时间性，但它必须每个月出版，它是有限制的。当然，在线杂志没有这种时间性，但这是一种非常不同的体验。我认为我们现在阅读杂志的方式和以前不一样了，以前你会在邮箱中收到杂志，然后翻阅整个杂志。现在是在线出版，你把链接发给别人，或者有人给你发了一个链接，一会儿你在 *e-flux* 读了一个东西，一会儿又在《超敏》读了一个东西，一会儿觉得这个好，一会儿又觉得另一个东西看起来更有趣。但在阅读方面，已经没有什么系统性可言了，变得非常零碎。所以，我没有想过如何使杂志的形式更有趣。之前我在欧洲的一些朋友想创办一份艺术杂志，一本与众不同的艺术史杂志。但没有任何进展，因为这需要大量的组织工作，我真的没有那么大的兴趣。所以……这事我们谈了一年了，至今没有结果。因为当你觉得它应该是一个开放源码的时候，你该如何资助它呢？我不知道。所以……怎么说呢？对于一个杂志及其主旨来说，我要如何参与进去，在这个问题基础上，我应该注重什么？但因为我无法得知创办它的动机是什么，所以无法确认该如何参与它或如何体现参与性。

鲁：我知道你主要研究的是表演实践，为什么不太关注绘画和雕塑呢？

毕：我喜欢绘画和雕塑，但我不想写它，因为它不会给我带来这么多问题，难以引发我更多思考。我认为有的艺术家做得很好，我也被他们那些有问题的东西所吸引，但我认为大多绘画和雕塑的讨论空间是有限的，甚至是封闭的，缺少一些我可以进行干预的地方。我喜欢的画家可能不超过 5 个，尤其喜欢那些我认为具有强大的力量和对我的经验构成一定挑战的绘画。雕塑也很有趣。不过我的意思是，切尔西有那么多

的垃圾，有那么多糟糕的商业艺术，以至于在某一刻之后我甚至产生了某种盲目性，我感到沮丧，不能看东西了。因为即使一个艺术家做了一些有趣的东西，但在一个展览中，有10或15个同样的东西，其原因在于他们需要填补画廊，他们需要销售。这并不是因为需要有10或15件这样的东西。如果你看看杰夫·昆斯（Jeff Koons）在高古轩的展览，它们都是同一主题的变化……很难回答，这太棘手了，因为我不能对某种媒介做一个一般性的陈述。

鲁：我们经常碰到艺术家在参与实践的过程中，被观众质疑、批评甚至是道德指控，您如何看待这一点？另外，也有人提出，过分政治正确的参与反而在损耗着我们的想象力，甚至成了一种新的消费对象？您是如何平衡事件与思考、行动与感知的？

毕：《人造地狱》的最后一章试图处理这个问题。我认为，在好的政治或好的民主模式和好的艺术之间没有内在的关系。当然，的确，艺术家参与任何事情的时候都在批评，也在被观众和批评家指责。但同时，这又有点像是试图对绘画和雕塑发出某种参与性和政治性的声明。事实上，这种社会参与非常广泛，其中有可怕的、失败的例子，也有一些非常好的我喜欢的例子。对我来说，很难对整个工作方式做一个概括。但是你知道，我在《人造地狱》的结尾处得出的结论是，既没有规则，也没有配方制作一个好的、有效的艺术作品——无论其效果、功能是审美的，还是政治的，抑或两者都是。

我喜欢过度的政治正确性。我不觉得它会损耗我们的想象力，在我看来这其实是一种懒惰的思维或一个默认的立场，过度的政治正确有时候正是为了寻找一个更加令人不安的选项，进而促使你重新考虑最初的假设，这同样没有规则。总之，我不认为艺术有任何规则。有时，我参

加一些会议时，有人会告诉我们如何付诸良好的参与。但我想，我不是一个管理顾问。况且，做好一件事原本就没有规则可循。

　　所谓的"政治正确"，在不同的时刻意味着不同的东西。20 世纪 70 年代的政治正确与 80 年代的就不同，今天，它还是一种平权行动吗？它是否意味着行动主义？它的意思到底是什么？这里的政治正确只是限于包容与多元文化这些表面意义吗？所以，我的意思是，我会批评政治正确，但不是从右派的立场出发，右派批评它是因为它抑制或挑战了白人直男的主导地位。但我不是，我不想也不会跟着这个去批评。这不是我认同的对政治正确的批判。我会批判政治正确，正如我所说的，默认某种身份的立场是自动的、有趣的，也是值得的。但我认为在美国——特别是在美国——有一种看身份而不是看阶级的趋势。而我总是试图把问题带回阶级，我认为这里面包括了身份主义的立场，只是我有点担心阶级斗争被转移到身份主义政治中，因为它导致了左派太多的斗争。

　　这是否会扼杀想象力？不一定。其实最终还是取决于你是什么样的艺术家。比如有些人做得很出色，有些人做得很无聊。这也再次说明，这里没有规则。感谢上帝！这也是我为什么还在这个行业的原因，就是因为这里没有规则。如果我想要规则，我就会去做律师或医生。但我喜欢在一个一切都需要考虑清楚的情况下，每次都是逐案进行，并根据自己的条件进行选择的行业工作。

　　鲁：鲍里斯·格罗伊斯（Boris Groys）力倡的俄罗斯"宇宙主义"（cosmism）与您在《人造地狱》中提到的意大利未来主义、俄罗斯无产阶级剧场及巴黎达达主义之间有关系吗？

　　毕：此前鲍里斯邀请我参加了 *e-flux* 主办的《宇宙主义》（*Cosmism*）新书发布会（图 12-5）。我是一个好奇的怀疑论者，所以，要我认可某

图 12-5

安东·维多克勒（Anton Vidokle），《为了所有人的复活：俄罗斯宇宙主义三部曲》（*Immortality for All: A Film Trilogy on Russian Cosmism*）截帧，影像，96'，2014—2017

种东西，关键是你要说服我。遗憾的是，我仍然没有被鲍里斯说服。我认为"宇宙主义"是一种疯狂的逃避主义，不过作为对俄国前卫艺术的修正主义方法，它是有趣的，因此我认为它不在俄国前卫主义的范畴内，而是一种诉诸来世的精神性的神秘科学，在死亡中我们都是平等的。我对"宇宙主义"的了解不够，不能把它与未来主义、无产阶级剧场和达达主义联系起来。如果有机会，你可以去和鲍里斯谈这个问题，他会建立这种联系。我认为这是一个有趣的讨论，在某种程度上它似乎有点象征着我们目前所处的位置，但我不确定。至少可以肯定的是，它不是我关于俄罗斯前卫问题的回答，但绝对是既有的学术研究中被忽视的东西。

鲁：您如何看迈克尔·哈特（Michael Hardt）和安东尼·奈格里（Antonio Negri）的"大同世界"（commonwealth）、"诸众"（multitude）以及"集会"（assembly）这一系列理论的思考和讨论？它们和您的"参与"有关系吗？

毕：很抱歉，我还没有读过哈特和奈格里相关理论的著作。但就"大同世界""集会"等而言，我更多受恩斯特·布洛赫的影响，在写作中我曾数次引述他的相关理论。

鲁：您现在的主要研究兴趣之一是新媒体和技术对于当代艺术的改变，我想问的是新媒体或技术是如何作为一种新的身体行动和参与方式的？

毕：你知道，当你完成了一个研究项目，然后转到下一个项目时，你不想让它们之间产生联系，对吧？过去，我没有处理数字参与或在数字领域的参与，那是相当刻意的，在《人造地狱》中也得到了体现，这

些年，我开始转向技术或数字领域，但我最终关心的还是社会参与问题。所以，我的重心可能还不是在新媒体和技术，相反，我对围绕感知和注意力展开的东西更感兴趣，特别是与表演有关的。有一篇文章可能你没有读过，那是对社交媒体照片墙（Instagram，简称 Ins）、舞蹈与博物馆的关系的讨论。

回到前面提到的《十月》，其实我是站在一个反《十月》的立场，因为在《十月》周围的这一拨艺术史家眼中，普遍存在着对技术的怀疑，而我的文章是对他们怀疑的一种回应，也许在文章中这并不明显，但第 1 页便是对福斯特的直接回应，他最新的那本书《来日非善》的结尾像是反对行为艺术的信条，但我想为行为艺术辩护，而且是从艺术史学家的批评中为它辩护，在我看来，它就是为 Ins 拍照。事实上，这就是Ins。Ins 有很多不好的地方，但它产生了一种不同的关注度和不同的感知。这是我目前感兴趣的东西，它事关技术、注意力和感知，而非行动和参与。

鲁：艺术批评或写作本身在今天是不是已经发生了很大的变化？您觉得主要体现在哪些方面？

毕：自 20 世纪 90 年代以来，随着艺术界的新自由主义化，网络变得至关重要，你看到策展人的地位上升，而批评家的地位在下降，因为在网络经济中，一个与所有人积极联系的人比一个批评家更有价值、更重要，而批评家往往会关闭这些联系，说这个作品很糟糕，或者这个作品有一些值得质疑的地方。因此，20 世纪 90 年代以来，策展人项目在全球急速增长。所以，今天我宁愿用艺术写作来代替批评，因为写作的目的是为了相互支持和促进，而不是批评。还有一点是，这么多年，批评家的报酬没有任何改观，现在得到的报酬和 20 年前差不多，甚至更

少。以上这些是我注意到的一些变化。

鲁：您会在意艺术家对您的写作的质疑吗？有艺术家对您的写作提出过不满吗？

毕：是否有艺术家不同意自己的观点？当然有。记得2000年初的时候，我已经意识到艺术家反馈的重要性，所以，我尝试用一种方式写作，就是和他们进行对话，甚至可以当着别人的面谈论这些。这对《人造地狱》来说非常有参考价值，因为我在研究中加入了与艺术家对话的内容。其间，我经常用问题挑战他们，他们也经常反击我，由此产生了不同的理解、不同的知识。但现在我已经学会了用不同的方式来写作，希望以一种更有同情心的方式写作。所以，现在的我不那么喜欢论战了。

但我想说，现在的我比那时更关心写作的后果。当我写对抗性的文章时，我是一个无名小卒，没有人听说过我，没有任何名誉上的顾虑，也不会考虑它是否会影响未来的研究，但没想到那篇文章（即《对抗主义与关系美学》）关闭了我与整整一代艺术家的沟通渠道，他们拒绝与我交谈。这令我很恼火，因为我想和他们对话，但在很长一段时间里，没有任何讨论。现在我已经意识到我必须小心翼翼地、更审慎、克制地进行对话和交往。我希望这能使争论更有力，即使它的娱乐性较差，也尽量让敌意少一点，但在实际中，这又很难做到。对抗性的文章确实是我整个方法论的体现，也是我追求的目标，因为我确实相信，批评就应该是对抗性的，它不应该只是围绕某件事情写宣传材料，它应该坚持立场，即使你改变了立场，也要通过陈述立场引起更多的讨论。

因此，我也很关心艺术家是如何接受我的批评，关心读者是如何接受我的作品的。实际上，当人们说喜欢我的写作时，我感到受宠若惊，但我也非常警惕，尤其是当艺术家们过于喜欢我的写作，并决定用它来

做一些事情的时候，我觉得它会产生可怕的结果。所以，我也不希望这里的博士生和我一样，不希望人们重复我做的事情，我想让人们做他们自己的事情，而不是成为我的缩影，这也是我和《十月》一代之间的另一个关键区别，因为我觉得他们是想培养出有着和他们一样的写作方式和同属一个价值体系的成员。我不希望这样。

鲁：那么，您是如何定义艺术中的"政治"的？

毕：我关心的不是一般意义上的政治，有各种政治，它们之间是不同的。比如我认为《十月》的政治是左派政治，但在《人造地狱》中，我试图展示的政治可以是左派，可以是右派，也可以是中间派，可以是各种各样的政治。而参与实际上依附于不同历史时期的不同政治。因此，对我来说，艺术中的政治至少在两个层面上运作。一个是有意识地与某个党派保持一致，这是 20 世纪最普遍的一种政治。但自 20 世纪 80 年代以来，党派政治及其关系已经在艺术中衰落了。有趣的是，20 世纪上半叶，所有艺术家几乎都属于左翼，但现在不是，作为一种立场，艺术已经不具有那种带有党派色彩的团结力。另一个是一种无意识的方向，这在艺术作品中也已经得到证明，在这里，艺术家自己的政治派别并不重要，你可以通过作品的内容、形式，或通过某种理智的恐惧，读出各种不同的政治。换句话说，只有在有意识或无意识等不同的层面上，我们方可谈论艺术作品的政治。

鲁：谢谢您！我没有问题了。

毕：很感谢你的这些问题，它们证明了你认真读了我的作品并思考了它，这很难得，也非常少见。

《十月》：去政治化的政治[*]

卡罗琳·A. 琼斯[**]

鲁明军（以下简称鲁）：我想从 2005 年出版的您的一本书《孤独的视力：格林伯格的现代主义和感官的官僚化》（*Eyesight Alone: Clement Greenberg's Modernism and the Bureaucratization of the Senses*）谈起，因为说到美国艺术评论，似乎绕不开格林伯格，自 20 世纪 60 至 80 年代以来，关于他的争论一直在持续，这个过程中，罗莎琳·克劳斯是一个核心人物，您怎么看当年的这个争论？

卡罗琳·A. 琼斯（以下简称琼）：《十月》在美国是一份非常有影响力的杂志，而且它已经与某一群担任编辑的艺术史学家联系在了一起。你可能知道，它的起源部分是在麻省理工学院，早在 20 世纪 80 年代，罗莎琳·克劳斯就在我现在所在的建筑系的历史、理论与批评项目中授课。我写的关于格林伯格的《孤独的视力》这本书，所针对的就是围绕《十月》聚集起来的这个极具影响力的团体。20 世纪六七十年代他

---

[*] 访谈时间：2018 年 8 月 10 日。访谈地点：麻省理工学院卡罗琳·A. 琼斯办公室。标题为鲁明军所加。

[**] 卡罗琳·A. 琼斯（1954—　），麻省理工学院艺术史系教授。著有《全球艺术：世界博览会、双年展和经验美学》《孤独的视力：格林伯格的现代主义和感官的官僚化》等。

们最初与这位美国批评家有着如此密切的联系，但在杂志推出后却相当积极地转而反对他。我（在《孤独的视力》中）提出的论点是，他们想批判格林伯格，以占据他的位置。所以，本质上这不是一场为人民服务的革命，而是一场为权贵服务的革命。他们更想建立一套当下艺术的解释标准，以消除他们不喜欢的艺术或是他们认为没有生产力的艺术。可这是一种自然的趋势，并不是一件神秘的事情。而且我认为，像格林伯格一样，他们把这一点带到了某种极端。我在另一篇文章中专门讨论了我所谓的"现代主义范式"，文中有一个与之平行的线索是托马斯·库恩（Thomas Kuhn）关于科学的分析，他认为存在一个单一的范式，然后有一场动荡的革命，随之前面的范式被后面的取代。这实际上不是科学的运作方式，这也不是艺术的运作方式。从来都没有一个干净的突破。从来也不存在单一的现代主义。总是有许多事情同时在进行，因为它是一个生态系统。对吧？

所以格林伯格和"《十月》党人"（Octoberists）——我本不打算这样说他们——他们的确陷在单一的文化中，在今天这其实是它消极的一面。当然，积极的一面是，《十月》使得艺术批评成为一种时尚，并且为理论作为其写作的一部分设定了一个非常高的标准。他们将重要的法国哲学翻译成了英文，还出版了魏玛知识分子的译本，如阿多诺。这些都是非常重要的。

因此，我很荣幸能在麻省理工学院罗莎琳·克劳斯曾经所在的小组任教，当时她创办了这个杂志。在她创办《十月》的过程中，我的前同事斯坦福·安德森（Stanford Anderson）给她介绍了杂志的资金来源。安德森是一位建筑历史学家，他与彼得·艾森曼是非常好的朋友，他把克劳斯介绍给了艾森曼。于是，她向在纽约经营一家建筑与城市研究所的艾森曼寻求支持，他们后来成了《十月》早期重要的赞助者。除此，麻省理工学院出版社自始至今一直是《十月》的出版方或支持方。但这

里，我觉得至关重要的是，克劳斯的合作者安妮特·米切尔森，她其实被关注和研究得非常少。

鲁：的确，在中国也很少有人提及米切尔森，一说到《十月》，大家只知道克劳斯。

琼：是的。但其实，这是一个非常重要的人物，关键是，她并没有被看作一个"《十月》党人"，也很少被讨论和研究，但她实际上非常重要，她在巴黎时曾跟随莫里斯·梅洛-庞蒂（Maurice Merleau-Ponty）学习。

鲁：哦，她的学术履历里似乎没提过这一点。

琼：她把媒介研究的冷静带到了《十月》。非常重要的是，她很早就在翻译和介绍法国理论，同时她还把俄国导演谢尔盖·爱森斯坦的前卫电影带到了美国，将这一重要的知识传统联系起来，并做了很多开创性的讨论。这里有一个重要的方面，就是俄国形式主义理论可以与那一代的新兴媒体结合起来讨论。因此，她非常重要，但没有被给予足够的重视和关注。另外，挖掘克劳斯和米切尔森之间的关系也是非常有趣的，因为米切尔森关于前卫电影的研究或许可以迁移到我们对录像艺术的理解之中。就像克劳斯说的："录像艺术是自恋的（narcissistic）。因为录像可以同时记录和传输，所以它将艺术家的身体置于摄像机和监视器的托架之内。"所以，这里其实有一些有趣的紧张关系，可以作为艺术史探索的题目。

鲁：那其他几位呢？比如哈尔·福斯特、本杰明·布赫洛、大卫·乔斯利特等，您觉得他们的观点和克劳斯、米切尔森差异大吗？

琼：是的，这很重要。相比其他几位，布赫洛的观点可能与我最接近，因为他是马克思主义者。所以，我对公开讨论"《十月》党人"还是感到有点紧张，因为我对他们的批评主要还是知识层面的。当然，我也不回避对他们还有一个非常深刻的社会性批评，在我看来他们制造了一个相对封闭的集体。他们被称为"《十月》党人"其实是有原因的。如果你写劳申伯格，不引用乔纳森·D. 卡茨（Jonathan D. Katz）关于劳申伯格的文章，只是因为他不是一个"《十月》党人"，这对我来说就是一种冒犯。作为一个学者，作为一个知识分子，我认为我们需要从任意地方看作品，从任何地方理解它。

在教学中，这个圈子里也存在着一种残酷的现象。有的学生被赋予了"同龄人"的权力，他们成了教科书的共同编辑。而有的学生没有得到鼓励，被推到了圈子的边缘。因此，作为一种社会力量，这个群体所产生的影响是有害的。比如你看看他们的教学大纲，他们只是在互相引用，他们只是在传播对方的作品。我不知道怎么表达，中文怎么说，就是你只雇用你的伙伴，叫"裙带关系"。这其实是很有腐蚀性的。它创造并维持着一种腐败的权力。说这些我不确定我是否已经准备好应对它可能产生的社会后果，但我希望你能理解我的立场。

我在自己的作品中尽量体现工作的智性程度，以及它所占据的权力地位。在学术实践中，我尽可能地慷慨和包容其他人的作品——特别是那些来自非精英大学的作品。比如，当我发现一本我不认识的作者的书，如果我真的很欣赏这本书，认为它很好，我会找到作者是谁，给他发电子邮件说："哦，我只是想让你知道我有多么喜欢你的书。"然后，也许我会认识那个人，也许我们会成为朋友，进一步我也许可以得知他们现在在做什么工作。

我从来没有和他们中的任何一位一起学习过。我曾试图与他们成为专业同事。但我想说，我花了30年时间才被他们注意到。我记得当我在

写格林伯格的书时，布赫洛邀请我参加格林伯格的会议，但其实，我们的距离也就两个地铁站，非常近。那是我想到的第一个时刻。另外像乔斯利特，从代际划分而言，他算是我的晚辈。我其实一直关注和支持他的工作，还曾在《艺术论坛》上为他的书撰写了评论。总之，我在实践过程中还是尽可能地慷慨和包容所有的学术研究。换句话说，我希望在学术研究中尽可能地合群，所以遇到一个来自中国的正在研究《十月》的学者我很喜欢，也感到好奇——我是说，这对我来说很有趣。但这个群体本身不是这样的。他们的运作方式是："你有多重要？我应该和你说话吗？或者我在你肩膀上看到的某人更重要……"

尽管如此，我还是认为年轻一代是不同的。而且，我与他们的部分成员——如乔斯利特、帕梅拉·M.李、乔治·贝克等一直保持着彼此尊重的、同事般的、富有成效的关系。长期以来，我一直非常钦佩哈尔·福斯特的工作，特别是他早期的工作，所以我和他成了朋友，关系也很融洽。我当然认识本杰明·布赫洛，也和伊夫-阿兰·博瓦建立了关系——我甚至和博瓦、布赫洛"共享"一些学生，因为他们都在哈佛。只是这种关系并不对称：我会腾出手来和他们共进午餐，问他们在做什么。但这实际上是一种不平等的投入。同样，一位非常年轻的《十月》学者在写一篇论文时，涉及了我发表的一篇论文，并善意地提到了它。她讨论了我的论文，但没有引用它。但她说："我不知道。"所以你会发现，没有任何脚注可以让人找到它，所有的脚注都是留给"《十月》党人"的。

在我看来，这是一种侮辱性的行为。但我不相信这是有意识的或形式化的，这是由他们的导师编入他们身上的一个程序："其他人都不重要。"因此，如果你提供了一个只重视这个谱系的教学大纲，那么你就隐含地贬低了所有可能正在研究该材料的其他学者的价值。这位年轻的学者不得不接受我的论点，因为这是她所论证的核心内容。但她仍然可以

通过不提供脚注来尽量弱化它。值得称赞的是，当我向她指出这一点时，她感到很尴尬和震惊。她还道歉了。因为我揭示了她被赋予的一种无意识的程序。不过我要声明的一点是，她是我的朋友，我也很欣赏她的工作，我们有时一起工作。但这是一个模式。而且对于像她这样的学生，我并不责怪，学生们都是以这种方式长大的，但我认为他们必须要解除这套程序。

鲁：刚才您也谈到，不管怎么说，《十月》在艺术界和知识界还是有一定的影响力。我想问的是，在 20 世纪八九十年代，《十月》在美国艺术界扮演着何种角色？

琼：其实，我非常受益于我的学生的研究，因为他们会挖掘我所经历的这些历史的一些内容。我很少去想它们，因为作为一个艺术史家，我只是在不断地向前冲。当然，《十月》是有影响的。特别是某些关键的文章，比如克劳斯关于"索引"（index）、"录像艺术"（video art）以及"立体主义的符号学"（semiotics of cubism）的文章都非常经典。克劳斯绝对是一个非常聪明的学者。除此之外，作为学生的我当时更是直接受到迈克尔·弗雷德的影响。他当时在我读本科的学校——斯坦福大学——教书，所以他对我的影响非常大，特别是在形式主义方面，我认为还是非常强大的，但同时我也是一个女权主义者，这两者之间显然并不匹配。所以，关于艺术的想法如果不考虑社会背景，或者说只是研究这个物体中的某种东西，对我来说是没有意义的。因为你是一个女权主义者，你知道只有白人男子被展示意味着什么。所以，它必须与社会环境相关联。除此以外，我一直对艺术社会史也抱有强烈的兴趣。记得在我崭露头角的时候，T.J. 克拉克对我影响巨大，帕特里夏·迈纳尔迪（Patricia Mainardi）在哈佛大学教书，当时我是那里艺术博物馆的策展

人，她对我也有很大的影响。还有琳达·诺克林，也正在出版、发表令人难以置信的书籍和文章。这些都是对《十月》及其新形式主义强有力的解毒剂。

因此，我现在教书的时候，通常会把这两种作家并列在一起，我会和学生谈论每一组作者论点中的利害关系。对我来说，《十月》不是唯一的影响，还有许多其他的影响。比如说马克思主义，一种真正的 T.J. 克拉克式的理论，当然它们对其他艺术史学家同样有影响。《十月》虽然有一个革命的名字，也使用了黑色、白色和红色的符号，结果却变得非政治化了。比如曾经从"《十月》党人"小组中出来的克雷格·欧文斯，他其实很重要，但当他成为一名艾滋病活动家，并试图向《十月》提出相关的问题时，却被否定了。对《十月》来说，艾滋病艺术太政治化了，它太现实了，它与社会现实有着太多的关系。所以，《十月》固然有巨大的影响力，但他们早期也有不被其范式包容的"叛逃者"。

我有个学生叫克里斯托弗·凯彻姆（Christopher Ketcham），他刚刚完成了一篇关于极简主义和城市中的身体政治的论文。凯彻姆发现，当梅洛-庞蒂第一次被艺术家们接受的时候，是相当政治的。可是，当他在《十月》被化为艺术史的一部分时，却被去政治化了。这就相当于，一个有感觉的、移动的身体在城市中诉诸一种极简主义的表达，最终却变成了一种你在画廊里遭遇的对象，而且还没有历史。这个时候，极简主义的政治性同样被抽掉了。这非常有趣，他现在正补写历史的部分，比如当时的城市研究、城市规划和城市主义对早期极简主义者的重要影响，而这些在"《十月》党人"的叙述中被完全遮蔽了。所以，我认为那里有一种政治。这是一种什么政治呢？

不要误会我的意思，在《十月》最初的几十年里，那里有政治的。那是一种非常格林伯格式的政治，一种前卫的政治，它进入了一个审美稀缺的地方，以批判资产阶级的、平庸的规范为目的。这种前卫的审美

贫乏将使人们变得足够聪明，促使他们以某种方式掀起一场"革命"。格林伯格对此非常明确。但是《十月》党人"则有点把"革命"部分推到了刊头的后面，刊头固然有黑色的字母"OCTOBER"，但他们又不希望它变得过于具体，也不希望它被讨论。所以，这只是一种革命的、政治上的刺激，实际上不会有具体的政治内容。

鲁：你觉得，《十月》的影响力减弱大概是从什么时候开始的？为什么？是因为不能适应艺术系统本身的快速变化，还是？

琼：嗯，我觉得所有的期刊最初都是狂热的，然后渐渐降温。而且，出版本身也很难。但《十月》本身也在变化当中，其中我很欣赏的一位学者是莱耶·迪克曼——绝对的"《十月》主义者"，她是纽约现代艺术博物馆的一位非常有影响力的策展人，也是《十月》的编辑。我想她的加盟意味着《十月》可能要有所改变了。从此，他们也许会说："一些非裔美国人的艺术家呢？""一些不是'《十月》党人'的作者呢？"迪克曼、乔斯利特这些都是克劳斯、布赫洛的学生，而这个时候其实老人们也有点累了，只好说："好吧，随它去吧。"因此，如果他们已经在准备重塑自己，试图用一个新的形象重新宣布自己，并拒绝非政治化，这不是很好嘛？！我不知道这是否可能，但尝试总归是必要的。

鲁：那您觉得过去这些年，通过这些尝试和努力，《十月》到底有没有什么实质性的改变？

琼：我不是一个关于《十月》的专家，我也不经常读它。换句话说，我也不是《十月》的跟随者。所以我没有真正的关注。此前，他们举办了一个关于"物质主义"（materialism）的圆桌会议，邀请我参加，这有

点令人吃惊。所以我终于在《十月》上发表了文章。但我不知道他们是否已经改变了方向。他们当然已经催生了其他很多的杂志，如《艺术文本》（ *Texte zur Kunst* ），它在智力方面像是《十月》的附属机构。所以，我想《十月》的周围肯定有不少呼应它、模仿它的杂志。

鲁：2000 年以来，互联网媒体，电子媒体的兴起，比如 *e-flux*、《弗里兹》的模式就很不同，这也说明艺术媒体的生态包括艺术写作本身也在变化当中，您怎么看这个问题？

琼：我认为，这些都是好事，因为它们在改变生态，努力让这个生态变得更好、更丰富。

鲁：您觉得《十月》在这个生态中的位置是什么？或者说，它的目标受众是什么？

琼：我不是一个"《十月》党人"，所以这个我同样不知道。不过，我认为最好的方法就是去看看他们写的艺术家。你知道安娜·C.查弗（Anna C. Chave）的研究吗？

鲁：没听说过。

琼：查弗关于《十月》的研究挖掘了很多历史细节。我相信很多被《十月》写到的艺术家还是受益良多，但也不可避免使个别艺术家受到伤害。我想现在他们中的一些人可能还会后悔，他们可能会说："我的作品并不完全是关于这个的。"
我认为最好的方法是看他们写的艺术家。我能观察到的是，当罗莎

琳·克拉斯写到理查德·塞拉与琼·乔纳斯（Joan Jonas）一起完成的一件艺术品时，她居然把琼·乔纳斯隐去了。在《十月》的版面上只有理查德·塞拉的名字，乔纳斯则从未被提及。当我看到这里时，整个人惊呆了。因为这件作品是他俩在一个特定空间的凝视——两个艺术家之间的凝视，一个男人和一个女人，然后被铸造成雕塑。我的意思是，作品本身很有意义，两个相互凝视的艺术家的身体被铸成了钢。可是，在克劳斯的写作中居然漏掉了一个艺术家。这感觉就像你没有真正处理这件作品一样。即使把塞拉的身体去掉，也是在搞性别歧视。因此，我甚至不关心你是否会谈到他们的友谊或他们的关系，我关心的是，你不谈论他们所承认的关于其身体的整个实践。甚或说，你从艺术史上抹去了关于这件作品的一些东西，对吧？所以，某些艺术家的确从《十月》获益良多，但也有一些人受到了其负面影响，包括现在一些高高在上的艺术家中，我想也会有后悔者。

不过，大多数艺术家还是很乐意被《十月》写到或被提及，他们都能欣然接受，这成为其意义的一部分。比如汉斯·哈克就很喜欢布赫洛对他作品所做的分析、阐述和评论，这也成了他对自己过去的描述。而如果我说："嗯，汉斯·哈克，看看你在 1965 年说了什么？""让我们谈谈这个，让我们看看这个。"我的意思是，这真的不同。而他说："不，不，不，那只是这个的前传。"他喜欢布赫洛为他所做的工作，乃至为他的整个职业生涯所做的一切。但我对那种看上去无缝衔接的故事中的空白更感兴趣，或者说我对汉斯·哈克的工作更感兴趣，特别是在他决定选择社会干预之前的工作。你可能不知道，他在成为社会干预艺术家之前是一个反人道主义者。我认为这是非常有趣的。因此，我对艺术家早期的工作、青少年时期的工作更感兴趣，那些边缘的思维往往更令人着迷。换句话说，我感兴趣的是关于艺术作品的那些不太整齐的叙述。

鲁：应该说是整个系统在发生大的变化，您在《全球艺术：世界博览会、双年展和经验美学》（*The Global Work of Art: World's Fairs, Biennials, and the Aesthetics of Experience*）中提及，博览会、双年展、画廊业等都在塑造着全球艺术系统，但这种全球主义随着特朗普时代的来临出现了新的变化，您怎么看这种变化，或全球面临的新的危机？

琼：危机归危机，但幸运的是，艺术界的发展并没有受太大影响。人们对 2008 年经济衰退的反应是："哦，好吧，艺术是一个安全的地方，可以把我们的钱放在那里。"所以，艺术界做得很好，双年展也做得很好。从我个人的角度看，特朗普上台以来，我的工作将朝着非常不同的方向发展。比如我正在写一本没有艺术内容的书，这本书是对人类世的反应。在我看来，人们正在设法通过视频将他们的身体和环境所发生的事情与远方的观众联系起来，在这个过程中，因为高度技术性的干预，他们在那里获得了甲烷泄漏的红外线，然后视频被观看一百万次。艺术界在某些方面其实是领先的，但在其他方面则是落后的。我相信有一些艺术家，比如我正在关注的生物艺术家，他们中的许多人在帮助我们思考我们对地球的依赖、对细菌的依赖，它们是我们 90% 的细胞。因此，在这些领域，我相信艺术家会领先的。但关于当前政治、关于人类世，我觉得大多艺术家只是在评论。所以他们对我现在的帮助不大。我知道我的感受，我感到绝望，我感到愤慨。我每天都能闻到法西斯主义的气息。你知道吗？这是一个令人深感不安和困惑的时刻。

现在有一种叫《每日小号》（*Daily Trumpet*）的东西，艺术家们每天都在投稿，画一些漫画。这并没有产生任何影响。唯一能产生影响的是，我们选择无视这个人。他的整个行为的动机是分散注意力，以及对民众进行极其粗暴的操纵。因此，处理这个问题的唯一方法是忽略他，并关

注实际的法律、实际的法官、实际的诉讼、实际的监管、实际的犯罪。这中间，或许只有新闻界正在发挥着作用。新闻界喜欢这种事情。所以，我不知道艺术批评在这里扮演什么角色，但显然，我目前正在写的艺术家都是攻击帝国主义、殖民主义、环境正义、人类世的艺术家。在我看来，正是我们所继承的问题创造了特朗普。所以我们只能做我们能做的。但我们也需要投票，我们需要确保其他人能够投票，我们需要停止剥夺有色人种的权利，我们需要尽可能地在真正的政治阵线上工作。而艺术界的目标不是解决方案的一部分。因此，我想说的是，我在那个世界里庆祝艺术可以帮助我们批判性地思考那个世界。这就是我所争论的。全球主义可以是一种与全球化有关的批判性美学，我们可以尝试保持这个词，不是为了经济项目，而是为了美学反应。这对我来说仍然很重要。但总的来说，全球艺术界是问题的一部分。从另一个角度讲，它的确是可怕的、掠夺性的资本主义的一个洗钱行动。当然，我肯定不是在为艺术投资公司工作。

鲁：在这样一种新的紧迫形势下，您觉得《十月》的理论局限是什么？

琼：比如，《十月》几乎没有注意到双年展，或从未将它作为专题来讨论。因为对他们来说，那或许只是市场的偶发现象。但其实无论是纽约的画廊，还是现代艺术博物馆，它们都以某种方式与市场联系在一起。所以对我来说，非常有趣的是，有这样一个巨大的艺术世界的经验，这与艺术博物馆的保守冲动、与它的对象和稳定的保险价值及其他东西都没有关系。这是一个有趣的事情，所以我想尝试弄清楚它。当然，当代艺术世界是由多个艺术世界组成的，而我只了解其中的一部分——只是一小部分。比如策展人，我们知道，有远见的策展人已经变得非常重要，

他们一方面在制造庆祝的事件，另一方面也在诉诸历史化。

说到这里，我想起哈罗德·泽曼（Harald Szeemann），在我看来，将泽曼历史化是非常重要的，而且我认为更需要展示他是如何将当时的艺术去政治化的，以及他是如何被带入文献展，进而成为一个瑞士承包商的（图13-1）。他被带去中立化文献展，使其去政治化，当时那些马克思主义艺术家团体被告知，他们不再是负责人，泽曼才是负责人（图13-2）。所以我认为这对我们来说很重要，艺术有时会被带入一个去政治化的情境中，并且不是要永远庆祝泽曼作为一些革命者，而是要承认当时在文献展委员会的计划中他是一个反革命。所以我只是想清楚地看到他，清楚地理解他，而不是对他还抱有太过浪漫的想象。另一方面，艺术可以在政治中扮演一个非常重要的角色。有时就在现实中，比如关于生物艺术，我的意思是，一个先驱的生物艺术家被联邦调查局逮捕，那是一个大问题，那是真正的政治。问题就在于，艺术家能在多大程度上探索这种专有的、秘密的基因改造？艺术家能在多大程度上揭示正在发生的事情？事实是，他没有做基因改造，只是在做测试，向人们揭示他们的食物中有多少是经过转基因的。而联邦调查局称他为恐怖分子，你可以想见后来的事情。所以，政治有时候是非常真实的，有时它只是被艺术家鼓动起来制造的新闻。

鲁：说到艺术家制造新闻，我首先想到的是安迪·沃霍尔，您如何看沃霍尔的实践？

琼：和以往很多解释不同，我认为存在一个作为佛教徒的安迪·沃霍尔——但我不认为安迪·沃霍尔是真的佛教徒。可以用一种佛教的方式来理解重复，比如玛丽莲的重复、电椅的重复，等等。所以，我们把沃霍尔及其实践理解为一种"无心之戒"（discipline of no-mind）。

图 13-1
"当态度成为形式"（When Attitude becomes Form）展览现场，伯尔尼美术馆，
伯尔尼，1969

图 13-2

"质问现实：今天的图像世界——第 5 届卡塞尔文献展"（Questioning Reality:
Pictorial Worlds Today, Documenta 5）现场，卡塞尔，1972

鲁：这的确是一个有趣的视角！

琼：是的。所以，我不认为受过"《十月》主义"训练的人会意识到，宗教实际上可能在我们的当代艺术中发挥着积极的作用，它可能会打开我们分析问题的视野。因此，他们所写的那些艺术家往往不是这种类型的艺术家。也许有人会写伊夫·克莱因，可如果你要理解克莱因是怎么回事，就必须采取玫瑰十字教、犹太教、禅宗等所有这些疯狂的视角。当然，你会被吸引去写某些艺术家，因为他们的作品所引起的问题同样是很有吸引力的。但是，我的工作往往是找出那件作品的来源，并尝试去理解它。

鲁：没有问题了，谢谢您抽时间接受我的采访，非常感谢！

琼：我也很开心和你聊这些问题。祝你研究顺利！

《十月》：延续前卫的承诺[*]

梁硕恩[**]

鲁明军（以下简称鲁）：您还记得您第一次在《十月》上发表文章的时间吗？从您个人的观察看，当时《十月》在美国学术界和艺术界的影响如何？

梁硕恩（以下简称梁）：首先需要声明一点的是，我不认为自己是一个批评家，我是一个艺术家。我最早真正接触到《十月》是1995年，当时我参加了由希维亚·柯波乌斯基组织的一场关于女权主义的对话。希维亚当时是《十月》的编辑之一，她也是个艺术家，而不是批评家。我其实并没有在《十月》上发表过独立论文，只是在上面发表过几段不长的、作为讨论发言的文字。关于女权主义的讨论发表在第71期。我记得后来还有一次，是回答关于伊拉克战争的问卷调查（第123期，2008）。

鲁：我之前在纽约见了希维亚，她也提到了这次关于女权主义的对

---

[*] 访谈时间：2018年9月20日。访谈地点：洛杉矶梁硕恩教授寓所。标题为鲁明军所加。
[**] 梁硕恩（1964— ），加州大学欧文分校艺术创作教授，艺术家。编著有《1985年以来的当代艺术理论》（合编）。

话和后来关于伊拉克战争的调查两次活动。您接着讲。

梁：我是 20 世纪 80 年代上的大学。那个时候，《十月》已经是一个非常成熟的刊物或机构了。它创刊于 1976 年，所以对我来说，它是我受教育过程中的一个非常基础的组成部分。80 年代中期，当我确定要做一个艺术家的时候，我把家搬到了纽约。我前后两次搬往纽约，第一次是 1985 年，第二次是 1988 年。我搬到纽约是为了去参加惠特尼美术馆独立研究项目。你知道这个项目吗？

鲁：我知道，而且《十月》很多编委会成员和作者都参加过这个项目。

梁：没错。很多批评家和艺术家都参与了惠特尼美术馆的这个项目。2018 年是惠特尼美术馆独立研究项目的 50 周年。我参加的时候，哈尔·福斯特是项目研讨会的主持人。

鲁：那个时候大卫·乔斯利特也在这个项目里面吗？

梁：我不记得大卫·乔斯利特当时在不在，但他肯定不是研讨会的负责人。惠特尼美术馆独立研究项目是与众不同的，其中授课的批评家和艺术史学家是像克雷格·欧文斯这样的人——他在《十月》非常重要。除了欧文斯以外，还有哈尔·福斯特、本杰明·布赫洛、亚历克斯·基特尼克（Alex Kitnik）等很多人。我在惠特尼项目中做学生时，批评家全美媛（Miwon Kwon）和我是同学。其中，《十月》是教学的一个非常重要的内容。1987 年，道格拉斯·克林普作为《十月》的执行编辑，编辑了一期以"艾滋病：文化分析与文化行动主义"为主题的专刊（第 43

期）。这对我们这一代人来说是个非常重要的文本。所以，我认为那是一个非常关键的时刻——那是在我 1988 年再次搬到纽约之前。这一直是我受教育的一个非常重要的部分。我的意思是，你固然可以专注于罗莎琳·克劳斯，但实际上当时有许多不同类型的与《十月》有关的写作者和艺术家。例如，我认为早期的一期（第 2 期）收录了电影制作人、编舞者伊冯·瑞纳的一些著作或电影剧本。伊冯是我职业生涯中一个非常重要的人物。你知道，我曾在她的作品中表演，她也曾在我的作品中表演。而这一切，都是通过惠特尼美术馆独立研究项目实现的，都深受与此项目相关的那些理论的影响。我想，不光我是这样，这其实是一代人的经历，因为我们都是在 20 世纪 80 年代接受教育并成长起来的。

鲁：您认为您的写作是《十月》上一代人的延伸吗？例如，罗莎琳·克劳斯艺术批评的哲学和理论方法，对您是否有影响？

梁：我不认为我的写作是那一代人的延伸，因为我不是一个批评家。我认为作为一个艺术家，我的工作已经进化了——毕竟我已经做了 30 年的艺术了。我当然承认在我接受教育的初期，德里达、福柯和拉康是非常重要的，也对我产生过一定影响。这在某种程度上也反映在我自己的写作中，比如 1991 年至 1992 年期间我曾写过一个演出的剧本——我回头邮件发给你——你可以看得出来，它基本上是在与类似这样的东西对话。其中引用的人我已经记得不太清楚了，不过我记得有拉康、福柯、道格拉斯·克林普、克里斯蒂瓦（Julia Kristeva）、巴塔耶、利奥·博萨尼（Leo Bersani）、弗洛伊德、德里达、杰奎琳·罗斯（Jacqueline Rose）等人。所以，这在某种意义上也表明，我是这个知识分子队伍中的一员。我认为，在许多方面我仍然是一个受到所有这些东西影响的思想家。可以确定的是，在 20 世纪 90 年代初的时候，对我来说，通过理论著作对

当时政治的描述来介入政治问题是很重要的。比如这个文本便是围绕着艾滋病、行动主义等问题展开的，也因此，它产生了深远的影响。

鲁：您认为《十月》的立场和方向自 20 世纪 70 年代以来有变化吗？

梁：当然，它已经改变了。在我看来，一本杂志基本上就是编辑的产品，它的立场和方向取决于编辑。我认为 70 年代的《十月》是竞争性的，在某种意义上，它是 3 位创始编辑罗莎琳·克劳斯、安妮特·米切尔森和杰里米·吉尔伯特－罗尔夫（Jeremy Gilbert-Rolfe）对当时的杂志的运作方式——准确地说是《艺术论坛》——的抗议。然而，进入 80 年代以后，它关于延续前卫的承诺也发生了一些转变，当时道格拉斯·克林普等人提出，我们必须引入一些非高深理论的东西。我想，这可能是克林普离开《十月》的主要原因。他离开后，伊夫－阿兰·博瓦、丹尼斯·霍利尔、哈尔·福斯特、本杰明·布赫洛几位加入编委会，他们带来了其他东西。因此，我认为它一直在变化，因为每一代人都可能有更新的理论视野和另一群他们感兴趣的人。

鲁：在您阅读《十月》的经验中，对哪些文章印象比较深？

梁：我想说的是，学生时代，也就是 20 世纪 80 年代至 90 年代期间，发表在《十月》上的大部分文章我都记得。

鲁：艺术界在不断变化，您认为《十月》能适应今天的变化吗？它是否还像以前那样具有革命性和政治性？

梁：我想这个问题的表述方式是针对症状，而不是原因。所以，我

认为真正的问题是，艺术世界已经发生了变化。这不是适应变化的问题，而是没有一个杂志能有同等的力量。而且我认为即使在《十月》创办初期，理论也并不是处在一个不变的常态中。我认为《十月》的独特性在于，它引入了法国的理论，以及德国、俄国的理论，将其大量地翻译成英文。我想说的是，我已经 50 多岁了，我这一代人——甚至可能更老一点的，包括比我再稍微年轻一点的人——我们接受的都是理论教育。但实际上，《十月》并不是生产这种智力成果的唯一的地方。因此，某种程度上，在许多不同的情况下，许多人都可以使用同一个理论装置。虽然它的感性不再，但正是因为它的成功，在某种意义上，像它这样的刊物才能够帮助传播一种接近艺术的思考方式。但到了 90 年代中期，艺术界已经发生了很大的变化，艺术教育也发生了很大的变化，《十月》不再那么重要了。尽管如此，它仍然是严肃学者一直阅读的一本杂志。我认为，这与它的编辑队伍有关，像大卫·乔斯利特、伊夫-阿兰·博瓦这样的人，他们仍然是非常有影响力的批评家。所以，这不是一场人气竞赛。我认为任何时候、任何地方都需要有严肃的工作。《十月》始终保持着高度严肃的工作状态，并一直持续至今。而且，我认为它确实在不断改变。无论如何，虽然艺术世界已经发生了很大的变化，但它仍然是一个严肃的智力交锋的场域。所以，我不认为它必须适应艺术界或有与艺术界比较的必要。

鲁：在您看来，《十月》与《艺术论坛》、e-flux 和《灰房间》之间有什么区别？

梁：我认为《十月》与编辑的身份有很大关联。e-flux 显然是一个较新的现象，它是来自互联网的东西。而且，我认为 e-flux 处理的政治和政治美学问题与当代问题有着更紧密的关系，而这不一定是历史问题。

因此，这些文章、著述存在于一种特殊的动态中，也反映了它来到人们身边的不同形式，比如 *e-flux* 便反映了互联网的逻辑。相比而言，《十月》在许多方面仍然是一个较迟缓的媒体技术空间。《灰房间》过去也和《十月》一样，但相比而言，它已经改变了很多。《灰房间》的创始编辑都已经离开了，他们跟现在的《灰房间》基本没有关系了。建筑相关的内容是《灰房间》的核心。但我认为，一些一开始就与《灰房间》有关的人，包括布兰登·约瑟夫（Branden Joseph），还有莱因霍尔德·马丁（Reinhold Martin）、费利西蒂·斯科特（Felicity Scott），他们是一群稍微年长的批评家和历史学家的学生——比如布兰登就是伊夫-阿兰的学生。所以在知识传承方面，它其实没有真正中断过。

刚才提到，《灰房间》的创始编辑都不再与杂志有关，他们基本上已经把《灰房间》交给了一批新的更年轻的艺术史学家和建筑史学家。在某些方面，我认为《灰房间》比《十月》更有学术性。因为我认为，他们对类似艺术家的著作这样的东西不那么感兴趣，或者，当他们对艺术家的作品感兴趣的时候，这种兴趣会变成一个特别的问题。此外，我认为真正重要的是，我相信《灰房间》是一个同行评审的杂志，而《十月》似乎不是——虽然它在许多方面是最有声望的艺术理论杂志，这是一个非常关键的区别。

鲁：这个我问过目前的管理编辑亚当·莱纳，他说《十月》不是同行评审杂志，主要来自委托、邀约和极少的投稿。

梁：一个同行评审的杂志的工作原理是，你提交一篇文章以后，编辑部会把它匿名发给外面或杂志内部的专家进行评审。所以，当我被邀请去评论一篇文章时，我只能读到它，但我不知道它是谁写的。我认为它足够好，我就签同意发表的意见；我觉得它不够好，就建议修改再发

或退稿。《灰房间》因为使用同行评审的机制，所以它更像一本学术期刊，而《十月》更像一本杂志。

鲁：嗯，但据我前面访谈了解，《十月》之所以没有采用同行评审制，一个重要的原因是他们很少用投稿，大多投稿达不到他们的标准。但我想，如果是委托和邀约的话，估计也很难施行同行评审。您认为艺术批评已经死了吗？我们是否生活在一个"后批评"的时代或一个没有批评的时代？您怎么看网络批评家，如杰瑞·萨尔茨（Jerry Saltz）？

梁：没错，我们生活在一个"后批评"的时代、一个没有批评的时代。但我不认为这是一个和网络批评相关的问题。比如关于杰瑞·萨尔茨，我认为他不是一个真正的网络批评家。他从 80 年代就开始写作，已经有很长一段时间了。他是流行文化的一部分，在这方面他没有任何问题。但很遗憾，这不是我感兴趣的写作类型。你知道，他从某种角度接近艺术，这也没问题，我只是觉得他很不严肃。我不觉得我曾经从这种类型的写作中学到过什么。相比而言，我认为，有一些为大众媒体写作的人确实贡献了一些相当有趣的东西，但杰瑞的问题是他不够有趣。

鲁：据您所知，是否有很多艺术家阅读该杂志？他们是否还讨论这些内容？

梁：从来就没有很多艺术家在读《十月》。是有一些艺术家在读《十月》，而我说的那些艺术家，也许其中有几个是受过理论教育的，至少是能适应的。换句话说，他们是那些在智力上真正能够参与其中、进行讨论的人。我认为许多艺术家固然受到了这些想法、理论的启发，但他们不一定完全熟悉操演这些想法和理论的具体技术。对我来说，这并不意

味着什么。因为这不能决定艺术家和艺术的好坏，这或许只是意味着它的确很难。很多时候，你为了理解马克思的理论，或者精神分析、解构主义的理论，就必须去学习它，必须对它有某种程度的熟悉，以及需要在某些方面接受一些培训。而且，我认为，跟20世纪70年代的艺术家比起来，现在可能有更多的艺术家熟悉理论，但这并不意味着他们是更差或者更聪明的艺术家。它只是意味着——就像我说的——理论在艺术教育方面其实已经泛滥了。

鲁：《十月》对您的艺术实践有什么具体的影响吗？

梁：嗯，我不知道《十月》本身是否对我的实践有什么影响，你会发现《十月》上的文章有它的风格或属于某种类型，但不见得这种风格和类型只是出现在《十月》上，很多时候，有些作者并没有在《十月》上发表文章，但同样在以这样的方式思考问题。包括我也一直持续进行着严肃的理论思考，但我基本上只是在思考。所以，我认为有很多重要的写作可以在《十月》上发表，只是有这么多的地方可供选择，人们可能会，也可能不会选择发表在《十月》上。可能只是因为他们不同意杂志上的某些东西，或者因为现在已经有这么多其他地方可供发表文章，不一定非要选择《十月》。

鲁：您也是一个作家，在您看来，艺术家的写作与学者或批评家的写作之间有什么本质的不同吗？

梁：我想这取决于你是谁。我认为在一些人身上有很大的区别，在另一些人中就没有太大区别。我不能成为我自己立场的批评者。所以我想说，在大多数情况下，我写一些东西也许是为了介绍一些想法或与其

他艺术家之间的关系。我真的不认为自己是作为一个艺术家在写作；或者说，我不认为它是艺术家的写作。我认为它只是学术性的写作。但我也认为，理论和艺术之间也许不应该有严格的划分。而且，大多数艺术家在我看来其实都是理论家。人们必须记住的一点是，艺术没有任何义务成为任何特别的东西。所以，艺术写作本身并不是一个"事物"，对吗？它不只是一个流派。它也不是一种方法。

所以我认为，一般情况下拒绝区分是很重要的。因为当我写的时候——比方说，我写过歌剧的歌词，或者表演脚本，我写过很多次——我是在写一件艺术作品。因此，它不是批评。在某种意义上，它不涉及其他东西，但它是理论，对吗？我不认为艺术和理论之间有一个严格的划分，我不认为文学和哲学或理论与艺术之间应该有一个严格的划分。你理解我的意思吗？

鲁：在您身上，这两重身份会有矛盾的时候吗？

梁：没有。因为思考就是思考。我是一个大学教授，但从来没有上过研究生院，所以我在大学工作的合法性实际上恰恰来自我的艺术家身份。

鲁：您和安德烈·派珀（Adrian Piper）、黑特·斯特耶尔这样的艺术家算同一种类型吗？她们也都极其擅长写作。

梁：我不知道这是否完全相同，但是一个根本的差别是，黑特和安德烈都是博士，而我不是。我很高兴能成为加州大学的教授，而且我在艺术史和视觉研究的博士生论文委员会做理论研究，包括我正在进行一个音乐的研究和实践项目，之所以能够如此，都是因为我是一个艺术家。成为一个艺术史家，你需要一个博士学位。但成为一个艺术家，你不需

要博士学位。我甚至连艺术硕士学位都没有。所以，这是不一样的。我的意思是，也许它在某种意义上是相似的，比如我在理论和电影、视频或表演方面工作。但不管怎么样，就像你提到的其他艺术家一样，我所有的理论学习都是在研究生课程之外完成的。我只是通过实践来学习它。我没有在学校里学习，但你可以说惠特尼美术馆独立研究项目有点像博士培养项目。因此，对我来说，作为一个艺术家的研究和作为一个写作者的研究没有什么区别。我想用什么材料做作品，可能与我选择的写作方式会有不同。但这是同样的信息，同样的思考方式。类似的艺术有很多，比如艾伦·塞库拉（Allan Sekula）——他最近去世了——还有安德烈·弗雷泽、玛丽·凯利，等等。

鲁：您和佐亚·科库尔（Zoya Kocur）合作编辑了一本非常重要的类似教科书一样的文集《1985年以来的当代艺术理论》（*Theory in Comtemporary Art since 1985*），当时编这本书的主要动机是什么？您认为这本书和《十月》杂志或"《十月》丛书"之间有什么区别？

梁：说实话，最初是佐亚的主意，当时我不是特别想做。但是当她邀请我一起做的时候，我意识到我可以来做编辑。我有比较广阔的知识视野，而且我觉得应该有人做这件事。她是我的好朋友，和她一起工作也没有问题。关键是我的确觉得当时甚至未来需要这样一本文集，它其实就是一本教科书。换句话说，我把它看成是一个存在于这个世界上的有用的东西。这就像如果我在大学里教这门课，那么它就会很有用。这基本上是我当初的想法。

它和《十月》很不一样。因为我们兼容并包，我们不相信任何特定的思想流派，我们也不特别偏爱任何方法。有时我们发表的文章甚至连我们自己都不怎么喜欢，决定发表只是因为它们在帮助学生或参与这个

领域的人获得一个相对全面的看法方面是有用的。不得不说，为了在批评理论方面得到良好的教育、建立与当代艺术的关系，你真的需要做更多了解，而不仅仅局限于你感兴趣的东西。所以，在我看来这是两种不同的补充。

鲁：这本书几年前出过一个中文版，没想到英文已经有修订版了？

梁：对，这是第二版。比较一下，你会发现，新版文章的组织方式与第一版有所不同。之所以出修订版，是因为我们对第一版的组织方式并不完全满意。如果不是因为佐亚，我不会做这个书。至于选编方式，我已经不大记得了，但有一些硬性规定，比如入选的任何特定出版社的文本不能超过全书的30%，或类似的规定，具体我也记得不是很清楚。比如，《十月》——包括其他相关出版物——是麻省理工学院出版社出版的，所以我们从中选择的文章不能超过全书的30%。因此，无论是文本的性质，还是它本身所具有的包容度和客观性，与其他同类书籍都是相当不同的。如果你读了第二版的导言的话，你能感觉到我们到底要做什么。基本上，我们想说的是，当我们还是学生的时候，这样的书其实是不存在的。所以，我们希望这本书在今天和未来都能是一本实用的书。对许多人来说，它是有用的。就这一点而言，它与"《十月》丛书"是截然不同的。

鲁：您是一个工作、生活在洛杉矶和纽约的"亚裔美国人"，在您的工作和生活中，您会在意这一特殊身份吗？您会把这个问题带入工作中吗？

梁：我来自中国香港，法律上我是美国公民。但我不太关心自己的美国公民身份，反而更关心中国香港、关心中国大陆，以及全世界发生

的事情。因为我认为，你的能量是有限的。我不知道，你在这里的感觉如何？

鲁：我因为是短期驻留，只有半年，感受是有限的，但我从个别在这里已经生活、工作了很多年的艺术家身上能感受到，作为一个亚裔，在这里似乎很难出头，这迫使很多人不得不放弃艺术理想。

梁：你是说"亚裔美国人"？

鲁：没错。

梁：我在适应纽约方面没有问题。我恰恰觉得，当使用"亚裔美国人"这个词的时候，你必须更加精确，因为这是一个历史名词。你知道，"亚裔美国人"这个概念是在 20 世纪 70 年代初一个特定时刻产生的。

鲁：那么您是如何将这个问题带入自己的作品的？以及您是如何理解和定义这个问题的？

梁：我认为重要的是，我的作品实际上与种族或民族问题有很大的关系，而且不止一件作品。最典型的，比如我关于蹲下的身体的作品。

鲁：我知道这件作品。

梁：从 2005 年开始，我就一直在做这件作品。所以，我认为我的很多工作都是在处理亚裔身体的种族问题，不是作为身份，而是作为一种"误认的思考"（thinking about misrecognition）的方式进行的。至于

你说的"亚裔美国人"，在某种程度上，它关乎越南人或越南裔美国人，而我显然不是越南裔美国人，对吧？那么这意味着什么呢？这意味着我依赖一种错误的认识——从其他事物中投射出"我"是什么。所以我依靠这个亚洲人的身体，给别人一个想法，让他们明白，他们虽然知道一些东西，但实际上，他们所知道的是一种错误的认识。因此，我认为我们必须对亚裔、美籍亚裔、美籍华人、中国人、越南人等做一个非常清晰的区分，这些是不一样的。"亚裔美国人"更像是一个政治术语。关键在于，因为你把所有这些不同的群体放在一起谈论，导致"亚裔美国人"中反而没有"身份"。其中，你可能是日本人，可能是中国人，你可能是韩国人、越南人，还有可能是印度人，不管是什么。所以，即使在种族上，他们可以被归为同一个术语——你可以说这些人能被圈划到一起，你可以说这是一件事——但这个东西到底是什么呢？在我看来，这个东西应该是某种政治代表，而这是一个完全不同的命题。当然，人们也可能会说这是美学问题。我的意思是，在这一点上美学和政治所探讨的是同一个问题。

因此，无论如何，这样一个笼统的术语其实是一个战略本质主义的概念。它不是一个有历史意义的术语，而是一个战略术语，且只存在于20世纪70年代。至于什么是"战略本质主义"？它的基本意思是，当我们说某个东西是本质主义的时候，这通常是一种诋毁。但是如果我说"战略形式的本质主义"，它的意思是，这个类别是不充分的，它甚至可能不是真实的，但它可以有某种用途。这个用途是什么？在许多方面，它的用途都是政治性的。因为它关系到一个社会成员、一个民族有可能被定义为另外的术语。因此，在某种程度上，如果你是中国人，如果你是日本人或韩国人，如果你是越南人，如果你把他们都拉到一起，那就会有更大的力量，并具有了某种政治代表性。因此，当你说"亚裔美国人"时，我认为这有一个历史层面的问题。我认为自己是"亚裔美

国人"，因为我相信政治上的代表性。但我也相信，一个人总是有很多可能。如果你是美籍亚裔，它并不妨碍你成为美国人。如果你是美籍亚裔，你也仍然是中国人。你来自香港，你也是一个纽约人。你是一个知识分子，你也是一个艺术家。它不是像你划分的那样，一种非此即彼的关系。关键是，"亚裔美国人"的身份可能与一个人作为艺术家或知识分子的工作没有直接的关系，也就是说，它在这里无法成为一种语言。所以，这有意义吗？

我举个例子，比如中文，我想说的是，即使在中文内部，也有很多区分，而我的一部分工作就是关于中文内部的划分。我说广东话，但我们这会儿显然是在用英语交谈。我的很多作品都与蹲着的身体有关，就像我在广州或香港所实施的项目，它们都是关于中国人本身的区分。我不仅没有说中文是一种身份，相反，我认为中文包含了很多身份，其背后有很多不同的权力动因在起作用。由于我来自中国香港地区，但又生活在美国，所以我的一部分作品都是围绕粤语、普通话与英语展开的。我认为，这样的实践，恰恰有助于我思考"什么是中国人"。

鲁：我知道您作为一个艺术家最关心的问题是，广义的"道德"是如何被思考和追踪的。您已经把很多历史文件和数据纳入艺术实践中。然而，您没有直接借用或挪用，而是通过重构性的叙述来呈现这些信息。政治和您的叙事方法之间的关系是什么？您的实践与社会参与性艺术有什么不同？

梁：我的工作与大多数时候人们认为的社会实践非常不同。我认为艺术本身已经是一种社会实践，它已经是一种关系，比如去画廊或坐在电影的观众席上，已经是一种社会实践的形式。因此，我觉得人已经在参与。你理解我的意思吗？我是说你已经在参与了，不需要再做一个姿

态。当然，我不反对，任何人都可以做他想做的工作，这不关我的事。但我采取的是已经存在的形式，我试图做的是重新思考这种形式，重新思考那个特定的条件。

所以当我谈到道德的时候，实际上我真正感兴趣的是思考。我对道德作为生活方式的命题不感兴趣，它不是在任何特定时间里如何做出正确的决定这样的事，而是一个"术语"。简单地说，一个人接近另一个人的方式，它不一定是你做出的个别决定，但它必须与你如何准备好自己，以便去处理与另一个人的关系有关。我已经谈到了这个术语，它被称为"苦修"（askesis）。这是一个希腊术语，也是一个与福柯相关的术语，它指的是一个人如何训练自己的生活，如何准备自己的生活，进而进入一种操练、苦修的状态，以保证其在任何情况下的生活方式都是道德的。我给你举个例子，我有件作品《一个接一个的战争》（War After War），你看过这部电影吗？

鲁：我没有看过。

梁：这是我制作的一部长片。我回头把链接发给你。影片讲述的是一个没有家的人，他依靠别人的善意、好客和接济而活着。对我来说，这是一种思考伦理问题的方式，比如如何欢迎他人，或者说，当有人需要你给他们买饭、让他们住下、给他们一张床时，你愿意付出多少。影片叫作《一个接一个的战争》，我的合作者沃伦·涅斯沃茨基（Warren Niesłuchowski）和我一起工作了 25 年，在现实生活中他没有家。所以他总是需要有人给他一张床。你看这实际上是一个持续的伦理问题，因为你总是要问自己，沃伦来了，我会给多少钱？我将在多大程度上欢迎和接济这个明显需要我的人？我怎样做才是正确的？因为在某些方面，如果你有一个家，如果你有收入而其他人没有，这就自动会成为一个道德

问题，而且一直会。如果你有能力帮助他们，那么你是让他们住一个晚上，还是两个晚上，还是一个月，还是永远？在某些方面，道德不是你做出的决定，伦理本来就在你身上。

鲁：特朗普时代全球文化中的艺术世界也发生了很大的变化，作为一个艺术家，您如何看待这些变化？

梁：我认为这个问题太宽泛了，无法真正回答。就像《一个接一个的战争》，我也被问到这个问题，比如为什么这个时候（2011 年）做这个，为什么要针对一个像难民一样的人？——沃伦出生就是一个难民。其实，我更加关心的是，他正在返回像难民一样的状态。这在某种程度上与世界各地的仇外心理、反移民态度都有关系，而不仅仅是在这个国家。当然，特朗普是一个典型的例子。所以，你在德国会看到这种情况，在希腊也会看到，你到处都能看到。所以我觉得，我其实一直在思考和从事着这些工作，而这与抽象的宏观描述并没有什么不同。

鲁：这些工作具体是如何展开的呢？

梁：我的工作实际上是在思考一切事物是如何联系在一起的，所以它不仅仅是美国和中国，也不仅仅是中东和美国。我认为每件事情、每个事物之间都有着不同程度的关联，这不是任意一两个概念所能涵盖和能够表述清楚的。我想起有一本书，叫《四大洲的亲密关系》(*The Intimacies of Four Continents*)，作者是丽萨·洛维（Lisa Lowe）。在这本书中，她考察了 19 世纪的英帝国主义和殖民主义是如何与奴隶制紧密相连的。这些东西实际上是不能分开的。昨晚在纽约，我和一个朋友聊天，他说："你知道鸟粪是什么吗？"我说鸟粪是化肥，是非常丰富的肥

料。但它隐喻的是 19 世纪的中国人，是 19 世纪的中国工人，当年他们以为自己要去旧金山挖金子，但实际上被带到了秘鲁，带到了南美，被奴役。他们乘坐的船只与把非洲黑人带到美国当奴隶的船只是一样的，也可能会是同一个船长。进而你可以想一想，南太平洋的糖业种植园又是如何依赖印度劳工和中国劳工的，而这是英国认为奴隶制在道德上不再能被接受的后果。事实上，19 世纪早期，奴隶制便已激起了某种程度的道德愤怒，于是另一群人不得不承担起这个工作。可见，一切都有联系，它不是任何一两个概念就能说清楚的，因为概念或术语的产生原本就是许多不同类型的力量角逐的结果。

鲁：没有问题了，谢谢您！

梁：不客气，希望有机会再见到你。

当代，那时与现今：个人以及一代人的观点 *

帕梅拉·M. 李 **

我的演讲主题是关于一个爆发性增长的产业——美国当代艺术史的学术研究，特别是其在过去二十年所经历的彻底变革。就像本次会议所表明的，当代艺术在艺术史部门中的地位越来越显著，无论是在美国还是其他地方；当代艺术已经占据了研究生课程的很大一部分比例，以至于总是听到有人抱怨说，这个领域几乎已经被"当代"殖民了。的确如此，有充分的证据去佐证这样的断言。无数的讨论会在不知疲倦地争论着"当代"和"当代性"的意义。就这个术语，采用不同方法和怀有不同研究兴趣的学者们写了或者正在写长篇的论述和谱系。在美国，有一段时间人文学科的各系纷纷濒临关闭，不得不以课程注册和高等教育价值观变化为理由来证明其学术的相关性，但人们却在为 21 世纪的艺术设立终身职位和大学教授职位。关于昨天和今天才创作出来的艺术的论文

* 本文是 2011 年 11 月 18 日帕梅拉·M. 李教授在天津美术学院举办的"'当代艺术史书写'国际学术研讨会"上的发言，鲁宁译。原载于高名潞主编《立场·模式·语境：当代艺术史书写》（中央编译出版社，2016）。

** 帕梅拉·M. 李（1967— ），耶鲁大学艺术史系教授，《十月》编委。曾任教于斯坦福大学艺术史系。著有《被摧毁的对象：戈登·马塔－克拉克的作品》《时间恐惧症：20 世纪 60 年代艺术中的时间》《新游戏：当代艺术之后的后现代主义》《忘记艺术界》《智库美学：世纪中叶的现代主义、冷战和新自由主义现状》等。

正在被研究生们大量撰写出来，其频率之高令人头晕目眩。

是什么力量激发着这种对当下艺术的群体性痴迷？为什么会有对于当代的崇尚甚至狂热？这个相对较新的学术现象与艺术市场的变迁间的巧合，几乎并非偶然；确实，当代艺术史的兴起实际上与近期艺术品拍卖价格息息相关。尽管如此，我们还是应该清楚地认识到，"当代艺术史"在美国大学中的出现，也许不仅是深受商业影响、被称为"艺术界"这一模糊领域的功能的体现，它还是当下高等教育中人文学科面对制度压力的一种反应。我认为，当代艺术史的教授无法否认他的学术专长与这种学术外兴趣之间的关系。例如我承认自己完全被裹挟在这股潮流中，作为"参与其中的观察者"，我处于一个在情感上充满矛盾的位置，并不得不自我做出让步：我有充分的理由对大环境感到悲伤，却又是这种大环境的心存感激的受益者。

下面，我就依据我作为学生以及现在作为当代艺术史教授的个人经历，开始讨论这些问题。作为当代艺术研究的参与者和观察者，我的自我认同终究意味着我同我们正在讨论的现象之间几乎没有客观距离。不过，如果我求助于个人叙事，那不是因为我的故事很特别。相反，我在20世纪80年代作为艺术史专业的学生、90年代初作为研究生、自1997年起作为斯坦福大学教授的大学经历与过去20年的当代艺术史研究的世代更迭相似。这段叙事的弧线是这样的：假如当代艺术曾经是记者的边缘素材，或者是偶尔在画廊里探险的艺术史学者的一种消遣，如今它已得到学术界的认可，以至于它对整个艺术史领域的影响不能不引起人们的质疑。首先，如我很快要讨论的那样，我们需要考虑它的兴起对大学文化的职业化都暗示了什么。其次，我还要反省对当代艺术所开展的学术研究如何不断地提防着当下性的危险，即这样一种文化，它因其完全明晰易懂、拿来即可消费而重视那些表面上直接且即时的事物。

我首先承认这种代际的思考在某些方面参考现代艺术的逻辑是十分

重要的。当代艺术必然会武断地将"那时"与"现今"看作理所当然，这恰恰是因为它实际上求助于当下。在这个意义上，我们可以说它自反性地从理论上说明了自己与历史的关系。在我看来，开创了它最近在体制上变革的例子，就集中在罗莎琳·克劳斯这个人物身上，她是具有深远影响的美国艺术史学者，是纽约哥伦比亚大学的教授。鉴于克劳斯在这一领域的杰出地位，这篇关于大学中的当代艺术的简史以克劳斯开始再恰当不过了。克劳斯同电影学者安妮特·米切尔森等人于1976年共同创办了《十月》杂志，这一举动部分是他们对《艺术论坛》受到商业损害的一种反应。自此，《十月》成为美国和欧洲的艺术史、艺术理论、艺术批评最重要的出版物之一。杂志的编委会由在培养新一代艺术史学者中起着重要作用的学者组成（如我很快会描述的那样，我把自己算其中之一）。连同她的编辑同仁，包括米切尔森、本杰明·布赫洛、哈尔·福斯特和伊夫–阿兰·博瓦，所有这些人都在权威研究机构任教或曾经任教，克劳斯在将战后一系列法国理论——主要是后结构主义理论——介绍到美国的艺术史话语中起着关键作用。她撰写的关于后现代主义和视觉艺术的著作被当作范式，由《十月》及麻省理工学院出版社出版的书籍是研究现当代艺术的学生的必读物。

然而，克劳斯读研究生时期的一段虚构的情节远没有她极高的学术成就那样精妙深奥。60年代中期，克劳斯在哈佛大学读博士，曾有人极力劝阻她不要撰写关于当时在世的抽象派雕塑大师大卫·史密斯的论文。写一篇关于当代艺术家的论文似乎违背了艺术史的观念本身——对作为往昔事物的艺术的研究——而这种研究适合于和哈佛大学当初一样传统的课程。但当听到大卫·史密斯于1965年去世的消息时，据说年轻的克劳斯是跑着通过位于历史悠久的福格艺术博物馆的艺术史系。有人听见她大声地、近乎是喜悦地宣布："他死了，他死了，现在我能写我的论文了！"

无论这个故事真实与否，当我们在大学讨论当代艺术时，它都是富有寓意的。它戏剧性地表现了传统美术史教学中，尤其在指导博士研究中的一个基本偏见，自克劳斯 1969 年获得博士学位以来，人们无数次地违反了这一偏见。事实上，随着人文学科的发展，我们现在写当代艺术的文章已不是问题，完全是无可争议的。如果去翻阅现在美国艺术史学者的官方机构——大学艺术学会现在的资料，你会对人们撰写的关于在世的艺术家或者过去 10 年中创作的作品的无数论文留下深刻印象。大学艺术学会甚至有个专门关于当代艺术的论文的分类，这个事实揭示出，距离克劳斯穿过福格艺术博物馆的大厅跑的那获胜的一圈，我们已经走过了很长的路程。

　　从那一刻到如今，我们在大学中与现代艺术的关系几乎被自然化了，在这段时间中都发生了什么呢？在此我提供一些我与象牙塔、艺术界的双向关系的零散记忆，不仅是因为它们预见到艺术史逐渐具有了这种校外兴趣的种种方式，更因为它们导致了美国大学中当前折磨着人文学科的种种令人苦恼的事情。1989 年，我生活在纽约，并正在艺术界里找一份有收益的工作。从耶鲁大学毕业的前一年，我在学习现代艺术史，并完成了关于抽象表现主义、亚洲绘画和禅宗佛教的荣誉论文。具有我这种经历的人可得到的专业机会是相对有限的。即使赶不上今天竞争激烈，艺术界的工作也是僧多粥少；今天美国大学生普遍有着较高的专业素养，而这在我们那一代的同行中却不常见。我那时有一个模糊的想法，我迟早得回到研究生院，但是我从自己的大学教授那里几乎没得到任何具体指导或职业建议。在上大学的暑期以及毕业后不久，我曾在许多博物馆打工，包括大都会艺术博物馆、新美术馆和惠特尼美术馆，但是不像现在许多本科生渴望当一名策展人，我当时并没有想当策展人的明确的野心。相反，我从事各种各样的实习和勤杂工作以填补我的艺术界简历，同时，我还做了许多毫无魅力可言的工作以支付自己的账单。这些

工作包括在一家艺术家开的书店打工、花大把的时间为书籍打包装运以及在邮局排队；在一家造纸厂做销售代表的助理，在那里我将一令令的纸放到架子上，这不足为奇；我经历过临时工作的苦差，那是一份特别不光彩的定额工作，在高峰时间到纽约中央火车站散发信用卡申请单。经过一年典型的纽约式生活，我终于迈出了自己被人所知的第一步，我被都市图像画廊（Metro Pictures Gallery）聘为助手。都市图像画廊当时位于先前的国际艺术界的中心苏荷区，在很多方面它都是当时的精品艺术画廊。它展示了与后现代主义相关的最重要的艺术家的作品，包括辛迪·舍曼、理查德·普林斯、罗伯特·朗格（Robert Longo）和路易斯·劳勒。我在该画廊的任职是非常宝贵的、大开眼界的受教过程：对当代艺术的实际工作方式和经营的现场观察（图 15-1）。

不可否认，这些小插曲有点老掉牙，但对我们了解当代艺术、其专业化和大学之间的当前关系还是有所启示的：我那一代人并没有可以将我们从艺术史专业的本科生带到迅速成长的专业学者的某条捷径的观念。我们简直不曾设想有这么一条捷径存在，即使有的话，也不曾设想我们能够走上这条捷径。我清晰地记得这样一个时刻，过了十年后我在斯坦福大学当助理教授，遇到过一个年轻聪明的艺术史专业的女生向我咨询。当我问到她毕业后想干什么的时候，她说"我想干你的工作"。在我看来她这个回答的意思是，她想进入学术界。当我要求她把这句话讲清楚时，却发现原来这根本不是她的意思。直率地说，她说就是想干我现在这份工作。她想要当的就是斯坦福大学当代艺术史教授。换句话说，她想要我从现在的位子上离开！

当时我对这种赤裸裸的情绪感到十分震惊，但是我终于相信她的想法并不是例外，而且也并非异常天真。相反，这件轶事大致说明了很多研究当代艺术的青年学生所设想的优先选择：学习当代艺术的最终目的是指向职业化的，以在研究所工作等为必然的、光彩诱人的追求目标。

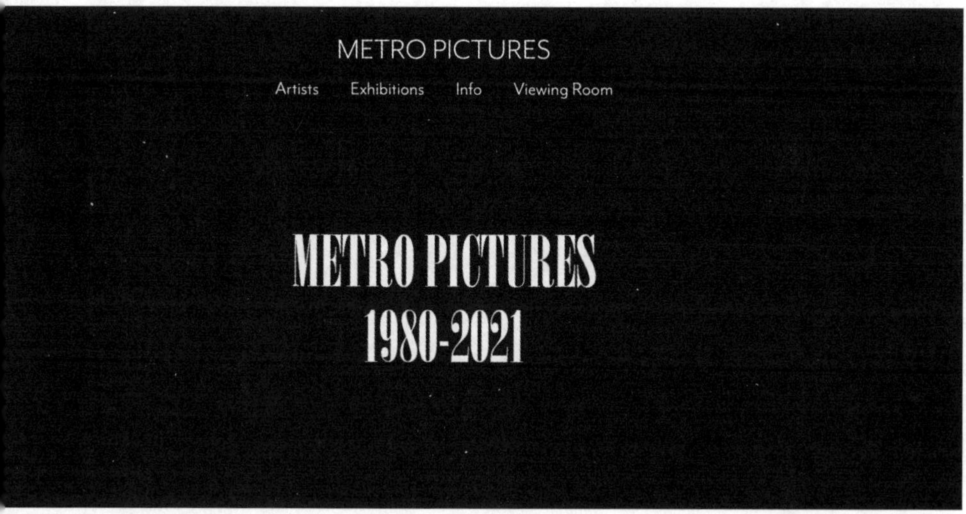

图 15-1
都市图像画廊官网首页，2021 年底，成立于 1980 年并创造了诸多行业奇迹的都市图像画廊宣告正式关闭

这个故事强调了现在许多年轻学生带给这个领域的一种期望：似乎与学科中的其他分支不同，当代艺术会更加必然地利用这些机会；由于这个原因，一种日益工具主义的态度促使当代艺术成为一个受追捧的学术科目。为了抵制这样的态度，当许多学生向我寻求职业建议的时候，我往往搬出自己故事化的受雇历史：高峰时间在中央火车站散发信用卡申请单。对于这个故事的普遍反应，最好可以描述为从最初充满同情的困窘渐渐变为不断加剧的恐慌。我说这事的目的并不是恐吓学生们远离学术界，而是想给他们一个对于高等教育的态度的现实考察。一个人文学科机构的学位本身并不等同于就业保证；虽然当代艺术代表着某种经济上可以成功的事物，但对于它在学术界中可能代表什么这一问题，我们需要采取一种更带偏见的态度。在返回到对我自己的研究生学习和从历史角度撰写关于当代事物的文章所吸取的教训的讨论之前，我们可能提出的问题是：是否有什么当代艺术研究所特有的东西使这些专业化态度成为可能？人文学科机构中的艺术史部门是如何抓住和提升当代艺术为人文学科的传统范围之外的议事日程服务？

与那个想必仍然希望得到我的工作的年轻学生相反，我当初决定回到研究生院而对结果没有抱任何明确的期望。当我还在画廊工作时，我在纽约市立大学的研究生中心注册做非全日生，师从罗莎琳·克劳斯，她是当时在那里执教的几个最重要的现代主义教员之一。克劳斯的研讨会明显地专注于前卫艺术、现代主义和批评理论，无论是与乔治·巴塔耶及其圈子相联系的超现实主义，还是 20 世纪 50 年代艺术的反现代主义冲动。值得注意的是，她的课程无一被标榜为"当代"。没人向纽约市立大学申请读当代艺术史的博士。如果我们研究 20 世纪 60—70 年代或者 80 年代的艺术，那总是着眼于现代主义对编史的兴趣。在我们能够开始研究后现代主义之前，我们需要深谙艺术史的基础（我说的基础，指的是这门学科在 19 世纪的德国的起源）。的确，在克劳斯看来，后

现代主义并不意味着任何与在时间上出现于现代艺术之后的作品一样平庸的事物。相反，后现代主义被看作一种从内部对现代主义的批评——一种内在的批评。尽管我曾经为克劳斯写过一篇关于一个非常当代的人物——艺术家约翰·米勒（John Miller）的研讨会论文，其论证却是相对于现代主义中的一个较长的谱系来安排的。她自己对于当代艺术的理论阐述和批评提供了这方面的典范，例如，对于像谢里·莱文这样的美国当代艺术家的作品，可以通过罗丹雕塑中的复制逻辑来理解。克劳斯的文章表明，如果不求助于过去的谱系，任何关于当代艺术的思考都不过是空洞的思辨。

这是至关重要的一点，以至于它在我接下来的研究生教育阶段将被重复。1992年我转校到哈佛大学，因为克劳斯接到了哥伦比亚大学的邀请去那里教学。我决定在哈佛完成自己的学位，因为在那里我可以向克劳斯在《十月》的朋友和同事伊夫-阿兰·博瓦学习。他是研究毕加索、马蒂斯和蒙德里安的伟大的法国学者。作为罗兰·巴特的学生，博瓦几乎比任何人都更有资格去评论当代艺术、理论和艺术史的状况。然而，正像克劳斯在纽约市立大学研究生中心执教的情况一样，人们师从博瓦，并不是要学习当代艺术或者理论之类的东西。按他的想法，为理论而理论常常成为史学家研究的绊脚石；"后现代主义"（连同"后结构主义"）的概念对年轻的艺术史学者的知识形成最具有潜在的破坏力。我对这一观点做一下详细说明：并不是理论本身使博瓦感到烦恼，而是对这种理论的随意应用。他告诫人们不要"不加区别地使用理论，把它当作处理问题的一套现成的工具"，他认为这样做会为真正的学术探究帮倒忙。他写道："'从理论上阐述'的义务纯粹是工具主义的，我认为，这样的工具主义是不可能富有成效的。实际上，应当从最有可能被理论主义者们援引的理论家之一罗兰·巴特那里吸取的第一个教训就是，人们不是'应用'一种理论；概念必须根据人们的探究对象来制定，或者根

据那个对象的特定的迫切需要来引进；主要的理论行为是界定这个对象，而不是相反。"

简言之，学生们并不只是将理论作为艺术史教学的一个孤立的主题去学习，从而脱离了人们想象它时偶然发现的材料和历史现象。以这种方式将理论工具化就是他所谓的"智力讹诈的征兆"，是对大学市场的需求的让步。

这是我在研究生教育期间，尤其是在开始着手研究毕业论文的时候，不得不多次吸取的教训。事实上，我确实写了几篇关于更当代的艺术的文章，但我还是想以超现实主义为焦点，以贯穿 20 世纪的破坏和艺术创作为课题写我的论文。当我就这一主题提及当代美国艺术家戈登·马塔－克拉克时，博瓦固执地认为我应该写一篇关于该艺术家的专论。马塔－克拉克活跃于 20 世纪 70 年代，他短暂的生涯因"建筑切割"而闻名：对废弃或停用的建筑进行的雕塑干预，使用的是链锯、锤子、凿子以及其他钝器（图 15-2）。写一个已于 35 岁时去世而且其最亲密的合作者们依然很活跃的艺术家，便产生了其自身的方法论问题，在许多方面，这些问题对一般的当代史写作具有典型意义。首先，很难区分个人记忆和实际的年代顺序，这要求对艺术家的朋友及同辈保持敏感，但对他们的某些回忆要有适度的怀疑。在为了完成这篇论文而进行的许多采访中，常常出现以下情况：对倍受称赞的同事的怀念实际上演变成了被人们接受的杜撰，它们又被当作历史事实而反复地发表。但是人们讲述的关于马塔－克拉克的工作和生活的许多轶事和故事简直经不起历史的审查。作为尝试撰写一个当代艺术家的历史叙事的年轻学者，我很快意识到，马塔－克拉克的生活和时代的相对过去时必须要不断地用它的相对现在时来处理。在这方面，研究马塔－克拉克的作品，以及当代艺术的整体，导致一个所有史学家都熟悉的见解：历史既是过去的产物，也是当下的产物。另一方面，对任何一个在当代艺术领域寻宝的年轻学者来说，最大

图 15-2

戈登·马塔-克拉克，《分割》（*Splitting*），行为、装置，1974

的危险是成为我们的当代时刻的冷酷无情的当下性和让-弗朗索瓦（Jean-Francois）所称的"交流透明性的意识形态"的牺牲品，而"交流透明性的意识形态"是一种观念：我们可以直接获得的作为信息的事物都是透明的、易懂的，没有任何摩擦和动机。

当然，按照传统的标准，这样的研究看上去不是特别"历史的"，但在我看来，这种标准本身无意中证明了关于当下的同样思考。不久之前我听到一个前现代领域的研究生提出，研究当代材料的人们并不是真正的史学家，对"历史的"事物的兴趣也要差得多。言外之意就是，我们所做的事情完全不同于埋头于历史的那种苦差。我明白她的想法的由来。我怀疑，在我们这些研究新近艺术的人中，即使有人受到过已经消失的语言的巴别塔的挑战，或是皓首穷经于羊皮卷，抑或晦涩难解的教堂档案中，那也非常稀少。由于同样的原因，我认为她忽略了关于历史——若加以延伸，还有当代——的动力学的至关重要的东西，那就是我们作为史学家在编史中所承担的角色。正是因为我们的档案表面上的"现在时"，还有其对象虚构的透明性，研究当代材料的学者必须对历史编纂和时期划分的问题保持更高的警惕，更加适应我们所利用的范例对造就性格的影响，以及我们在面对和分析对象时所用的语调。如我希望在前面所表达的那样，这也蕴含着一种意识：当代艺术史与大学之间的关系具有它自己的校外的动机，其压力是整个人文学科所特有的。

《十月》的启示

高名潞 *

鲁明军（以下简称鲁）：《十月》自 1976 年创刊以来，对当代艺术批评及其理论的变革发挥了至关重要的作用，其编委会成员以及相对稳定的作者群也因此被统称为"《十月》人"（OCTOBER people）（或"《十月》主义者"或"《十月》学派"），您如何看待这个现象？

高名潞（以下简称高）：《十月》杂志在 20 世纪八九十年代的西方当代艺术理论界如日中天，虽然 21 世纪以来受到了"保守""僵化"的批评和质疑，但它仍然代表了西方理论界的主流声音，并且形成了系统的、学院派的当代艺术理论体系。《十月》编辑团队和作者群——不仅是杂志作者，也包括麻省理工学院出版社出版的当代艺术理论著作的作者群——被人们统称"《十月》人"。显然，"《十月》人"有强烈的优越感，

---

* 高名潞（1949—　 ），美国匹兹堡大学艺术史系教授，哈佛大学艺术史系博士，曾任四川美术学院、天津美术学院特聘教授，'85 新潮美术运动重要的参与者和推动者，1989 年"中国现代艺术大展"重要的策划者和组织者之一。从 1995 年到 1998 年期间，策划了迄今为止在西方最大型的中国前卫艺术展"蜕变突破：华人新艺术"。同时还以中国及亚洲部分的策展人身份参与策划了"1950 年代至 1980 年代的全球观念艺术展"和 1999 年在墨西哥开幕的"五大洲与一个城市"等重要展览。著有《中国前卫艺术》《另类方法 另类现代》《墙：中国当代艺术的历史与边界》《意派论：一个颠覆再现的理论》《中国当代艺术史》等。

一种类似于美国东北部常春藤学校具有的历史和正统的优越感。事实上，"《十月》人"也基本上是由哈佛、哥伦比亚、普林斯顿等东北部名校的教授或者学生组成的，目前已经有三代人了。

"《十月》人"的理论正统意识使他们不太关注地缘政治话题，而更关注对现代主义和后现代主义以来的西方主流艺术的讨论。因此，《十月》对非西方艺术普遍不很关注，这是很自然的。但是，最近有了变化，他们似乎开始对全球化课题、对非西方艺术的研究产生了兴趣。我想部分原因是西方当代艺术研究目前很难有新的突破，另一方面，过去二十年关于全球化的讨论似乎已经乏力。最近《十月》杂志正在推出一期集中讨论全球艺术史方法论的专辑，并邀请了十余位主要研究非西方艺术的学者回应他们提出的全球艺术史研究方法论的问卷，其中也包括我。问卷认为，迄今为止的全球化讨论过多注重容纳和扩张全球当代艺术的版图，忽略了方法论意义上的全球多元化和在地化的当代艺术逻辑。我认为这个问卷非常有意义，这也是我自 20 世纪 90 年代以来一直从事的工作，如探索并建立"极多主义""意派"等批评理论、策划相关的展览等。

《十月》的编辑团队是非常敏感的。他们似乎意识到，全球化问题或许正在面临 21 世纪真正的"文明冲突"。三百年来，作为主流的西方现代文明或许在后疫情时代面临来自非西方文明的挑战。如果把这个"冲突"转化为交流融合，就像当初现代主义吸收东方文明一样，那么，西方的当代艺术或许还会有一次蜕变。

鲁：您最早知道《十月》是什么时候？那个时候，《十月》在西方，特别是美国的影响力如何？

高：我 1992 年到哈佛大学，从那里了解到《十月》杂志。我还收藏

了《十月》杂志 80 年代的合订本。80 年代是《十月》最具影响力的年代，90 年代是一个新的高峰。我记得刚到美国那会儿，在当代艺术批评界，不谈《十月》似乎算不得真正的理论家和批评家。

鲁：您最早接触罗莎琳·克劳斯、哈尔·福斯特、本杰明·布赫洛等"《十月》人"是什么时候？

高：我最早接触的"《十月》人"是伊夫－阿兰·博瓦，他是哈佛艺术史及建筑史系的西方艺术史教授，是法国人。我曾参加他的 20 世纪现代艺术研讨班，研讨班结束后我写了一篇研究论文，围绕俄国艺术家利西茨基的一套版画《现代人》，讨论"十月革命"前后俄国和苏联前卫艺术的现代思想。在哈佛学习研究的优势在于，福格艺术博物馆收藏非常丰富，哈佛人可以获得观看原作的机会。我在福格艺术博物馆第一次看到了利西茨基、马列维奇等俄国和苏联早期前卫艺术家的原作。记得当时帕梅拉·M. 李、大卫·乔斯利特和我都在同一个研讨班。他俩是博瓦的学生，现在帕梅拉是耶鲁大学教授，大卫是哈佛大学教授，他们都是《十月》编辑委员会成员。我和他们算是同学，但是我比他们大十来岁，应该是两代人。因为我之前下乡、读书、工作，参与当代艺术多年。所以在哈佛大学，我的目的主要是身临其境，深入系统地研究西方的理论，这对于我是一个难得的机会，获取博士学位，并非主要目的。

大概在 1995 年，我在哈佛大学听了罗莎琳·克劳斯的演讲。那时哈佛大学想把她聘过来，但她最终还是决定留在哥伦比亚大学。我在哈佛的时候，布赫洛还没有去，他是在博瓦离开哈佛到普林斯顿后才来的，所以我没有见到他。我接触到的另一位"《十月》人"是哈尔·福斯特，先是读到他的文字，后来在研讨会见到他。他编辑的《反美学：后现代文化论文选》和另一本同时期出版的由布莱恩·沃利斯主编的《现代主

义之后的艺术：重思再现》是 20 世纪 80 年代最具影响力的后现代艺术理论文集。福斯特的写作更靠近福柯的权力话语理论。2008 年我与墙美术馆合作组织一个当代艺术研讨会，当时邀请了福斯特到北京开会，其实他对中国当代艺术不是很了解，但是身上不免带有"《十月》人"普遍的主流艺术的优越感。福斯特的写作风格与 80 年代《美国艺术》的高级编辑克雷格·欧文斯很相似。他们都有才气，有激情。他们的文字最能体现 80 年代西方艺术的激进主义。

与福斯特激进的后现代政治语言学的写作不同，博瓦、克劳斯、布赫洛等人——或者说《十月》人"中的大部分学者——还是比较喜欢更加思辨性的、更"纯粹"的理论性写作。他们大多受到了后结构主义语言学的影响。当然，克劳斯和博瓦显然还有格林伯格的形式主义文脉的影子。布赫洛则把新马克思主义的体制批判和后结构主义语言学融合在一起，所以，他最关注对欧美观念艺术——"新前卫"——的分析研究。

鲁：作为一个非西方学者，您怎么看他们的批评写作？

高："《十月》人"还是有更多的美国学院的色彩。比如，在前卫理论方面，比格尔（Peter Burger）的《前卫理论》（*Theory of the Avant-garde*，亦被译为《先锋派理论》）带有欧洲大陆哲学的特色，历史维度更宽，立论更恢宏。相比之下，布赫洛和福斯特的新前卫尽管在艺术家和作品分析方面更精致一些，却显得拘谨，立论窄一些。因此，我读比格尔和波吉奥利 ① 的前卫理论要比布赫洛、福斯特的更兴奋一些。

鲁：您觉得，过去四十年来，《十月》对于美国艺术界，乃至整个艺

---

① 波吉奥利（Renato Poggioli），意大利人，1947 年至 1963 年期间任教于哈佛大学。

术界最大的贡献是什么？

高：它的贡献主要还得从西方现当代艺术理论发展的角度来谈。首先，由于"《十月》人"很少关注非西方艺术史和当代艺术，所以他们也很少把理论运用到对非西方艺术的阐释和历史写作之中。这样一来，如果非西方的批评家直接把他们的理论拿过来用于自己的当代艺术批评中，肯定会出现水土不服的现象，因为批评对象及其语境不同。其次，《十月》的贡献主要在于他们把西方当代哲学、语言学融入当代艺术批评和当代艺术史研究中，所以他们的贡献既是学科内部的建设，也是跨学科的成果。

从西方艺术史的角度看，我认为"《十月》人"的工作嫁接了现代主义和后现代或者当代艺术，他们的理论建树是一种转化。虽然，七八十年代是后现代主义的高峰，在当代艺术实践的领域是观念艺术的高峰，"《十月》人"吸收了注重外部的社会学、经济学和意识形态文化的后现代文化理论，但是，"《十月》人"更注重并始终坚守理论自足和专业语言的更新，以此作为艺术史和艺术批评的武器。

其中一个特点是他们将媒介美学融入历史主义，借以分析当代艺术的历史演变。从中我们也不难看出"《十月》人"是怎样修正现代形式主义，并把它转化到后结构主义媒介批评之中的。

因此，我认为如果不从语言学的角度看《十月》学者的研究，就无法真正理解他们的学术，特别是第一代"《十月》人"的写作。早在 20世纪初，西方就出现了"语言学转向"（linguistic turn），索绪尔、海德格尔（Martin Heidegger）、维特根斯坦（Ludwig Wittgenstein）及伽达默尔（Hans-Georg Gadamer）在语言学和哲学方面奠定了西方学术转向的基础。20 世纪上半叶的人类文化学、考古学、哲学阐释学等都从中受益，包括现代艺术批评，其实也得益于结构主义语言学。虽然 20 世纪

七八十年代的西方人文学科仍然在"语言学转向"的笼罩下，但是已经发生了变化，出现了"上下文转向"（contextual turn，或译为"语境／互文转向"）。而《十月》人"的批评正是把后结构主义语言学融入了自己的批评之中。

"语言学"不局限于语言学研究，其实是指"你是怎样说话"的视角和方法。你要说话就必须有潜在的叙事内容，最重要的是，为了说清楚你必须得有一个叙事结构。这就是语言，所谓"不是我们说语言，而是语言说我们"，其意思是，语言作为思维方式和方法论在支配着我们的言行，而非我们的言行支配思维方式。

鲁：可以举几个相对比较典型的写作案例吗？

高：几乎所有的"《十月》人"都曾在他们发表的作品中阐明语言学的重要性。比如，博瓦多次说明罗兰·巴特对他分析现代艺术的影响。博瓦在研究俄国和早期苏联的抽象艺术时，也沿用了类似的方法，他写过一篇文章叫《物质乌托邦》（"Material Utopia"）。他的文集《作为模型的绘画》，其标题本身就是结构主义语言学的宣示。他的形式主义其实是物质形式的文本化，在博瓦那里，物质（material）不是客观物，而是技术（technic），带上了人为安排的因素，是由模型（model）的意识支配的。其实克劳斯在她80年代发表的文集《前卫的原创性及其他现代主义神话》的"序言"中特别指出了结构主义和后结构主义的区别。她用希腊故事中的阿尔戈号（Argo）船比喻后结构主义，在从地中海一岸开到另一岸的过程中，阿尔戈号船的内部悄悄改装，但外表仍然和原来一样。看似一样的叙事题材，但是叙事的结构其实已经潜移默化地变了。

欧文斯的写作中也大量提到后结构主义语言学，比如在《从作品到框架》（"From Work to Frame"）这篇论文中，他详细讨论了"讽喻"或

"反讽"（allegory）的叙事方法论，并且用"第三文本"（the third text）命名这个后结构主义方法论。其实这个"第三文本"就是我们古人所说的"意在言外"，古人的意思是，跳出语言逻辑才能获取和进入意境。欧文斯试图跳出结构主义的"意义求证"方法，摆脱在"能指—所指"对称之中获取意义的方法，用另一套带有寓言的方式去隐喻地表述，这不就是中国传统的"比兴"吗？

又比如，博瓦讨论现代抽象绘画时运用了结构主义，但这里的结构不是简单的形式结构——尽管离不开形式。这里的结构是内在的、深层的、不可分割的诸要素所结成的一种网络关系。还比如，列维–斯特劳斯的文化人类学研究。他在研究原始部族的某种习俗时，是从血缘、性别与经济的复杂关系中寻找答案、获取结论的。于是，那些习俗最终被赋予符号意义。克劳斯在她的那篇著名的分析现代艺术中的"网格"的文章里，就曾经提到她参照了列维–斯特劳斯的结构主义方法。

我曾在《西方艺术史观念：再现与艺术史转向》中描述了这个语言学转化。如果我们从语言学的角度理解媒介，就会明白媒介不是形式，而是深层的文本结构。格林伯格从"媒介自律"的角度首先提出"回到绘画本身"这一主张，其核心观念是"平面化"（flatness），这是针对古典绘画和雕塑的三度空间而言的，格林伯格认定这种三度空间透视是"幻觉"（illusion），而他所谓的平面媒介是指"网格"下面的深度结构——看不见的类似音乐乐律般的结构。晚些时候，另一位形式主义批评家迈克尔·弗雷德在讨论"极简主义"（minimalism）时提出了"剧场性"（theatricality）的概念。"剧场性"不再指单件作品，而是系列化的，空间不是一个平面形式，而是全部空间，包括展示空间。然而，这个"全部空间"是封闭的，甚至连其中的时间都是可计算的。到了《十月》这里，就出现了根本性的变化。比如克劳斯提出了"场域"（field）的概念，将大地艺术、装置艺术、表演艺术及概念艺术等纳入新的媒介观

念之中。克劳斯多次宣称自己写作的理论基础是后结构主义语言学，其策略是对立概念和对立类型之间的模糊化和悖论化（ambiguity）。比如，雕塑和非雕塑、建筑和非建筑、风景和非风景之间可以互相转化。然而，不论克劳斯把她的"场域"观念扩展得多么宽、多么无边界，她都不会让自己的叙事走到放任自流或沦为政治意识形态叙事的地步。即便是在分析罗丹的雕塑《地狱之门》时，她用复制性颠覆原创性，但其分析始终限于媒介演变自身，不刻意强调政治和经济等外部要素。正是出自媒介语言学的初始关怀，克劳斯把后现代性和当代性的各种讨论都置于现代主义首创的课题和范畴之内。在 2005 年匹兹堡大学主办的一个有关现代性、后现代性和当代性之间关系的研讨会上，克劳斯直接阐发了她的"一切源自现代主义"的观点。我参加了这个研讨会，目睹了很多与会者对克劳斯观点的批评。但是，如果认真分析她的文本，就会发现她和格林伯格之间其实渊源很深，甚至可以说她骨子里的媒介语言学方法论深受格林伯格的影响。因此，现代主义也好，后结构主义也罢，不过都是叙事语言的结构性变化。然而，以克劳斯和博瓦为代表的这种基于（形式）媒介维度的历史本质主义（historical essentialism）的艺术史叙事模式在学院教学中的影响巨大，最终成为西方学院艺术批评的修辞范本。

其他《十月》人"中，布赫洛在他讨论体制批判的观念艺术的文字中，把新马克思主义与后结构主义结合在一起，注重语言分析。欧文斯、福斯特等人的写作更接近文化政治评论，他们把福柯的权力话语批评运用到当代艺术批评中。相比而言，他们写作的火药味也更浓一些，不过最终还是依托于语言学，这是"《十月》人"引以为豪的正统批评之根本。

鲁： 这是否也是他们不断遭到质疑和批评的原因？特别是进入 90 年代中期以后，这套理论模式似乎越来越不适应艺术现场的变化？

高：是的，今天人们之所以批评《十月》保守亦源于此，因为过去二十余年间，全球当代艺术批评更多地转向地缘政治性（殖民和后殖民）和思辨时间性（"过去—现在—未来"的逻辑关系）这两个方向。从全球化批评的视角来看，可能《十月》的理论仍然属于"客体研究"，即对作品及作品语境的研究，而全球化批评更关注从外部视角对现代、后现代和当代的差别性研究。

自20世纪80年代到90年代上半期，观念艺术发展至高峰。六七十年代的观念艺术从对艺术本体的质询到对艺术体制的反叛，都体现了没有任何规范的自由精神和多元状态。《十月》杂志和"《十月》人"在理论批评方面的活跃参与，赋予20世纪西方艺术一个丰富的理论基石，这是它的最大贡献。然而，当它把后现代主义和当代艺术的无序狂热带向理论化、学院化和建制化以后，"《十月》人"开始受到了人们的批评。

比如，人们虽然承认由"《十月》人"中的四位艺术史家——福斯特、克劳斯、博瓦和布赫洛撰写的《1900年以来的艺术》一书是近年重要的出版物，但认为它没有当代性的新视角。部分原因在于这本书把20世纪分为战前和战后两阶段，实际上就是现代和当代的区分。但是，作者又明确否认这种现代和当代的断裂性，声称这样分期是为了符合学院艺术史教育的现状。

与此同时，他们坚守自己的理论体系，试图让主题、观念和流派穿越不同的时期。他们运用的主要方法论包括：心理分析学、艺术社会史、形式主义和结构主义、后结构主义和解构主义。他们认为，这些方法是历史叙事的基础，所以他们打破前后时代间的界限，把这些理论贯穿在战前和战后的艺术史叙事之中。这反映了"《十月》人"对理论自足的执着，即让理论的历史和艺术创作的历史并行，以此作为艺术史叙事的基础。这显示了其"理论至上"的情怀。同时，出于对理论和实证之间平衡的需要，此书的章节以历史事件，即每年发生的重要艺术事件为主线，

展开对 20 世纪以来的艺术史的书写。

鲁:《十月》因为过于理论化、哲学化及文风过于晦涩而备受争议，您怎么看这个问题？

高:《十月》的晦涩文风是不可避免的。没有《十月》也会有其他类似批评群体、类似的晦涩文风和语言出现。因为《十月》代表的是一个时代，它的哲学化文风也是这个时代的文风。西方 17、18 世纪，甚至 19 世纪的艺术批评文风是文学化的。20 世纪上半期的现代主义批评是社会学化的，尽管其批评对象是现代抽象形式的作品。比如，迈耶·夏皮罗对印象派的评论，以及后来 T. J. 克拉克等人对现代艺术的评论都多多少少带有政治经济学——比如阶级——的色彩。但是，70 年代以来的艺术批评主张跨学科，一方面，语言修辞和方法受到后结构主义符号学、人类学的影响，另一方面，研究的视野超越了作品对象，无限地延伸分析和解释的触角，扩展到更广的文化政治领域。我把这种研究叫作"上下文"叙事。在这个过程中，"新"的修辞和语汇源源不断地出现。当然这个"新"主要是针对旧读者群而言，对于新读者群，特别是艺术学科外的读者群而言，它也不算新。我在《西方艺术史观念：再现与艺术史转向》一书中，把 60 年代以后的这个阶段比喻为"框子"阶段，也就是说，艺术批评和艺术史叙事开始把艺术创作看作权力话语结构主导下的知识生产，艺术语言是符号，它是话语系统的一部分。如果说以往的批评主要讲怎样画（符号），那么"《十月》人"讲的是意识符号如何生产形式符号，而这种理性的、"非趣味化"的艺术批评文本必定是晦涩的。

其实，在 80 年代的中国，我们也曾遇到类似的问题。人们批评 '85 新潮的艺术家和批评家的文字太哲学化。那个时代也是一个集体追求观念创新的"文化热"时代，艺术批评也有跨学科和跨文化的激情。而且，

在中国还存在一个翻译语言的挑战，从西语翻译而来的文本和概念大量被挪用到艺术批评中，就使得文风更加晦涩。如果晦涩是时代的口音，那么它就是与知识传播伴随而来的必然现象，它就是兼具刺激性和挑战性的积极因素。

鲁：20 世纪 90 年代，您在美国的时候，艺术批评在整个艺术系统中处于什么境地？今天，都说艺术批评已经终结了，您怎么看？

高：90 年代，美国的艺术批评非常活跃。在"《十月》人"之外，还有"新艺术史学派"，他们受到法国文学界流行的符号学的影响，比如哈佛大学的艺术史教授诺曼·布列逊（Norman Bryson）就是领军人物之一，T. J. 克拉克是另一位，原先也在哈佛，后来去了加州大学伯克利分校。《美国艺术》《艺术评论》等当代艺术杂志非常活跃，推动后现代主义的发展。1992 年的惠特尼双年展是史上最激进的一次展览，克林顿总统看了也大呼太政治化了。我看了展览，所有作品基本上都是在呐喊，女权、同性恋、艾滋、少数族裔、后殖民等议题应有尽有。而在全球化的推动下，非西方的当代艺术在 20 世纪 90 年代也得到了西方的关注，在威尼斯双年展、卡塞尔文献展等国际性大展，在欧美的各大美术馆，都有了中国当代艺术的出场。1998 年，我在美国亚洲协会和 PSI 当代艺术中心策划了大型展览"蜕变突破：华人新艺术"（Inside Out: New Chinese Art），在美国艺术界引起了广泛的关注和讨论。

然而，90 年代，西方后现代自由主义和左派知识分子文化已是强弩之末。2001 年发生的"9·11"恐怖袭击事件开启了文明冲突的新世纪。以往占据道德高地的艺术批评在面临全球化开始被文明冲突所威胁的情势时突然失语，再也无力对全球政治，甚至是美国和欧洲自身的政治发言。21 世纪前 20 年中不断出现的各种令人惊叹的政治事件，比如

"9·11"恐怖袭击、2008年金融危机、特朗普主义出场等，成为人类社会中最大的"行为艺术"，当代艺术的各种噱头在其面前不过是小巫见大巫。

在人文学科和社会政治领域不断扩张的、尚处于"框子"阶段的当代艺术批评的批判声音在21世纪初戛然而止。虽然全球当代艺术和当代性仍然是一个热点话题，但其现实意义越来越弱，其地缘政治和思辨时间的视角越来越虚无，所谓的"全球当代性"终于在特朗普主义掀起的民粹主义和反全球化浪潮面前沦为失落的乌托邦。

前面提到的最近《十月》关于全球当代艺术方法论的问卷就是在这个背景下发起的。只有在全球文明真正开始多元互动——冲突也是互动——的情状下，全球当代艺术批评才能走向真正的多维视角。这将是批评的重生。在我看来，今天的批评还处在它的准备阶段。假以时日，中国的批评也将从一个多世纪的"中体西用"和"西体中用"的纠结中走向"互体互用"的新阶段。

鲁：您后来的一系列理论建构，如"意派论"与《十月》有关系吗?

高：应该说没有直接的关系。但是，因为《十月》的理论在西方具有代表性，而"意派论"离不开对西方主流理论的梳理，所以从这个角度看，也可以说"意派论"潜在地与《十月》有关。

在你提这个问题之前，我没有想过这个问题。现在仔细想想，似乎可以总结出两点关系（图16-1）。其一，"意派论"试图摆脱"精神—物质"二元论，所以不把媒介视为脱离精神而独立存在的美学元素，而这一点则是西方哲学、美学和艺术理论的基础。《十月》理论所赖以发展的基础也是这个媒介美学，不论是古典的作品美学，现代的形式美学，还是后现代的场域美学。"意派论"把媒介看作介于纯粹精神和客观物质之

图 16-1

"意派"展览现场，今日美术馆，北京，2009

间的文化喻证，这个想法受到了东方文化中"文—书—图"的启发。它们既是媒介载体，也是人文行为，也是语言积淀。文化喻证是一种多向关系，这就避免了二元论。其二，《十月》语言的晦涩反映了"《十月》人"的哲学兴趣，而我从20世纪80年代开始就对艺术史和艺术实践的哲学本根感兴趣。不论是做当代批评，还是古代艺术史写作，我都试图从哲学认识论的角度看古代艺术和当代艺术的发展逻辑。

鲁：十多年过去，您觉得"意派论"能经得起历史的考验吗？您如何看待这样一种批评与艺术史写作方式？

高：目前的"意派论"还处于初级阶段。它刚刚搭起了一个架子，还需要对整个框架及其论证逻辑做进一步严密和精致的阐述，而且要付诸批评实践。对于任何理论而言，这是必然的过程。

我认为，"意派论"的关键意义在于它所提出的认识论角度。小到文化元素，比如某种艺术风格或理念，大到文明和文化自身，本质上它们都具有缺失性（差意性）。正是这种缺失性促成了各种文明或者文化要素之间的互在、互为、互象关系。这个认识论视角可以让我们跳出几百年来西方主导的二元认识论——在艺术中就是再现主义。我认为这个视角在后2020或者后疫情时代将逐渐显现出它的意义。因为这个时代正在进入"文明冲突"的阶段，但是"意派论"主张的是文明和文化的互在兼容，而非替代和征服，这至关重要。

就此而言，我认为一个新的信号就是前面多次提到的《十月》即将发表的全球当代艺术史研究方法论的专辑，他们以问卷方式邀请了十几位来自不同领域的艺术史学者进行回应和讨论。我把问卷的英文全文翻译为中文如下：

对全球现代主义和全球当代艺术的界定，需要首先了解世界各地 20 世纪和 21 世纪艺术的不同历史、社会功能和美学谱系。作为艺术史和文学阐释学基础的"对比"（comparative）方法是否足以解决全球现代主义和当代艺术提出的问题？或是其他重要分类和工具，比如纠缠、组合或亲密关系更适合于回答上述问题？西方艺术史学的主要工具，一是形式分析，二是把国家集群（或者主体性）的扩张和收缩历史化。这些工具带有固有的帝国等级观念，并被赋予相应的价值判断，从而人为地巩固种族和国家的等级类别。因此，建立一个真正的全球艺术史远非仅仅关注扩充全球当代艺术的档案。它还要求新的理论视角，这种视角一方面来自不同的"在地"价值和艺术功能，另一方面，这个视角也同样关注这些多样价值和功能在全球流通中相遇时发生的变异情状。您在自己的工作中是否开发了某种研究模式？它们的优点和不足是什么？我们如何构建多样的现代性模式及其复杂的内在关系，以此完善我们对全球现状的理解？

——乔治·贝克和大卫·乔斯利特

　　这个问卷在某些方面印证了"意派论"所提出的认识论视角的前瞻性——全球多元性不仅仅是所谓的现象包容和地缘扩充，这很可能是另一种话语中心的变体，更重要的是要深入理解不同文化、不同文明的不同思维方式，只有这样才能获取真正的全球当代的多元性。"意派论"试图从文化认识论的角度，突破以西方为中心的地缘政治解释和线性时间观念这两种主流批评的局限性，把东方的"非意义阐释"的"另类"思维与西方"唯意义阐释"的再现哲学进行比较和互动，从中展望当代艺术批评发展的可续性。

　　我受邀回应了《十月》的问卷。在问卷中，我援引了《西方艺术

史观念：再现与艺术史转向》中的一个重要观点，即以"匣子""格子""框子"作为分析视角，阐述了西方现当代艺术史叙事的再现主义本质及其局限性和偏见所在（图16-2）。基于此，我提出了"意派论"的"差意性""互象性""不是之是"等核心要点，并简要介绍了我如何把它作为阐释当代艺术的方法论，以及如何将东方传统认识论资源转化为当代批评哲学这一探索的过程。我目前正在做中国古代艺术思维的梳理工作，希望能够充实和补充"意派论"。

鲁：谢谢高老师！期待您的新作早日面世！

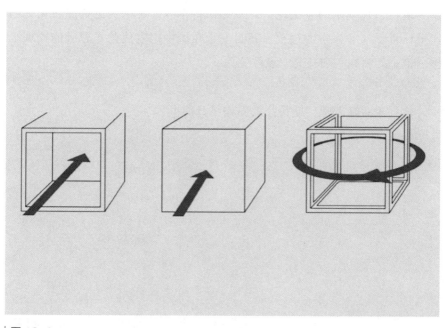

图 16-2

高名潞，"三个类型（匣子、格子、框子）再现理论视角的转向图示"，2016

《十月》发刊词

安妮特·米切尔森、罗莎琳·克劳斯

王志亮 译

我们命名这本杂志正是为了纪念这个时代。在我们这个世纪，革命实践、理论探索和艺术创新结合在一起，具有独特性和示范性。对于那时那地的艺术家来说，文学、绘画、建筑和电影需要并生产出它们自己的"十月"，也创造出激进的断裂，以此来清晰地解释环绕在它们四周的历史——内战、派系斗争和经济危机。

在那个十年里，有一件作品纪念了那场运动，这是爱森斯坦的《十月》。该作品本身即是庆典的礼赞，其美学创新也是社会变革过程中的航标。为纪念革命胜利十周年，爱森斯坦接受委托，在 1927 年到 1928 年间拍摄了《十月》。《十月》是苏联无声电影的集大成者，改变了我们这个世纪一种艺术范例的性质。这部影片是一项艺术革命工程即将进入尾声的标志。据我们所知，《十月》是爱森斯坦实现另外两个乌托邦项目——《资本论》与《尤利西斯》——的基础。在这部电影中，理性蒙太奇的创新完满实现了其辩证的潜能。作为对《十月》的最终限制，这些观念和责难被铭刻在各艺术门类之中。

我们的目标不是树立革命的神话，或为革命立传。在我们的时代，各艺术门类正在繁荣发展。我们想做的是，再次开始研究这些艺术门类

之间的关系。我们这样做，也是要讨论它们在问题重重的历史阶段所扮演的角色。我们不希望以单调乏味的规整语气与读者分享某种自以为是的伤感情绪，像是提供证据说"事情已经不如从前"，如 1967、1957 或 1917 年那样。

这个国家的文化生活，过去是碎片化的区域主义，现在被强有力地改变了。这一改变，得益于过去 15 年一些关键艺术门类之间的交叉融合。因此，表演艺术的创新因画家和雕塑家的成就而发生转变，电影制作人的创新则来自诗歌理论和实践。

但是，没有刊物去了解和支持上述趋势。美国艺术批评依然孤立无援，陈旧不堪，它的基本判断和假设依然基于文学院的知识才得以可能。我们最为熟知的专业期刊——如《党派评论》、《纽约书评》、《杂录》（*The Miscellany*）——就充斥着文学内容，并归属于文学院。更重要的是，它们充满局限性和矛盾。实际上，正是它们造成了批评话语与重要艺术实践的分离。更有甚之，它们坦然忽视艺术和批评方法的创新，在知识界鼓励新的庸俗主义。想了解当代绘画和雕塑最新发展的读者，想探索新型电影形式的作者，必须阅读多种非常专业化的评论期刊——《戏剧评论》（*The Drama Review*）、《艺术论坛》、《电影文化》（*Film Culture*），但这些期刊也无法为具有穿透力的批评话语提供平台。这类刊物未给批判性的交流提供框架，在更大的理论语境中，它们也未给互文性提供依据。

《十月》计划以季刊的形式出版，内容不只是聚焦跨学科。在杂志中，我们将尽最大努力，以最直接的形式阐述这个国家艺术实践的内在结构和社会之间的关系。杂志关注的主要对象是视觉艺术、电影、表演和音乐，其中文学与这些艺术门类的关系将被着重关注。《十月》会发表学者和批评家的批判性和理论性文本，发表那些曾影响当代实践的艺术家的文本和档案。它也会发表以上文本的外文译文。这本杂志聚焦当代

性，这势必会带来对历史发展的一系列再检验。

《十月》的结构和策略基于以下主要关切点：集中而且仔细地评价现在可用的方法论，试图革新和强化关于当代艺术的批判话语。《十月》的文章具有强烈的理论性，但是这一点会在与当代艺术实践相联系时得到相应解决。我们相信，只有坚持关注这些艺术实践的经济和社会基础，坚持关注它们产生过程的物质基础，坚持关注它们在这个独特的年代所拥有的强烈的问题性特质，上述任务才能得以完成。

正如这期杂志所展示的，确实，激进的艺术实践和主流文化之间的张力是这本杂志关注的主题。这里需要澄清一下，涉及这类问题，马克思对巴尔扎克的判断是典型，卢卡奇对布莱希特和卡夫卡的评价则不是。马列维奇和布拉哈格的唯心主义会更有意思，也是这类矛盾更具问题性的典型，它们需要被分析，而不是被置之不理。

"十月"是一个指涉，对于我们来说，它不仅是典范，而且具有启发意义。我们认为不存在有关社会主义现实主义的争论。艺术开始并结束于对它所处惯例的辨识之处。我们不致力于那种社会批判：它沉浸在自己的虚情假意中，相信一幅有关越南战争的壁画会被镇压。这件作品的作者是住在纽约的白人自由主义者，而这场战争主要由贫民区的居民参与，被来自南方的下层中产阶级的信条所驱使。

我们也不同意这样的陈词滥调：认为艺术批评的潜在读者不熟悉艺术作品。

《十月》会看起来很素净，为了文本的清晰性，我们才会考虑配上插图。我们之所以做出这样的基本考虑，是为了强调文本的优先性和作者的话语自由。长期在主流杂志工作的经验让我们确信，有必要重整绘画和雕塑批评，这对其他艺术形式也同等重要。这类批评原本充满智慧且自律，现在却被泛泛而谈的评论和奢侈的插图严重削弱了。《十月》希望诉诸这类读者：他们和很多作者、艺术家一样，感到当下的批评形式正

在催生一种图像式报刊，这类报刊转移和违背了批评的初心。有限的和谨慎的插图主要为《十月》文本的核心目标服务：这些坐标轴线绘制出当代艺术实践和关键批评话语的地图。

《十月》圆桌会议：艺术批评的现状 *

乔治·贝克、罗莎琳·克劳斯、本杰明·布赫洛等

徐旷之 译

　　乔治·贝克（以下简称贝克）：我想从保罗·德·曼（Paul de Man）的文章《批评与危机》（"Critical and Crisis"）聊起。因为在这篇文章中，德曼指出 20 世纪 60 年代末的批评活动深陷于一种创新与过时的循环之中，但在我看来，这个循环在今天已经过时了：

　　　　支配批评的准则并使之成为知识界基石的既定规则和惯例已经被破坏殆尽，大厦将倾……危机的各方面显而易见，例如，往往相互冲突的倾向却以难以置信的速度接踵而至，以至于任何东西在成为前卫主义的极端观点之前便即刻过时了，"新"这个危险的词汇从来没有被如此随意地使用过……今天，几乎每一本新书都开创了一种时髦的新批评。

---

* 与会者包括：乔治·贝克、罗莎琳·克劳斯、本杰明·布赫洛、安德烈·弗雷泽、大卫·乔斯利特、詹姆斯·梅耶、罗伯特·斯托尔（Robert Storr）、哈尔·福斯特、约翰·米勒、海伦·莫斯沃斯（Helen Molesworth）。会议时间：2001 年 12 月 14 日。会议地点：纽约。本文译自 "Round Table: The Present Conditions of Art Criticism", *OCTOBER*, Vol. 100, Spring 2002, pp. 200—228。

这段话也许让我们中的一些人感到怀旧。我们今天并没有看到德曼所说的批判性话语——一种曾经以艺术和文学批评为形式，从哲学、社会学、结构语言学、人类学、精神分析学等领域借鉴视角的写作——的不断更新。像克雷格·欧文斯这样致力于跨学科批判性话语的批评家，曾梦想消除文化的"劳动分工"（divisions of labor）。但也许，更让人感觉在自讨苦吃的是，现代主义批评的精英主义并没有被消除，艺术批评自身却在跨学科的过程中产生了更大的问题：晦涩的语言风格以此为借口大行其道，艺术批评一以贯之并坚守的东西也借机被抛弃。现在，我没有兴趣宣称艺术批评已经过时，但有关这场危机本身的看法却让我感兴趣：正如德曼所说，批评和危机，总是携手同行，而且往往更具活力。艺术批评的实践从来没有像现在这样身处困境。造成今天这种困境和危机的其他因素是什么？

罗莎琳·克劳斯（以下简称克劳斯）：好吧，关于这一改变我举一个例子。我认为，画廊主过去觉得，艺术品不能存在于话语真空中，它的存在部分是由批判性话语赋予的，因此需要批评家严肃的批评文章。但是在过去十年里，这种需求在艺术家和画廊主身上似乎大打折扣，以至于大部分编辑机构都消失不见了。取而代之，似乎只要艺术家定期在知名画廊举办展览便足够了。同样，老牌艺术杂志也不再认为艺术家必须被置于某种话语空间才能赋予作品重要性。

本杰明·布赫洛（以下简称布赫洛）：我支持这一点。我认为，在过去的二十年里，我们见证了一个非同寻常的抽象过程，或者说抽离（extraction）过程，我们达到了一种前所未有的专业化高度。传统假设认为，艺术实践理应产生一种批判性的，甚至是乌托邦式的体验，一旦这种假设消失，留给我们的就是一种机构利益至上的感觉。批评家判断力

的失效，是由策展人有组织地进入文化生产机构——例如，国际双年展和群展——以及藏家在市场或拍卖会上与藏品直接接触而导致的。现在，你必须具备的是对品相的判断力和专业投资所需要的高水平鉴赏力。我这样夸大其词——我承认这是夸大其词——其实是想说，在投资中不需要批评，需要的是专家。你根本没必要对"蓝筹股"进行批评。

批评，作为一种传统上独立于体制和市场的声音，作为调解前卫文化公共领域各个环节的中介，显然是最先消失的。接下来是博物馆的传统功能。这两种艺术公共领域的要素都已经成为神话和过去，因为没有人真正想知道，也没有人再需要知道艺术实践的背景、历史、意图和愿望。

我认为这次讨论是一个非常好的契机，在座的各位包括：作为批评家的艺术家或以非常批判性的方式工作的艺术家；第二代、第三代艺术批评家和艺术史家；作为主要博物馆策展人的批评家。我们可以从这些群体所代表的不同视角和立场来思考这些新的境况。

安德烈·弗雷泽（以下简称弗雷泽）：先回到罗莎琳的讨论，我认为在这里区分不同类型的批判性话语和不同类型的艺术写作很重要。我们必须谨慎对待对批评的定义。例如，如果我们根据批判的标准来定义批评，我就不得不问，画廊图录中的文章，从根本上说是营销工具，它们是否真正扮演过批评的角色？另一方面，如果我们把批评定义为关于艺术的写作，那么图录和期刊上的严肃写作在建立艺术声誉方面可能起不到多大作用，大众报刊和媒体似乎正在发挥更大的作用。

布赫洛：你能给我们举个例子吗？

弗雷泽：伦敦就是个很好的例子。英国青年艺术家（Young British Artists，简称 YBAs）更多的是被英国的大众媒体所定义，而不是被英国

国内的艺术市场所定义，他们也没什么国内艺术市场。在美国，时尚和庇护它们的杂志在定义艺术方面发挥着更大的作用，并通过宣传为艺术家创造市场。

大卫·乔斯利特（以下简称乔斯利特）：我认为重要的是，思考批判性话语发挥的作用。传统上，它的功能是判断或解释。为了回应本杰明的开场白，我认为批评作为一种解释的模式仍然存在。但如今难以维系的是，批评作为一种有影响力的判断模式。有趣的是，我认为大众媒体才是产生当下那些判断的地方。所以，如你所见，现在 YBAs 成为一种流行的文化实体。

布赫洛：YBAs？

乔斯利特：英国青年艺术家。大概是一种征兆吧。

詹姆斯·梅耶（以下简称梅耶）：我想提一个有关实践的问题，具体来说，是艺术实践与批评的关系。似乎很多实践对批评不感兴趣。你可能已经感觉到，艺术实践并没有关心我们过去思考的那些紧要问题和辩论，也没有关注在座各位的批评。人们似乎丧失了对批评的兴趣或信仰——认为批评本身就是一种必要的、有价值的、值得关注的东西。而且我们也看到人们对批判性——一种涉及批判性思维、批判性问题的艺术方法——丧失了兴趣，尽管这种联系可能不那么明显。当下的许多作品都懒得回应批评者和批评。显然，艺术家们声称不关心批评是一种古老的传统，比如弗莱文或德·库宁，他们曾公开蔑视批评家。但事实往往是，这些艺术家其实很在意，并且热衷于阅读批评，而现在的情况似乎并非如此。

罗伯特·斯托尔（以下简称斯托尔）：如果批评没有被认真对待，部分原因可能是所说的话，或者至少是批评使用的语言和风格，不再奏效或有用。如果你想抛出某种观点，摆出某些案例，你必须意识到，许多年轻的艺术家对70、80年代乃至90年代初占据批评主导地位的假设和论调已经不再着迷。因此，提出问题的方式至关重要，但写作方法和批评性语言同样重要。如果你没有得到回应，并不一定意味着人们漠不关心那些亟待解决的基本问题，关键是，它们如何被提出。

　　克劳斯：你能说得更具体一点吗？你说的是哪类写作者？

　　斯托尔：比如，戴夫·希基（Dave Hickey），如果说他是一个好的写作者，这在很大的程度上与他所获得的回应有关。

　　布赫洛：他有那么多回应吗？我不是假装无知，我真的不知道。你是说在艺术家中间？

　　斯托尔：当然，他有。

　　哈尔·福斯特（以下简称福斯特）：戴夫·希基的吸引力部分在于他形成了一种波普自由主义美学，一种非常适应市场的新自由主义美学。阿瑟·丹托也给很多人留下了深刻的印象，因为他从另一面，即哲学的角度，提出了一种相对主义，而这种相对主义恰恰取悦了市场。

　　斯托尔：我并不完全认同戴夫的观点，但我很欣赏他对市场问题的坦率。我认为我们不应该一提到市场就有以下观点：一是缺乏远见；二是求新；三是无所不能。在我们以一种抽象的、总体的或"元"的方式

谈论市场之前，我们必须坦率地接受以下事实：人们总是为了钱而写作，他们总是试图影响舆论，而他们影响的一些人实际上是消费者。然而，我想说的是，戴夫的主要读者并不是那些购买艺术品的人，如果你去看看他推的那些作品，事实上，大部分在市场上并不是非常成功。戴夫的主要读者是那些喜欢阅读和思考艺术的人。

弗雷泽：在这里，我要再次指出，艺术市场有不同的类型。有经济的、商业的市场，但也有艺术领域的知识市场，包括学术界和机构，比如博物馆、基金会和公共机构。这些市场也是市场，因为它们也是在不同形式的资本角逐下形成的，并创造价值——不仅是经济价值，还有历史价值。就像拉里·高古轩（Larry Gagosian）就宣称，"我代理艺术家的底线"是他们至少在历史上占据一席之位。对我来说，重要的问题是这些不同类型的市场和特权化的资本形式之间的关系，即它们在艺术领域内的相对权威和自主权，以及将特定实践合法化的权力。

约翰·米勒（以下简称米勒）：当然，艺术写作大多不是为了钱——因为根本没有钱——更多的是为了通过出版获得学术界的地位。因此，写作者的回报不是稿费，而是首先建立起一种与市场明显对立的声望。随着它的积累，象征资本总是可以转化为真正的资本。

斯托尔：你指出的这点很重要，因为到目前为止我们已经提到了博物馆和市场，但学院本身和博物馆一样都是机构。作为一个在20世纪60年代积极参与学生运动的人，我好奇的是，那些目前从事批判性实践的人似乎认为，除了学院以外，一切都应该遭受抨击。这是一个可疑的豁免。

布赫洛：我们并不想把学术界排除在思考之外；事实上，那是安德

烈对你前面言论的提醒。我想回到我先前关于批评消亡的观点。这在某种程度上是在观念艺术的背景下开始的。我可以把我前面所说的整个逻辑颠倒过来，把重点放在以下事实上：60年代最激进的艺术实践及其后续的发展，针对的不仅是艺术作品的商品地位或其制度框架，依托于艺术实践的次级话语（the secondary discursive text）同样是它们批评的对象。批评和所有的次级话语都受到了强烈的抨击，这是我们不应低估或忘记的。因此，在一个更加辩证的当代图景里，读者和观众的能力已经达到了足以蔑视和谴责批评家介入的水平。

贝克：你指的是哪些艺术实践？

布赫洛：从约瑟夫·科苏斯开始，整整一代的观念艺术家曾设法系统地处理这些问题。但科苏斯并不是第一人，我必须把功劳归功于安德烈·弗雷泽，她对批评家这一角色的能力提出了质疑。我不认为安德烈的作品需要任何批评，因为她所做的事——或者如她所宣称的——至少部分在过去是属于批评家的职责。我想说的是，我们应该构建一种更加辩证的解读，承认在批评的次级话语消亡的同时，观众、演讲者、读者的能力也在提升。

正如我在前面所说的，这一历史现象的另一面是市场对批评能力的消解。在市场中，博物馆的公共领域不再需要生产者和接受者之间的第三种独立声音。现在，明显地，艺术日益沦为机构权力结构的维系者，这当然与读者和观众能力的提高恰恰相反。正是在这样的时刻，当批评家在我们的文化结构中不再占有一席之地——现在我要回到罗伯特身上——像戴夫·希基这样的热情替代者又变得重要起来，他给予我们一些没有社会功能、没有话语立场的东西，但它们却充当了批判的安慰剂，似乎是在重振过时的批评实践。

斯托尔：这恐怕有失公允。我不会为戴夫所说的一切辩护，但我认为我们不能因为某人没有乌托邦式的愿景，或他们没有社会愿景，就认为他没有价值。相反，我认为，实际上，戴夫所做的部分工作是解构或试图解构一套关于前卫的神话以及它与艺术界观众和读者的关系，并将某种他认为被学院和博物馆垄断的权力返还给观众和读者。基于我在博物馆的工作，我了解这些事情是如何发生的，以及公众的自主性是如何被机构实践和机构行为所损害的。虽然我不是学院的正式成员，但我在学院中成长，深刻地意识到学院的权威也可能被滥用。

贝克：如此说来，戴夫·希基是艺术批评界的罗宾汉。

斯托尔：我不是说他是罗宾汉，我是说他是一个严肃的竞争者，因为他触碰到了现实权力关系的神经。假设严肃的批评仍然需要一个乌托邦式的愿景，这至少值得怀疑。

海伦·莫斯沃斯（以下简称莫斯沃斯）：我认为戴夫·希基现在如此受欢迎的原因之一是，他坦率地谈论了市场以及市场、品味、艺术界和博物馆之间的关系。然而，我认为他并不是一个真正的艺术批评家。这让我想到了一个更平常的问题：我们所说的"批评"到底是什么意思？特别是我不同意詹姆斯和本杰明关于批评"消亡"的讨论。我发现，对一些艺术家来说，批评仍然非常有意义，他们热衷于和批评对话。我的反驳有两点：第一，我很谨慎地猜测，像安德烈这样的艺术家之所以不需要批评家，是因为她把批评带进了自己的实践，但我认为，站在作品外部去谈论艺术总是有其优势的；第二，我认为我们对一些艺术家目前回应批评的方式并不太理解，也不了解。就拿雷切尔·哈里森这样的艺术家来说吧。实际上，她的作品早已进入了在座诸位关于极简主义、现

象学以及摄影在景观文化中所扮演的角色等各类文本之中。但我认为，她目前所做的工作也许并没有被她试图与之对话的人所注意到。我想说的是，我不想在我们还没有确定"批评"是什么之前就宣布批评已经死亡。

乔斯利特：我同意我们需要一个更具体的定义来明确什么是"批评"。我想回过头来聊一聊批评是做出判断而不是简单的解释这一点。那么问题就变成了，在你的判断之下真正保留的是什么？

贝克：所以，你现在也要区分批评和艺术史了吗？以你所言，解释可以被看作是艺术史的工作，而判断则是批评的任务。

乔斯利特：好吧，这更糟糕。我认为当前的一个关键问题实际上来自艺术史，但超出了艺术史的界限。这与视觉文化的问题有关，它取决于一种对边界的区分———一种关于审美阐释对象应该是什么的判断。

贝克：提到这个问题，让我们回到批评家专业化的问题。艺术批评家并不一定非要在更宏观的历史背景下谈论视觉文化。所以我们回到了本杰明提出的问题，一方面，是某些能力的消解，或者相反，一个新的空间为批评敞开了。

米勒：我实际上看到了观念艺术实践留下的另一种遗产。很多第一代观念主义者陷入了一种错误的主观意向，他们认为，消除了批评家，观众就会更好地、更直接地理解他们的意图，即作品的真正含义。但是，我们可以从文化研究和杜尚的立场来思考批评家的"去专业化"（de-skilling），正如杜尚的作品意味着艺术家的"去专业化"一样，它也意味

着随之而来的批评家的"去专业化"。

乔斯利特：但你不认为这反倒是一种真正的"再专业化"（re-skilling）吗？我认为杜尚的例子有助于我们认识到审美或语言技巧发展出了新的替代形式。

米勒：我只是就本杰明的话来说，但我接受你的观点。尽管如此，再专业化仍然是一种断裂，扰乱并使得业已存在的能力丧失合法性。

布赫洛：让我们举个有趣的例子吧，比如约翰·米勒这样的艺术家，他既是一个艺术家，也写评论，还开了一门艺术家的批评写作课程，这是一个非常棒的点子。然而，当我读到你的批评时，总是惊讶地发现，你的批评与我的是多么不同。简单地说，在你的作品和你的批评之间具有一种连续性，每当我阅读你的批评时，便意识到自己并不总是能和艺术项目在一个频率上。我将自己视为一个竞争者，充满怀疑地审视、质询、探究，但你却可以连贯地把注意力从自己的创作转移到其他艺术家的作品上，转移到学术问题上。你的文化研究基本上和你的实践是同步的。对我来说，当我面对新的艺术实践时，挑战、争论、犹豫、怀疑是批评不可或缺的元素——但愿这不是仅有的。这就好比是，在某种神话变得强大之前，我想要一探究竟。但是对于你，这不是问题，相反，你可能会说"神话还远远不够强大"。我觉得你很少去解构一个美学方案，你还有什么要补充的吗？

米勒：这取决于我写的是谁。但我认为，总的来说，即使是明确的怀疑和质疑，最终也可能成为一种肯定，这取决于批评者的影响力有多大。

贝克：但是约翰，你确实在一些评论中强调，艺术家批评家——正如你自己——和学院派批评家，或新闻批评家之间存在区别。某种意义上，你一直在阐述不同的批评立场和功能。你的立场暗示着，这场对60年代以来批评传统功能的挑战，既没有消解批评的权限，也没有抹除劳动分工，更没有导致批评"面目全非"。事实上，在实践中，艺术家和批评家、策展人和学者之间的区别并没有消失，真正的区别在于不同形式的批评、不同的空间和更加多样的功能。从这个角度看，批评和批评家的形象不是单一不变的，而是断裂的，它需要的不是一部历史，而是几部历史。

莫斯沃斯：但是如果我们同意大卫之前的观点，即批评的功能现在是一种判断，而不是解释，那么他这里所说的"判断"实际上是指什么？是指艺术的好坏、能否进入正典，还是指像唐纳德·贾德提出的"兴趣"标准那样的东西？做出判断的条件是什么？

布赫洛：如果不是基于解释的话……

乔斯利特：当然，它们是基于解释的，但批评的危机之一可能来自一个事实，即有关"品质"（quality）的概念对我们这些人来说已经丧失了合法性。所以你不能说这是好的，那是坏的，至少不能像历史上较早时期提及"品质"时那样说。

福斯特：如果抛开品质，判断对你来说意味着什么？我这一代批评家——也是你们这一代——肩负的一个使命，就是反对将批评与判断等同起来。某种程度上这也是对格林伯格的一种反抗。

乔斯利特：我认为，人们可以判断是什么构成了一个对象，这是我感兴趣的。

布赫洛：一个审美对象？

乔斯利特：没错，或者是一个历史对象。

福斯特：如果我没听错的话，大卫的建议是，现在批评家要做的是决定是否要跨越艺术和视觉文化之间的边界：跨学科写作，或者，如果你喜欢，反跨学科。这听起来像是一项学术任务，但对你来说却至关重要。

乔斯利特：我给你举个例子。最近我写了一篇关于惠特尼美术馆"向光而行"（Into the Light）展览的文章。我认为，这个展览并未像它所声称的那样，为视频和影像装置构建一部历史。历史意味着时间的流逝，我尝试去思考在构建以瞬时性为特征的媒介的历史时所遭遇的问题。我认为这并不是策展人（克里斯·艾尔斯 [Chrissie Iles]）个人的失误，而是体现了一种普遍的危机，即如何将短暂的媒介转变为一种历史对象。

福斯特：也许这不是她的本意。

乔斯利特：这我不确定，但我们在谈论批评，这是我作为一名批评家所看重的事。

贝克：我想多听听关于标准的讨论，关于"品质"之后的标准。不仅仅是大卫的，还有詹姆斯和海伦的，他们是年轻的一代，没有那么多公共话语来形塑他们的标准。我的标准不是单一的或统一的，有时是偏

形式的，有时是政治性的，它们主要回应了两点：一是对艺术实践场域转变的回应，这仍然是批评家的任务，应当试图去勾勒和描述；二是对批评家和艺术家现在所处困境的回应。所以，对我来说一个很重要的标准——也许只有在今天它才能作为一个标准——也是今天的批评必须愈加把握住的一个功能，就是把那些被压制的实践带入公共话语之中。

作为批评家，我的榜样是探险家。当然，批评家总是如此，人们必须警惕，不能仅仅服务于研究。但我所设想的那种"探索"现在变得越来越困难了。今天的艺术界没有任何所谓的"外部"，几乎任何你能想到的实践都会立即获得肯定，年轻的艺术家通过全球双年展得以迅速流动。外部的存在变得越来越模糊，任何批评家都很难界定它们。外部不是关于新的或当前被忽视的东西；而是关于被沉默、被压抑的东西。说来奇怪，我的批判意识形成的过程就像一次调研，颇费功夫。在座的其他人也在从事这项工作，比如詹姆斯和海伦，我肯定从他们的工作中受益。在我接触批评的时候，他们整整一代人的艺术实践推动了60—80年代批判策略的发展，但是他们却被美国的杂志和画廊所忽视，如果我那时候靠读这些杂志和参观这些画廊来积累经验，我肯定也会被蒙蔽。但恰恰相反，在二十五六岁的时候，我仔细阅读了每一期的德国《艺术文本》杂志。你会突然意识到纽约已经变得有多狭隘，它对艺术和文化的定义有多局限。你也会意识到那些活跃的国际批评家的视野有多狭隘，这里没有任何"外部"可言。但作为一个批评家，我的艺术写作有一个很明确的选择，就是要平衡知名艺术家和非知名艺术家的数量。标准涉及对质量的判断；在批判性任务被消解之后，标准或许就成了强制的标准，比如定义沉默、阐明压抑，为某些类型的作品、某些艺术诉求营造一个得以为继和发展的空间。

福斯特：不过，这是批评家的老任务了。

贝克：这仍然是我所看重的。

福斯特：某种意义上，我同意你的观点。但现在的不同之处在于，人们对高级艺术（advanced art）的定位没有达成共识。批评家出现在 19 世纪的公共领域，他们寻找挑战资产阶级秩序的作品。那时候艺术和批判性实践有空间去解决秩序中的冲突和矛盾。甚至在 20 世纪 60 年代，人们对高级艺术和高级批评（advanced criticism）也能够达成这种共识，"金钱的脐带"（umbilical cord of gold）便验证了这样一种共识，而非妨碍这一共识的达成。

斯托尔：哈尔，你引用格林伯格关于金钱脐带的说法是对的，但是如果你回到波德莱尔，回到他声称打心底蔑视他为之写作的资产阶级的那一刻，事实上，他仍然在争取这个群体内的观众。他在寻找那些可能倾听这种挑战的人，他期待和他们谈论艺术。很明显，这些人是他的听众，这是历史事实，既是关于那个时期的潜在受众的事实，也是关于他的事实，他在很多方面是一个资产阶级者。在我看来，除了历史上那些发生过真正革命的地方，你所说的悖论相对来说并没有改变。否则，我们就会一直陷入一种境地：我们既反对又试图吸引那些我们认为能够理解我们所理解的人，但他们的审美初衷或社会、政治观点可能和我们根本不同。

布赫洛：好吧，针对哈尔的观点，我来问一个非常具体的历史问题。这个问题不是怀旧，也不是抱怨。罗伯特，你不认为 20 世纪 60 年代末到 70 年代中期，威廉姆·鲁宾领导下的现代艺术博物馆，仍然与格林伯格、迈克尔·弗雷德还有很多别的人有直接的联系吗？这个资产阶级公共领域的机构与他们通气，它认真对待批评家的声音了吗？

斯托尔：当然。

布赫洛：你是否同意这种情况已经不复存在？

斯托尔：批评家和博物馆之间产生联系并不一定总是好事，事实上，在我看来，鲁宾在很多方面都要为 MoMA 的狭隘化负责。阿尔弗雷德·巴尔（Alfred Barr）创建的这座博物馆，是一个多学科的博物馆，尽管不完美，但仍然推崇真正的国际主义，同时也是一个真正容纳不同艺术实践的博物馆，而不是试图从中筛选出每个人都能认同的"主流"——在这方面格林伯格帮了一点小忙。

福斯特：赞美巴尔是对本杰明问题的奇怪回应。目前博物馆对批评家的观点缺乏兴趣才是问题。

斯托尔：我只是说，作为一个历史事实，我认为鲁宾对现代主义的看法比创建博物馆的人要狭隘得多。而且，很多人反对的博物馆不是巴尔的博物馆，而是鲁宾的博物馆。我一直希望见证的一件事，就是现代艺术博物馆的再次开放。最近几代人都有一种意愿，那就是建立一个更能代表巴尔最初在 1929 年至 1943 年间构想的现代艺术博物馆。我们可以把博物馆的问题和我们一直以来的批评联系起来。诚然，批评的风格有很多，为批评设定的目标和方案也很多，但如果你开始反思批评的"失势"，或者"寡不敌众"，你就必须考虑自己是否已经尽己所能地积极争取现有的公众，并以你的方式去影响他们。毕竟，波德莱尔是在为普通读者写"沙龙"系列，尽管其中一部分人是他所深恶痛绝的。即便如此，他还是写出了有史以来最伟大的批评，他写这些文章是为了让读者阅读。有些批评家是为了争取一般读者，或者至少是为了争取其中可能

有所回应的那部分，而有些批评家基本上是为其他专业人士或从业者写作，两者之间有很大区别。我并不是说谁比谁更好，我认为不应该把他们相提并论。

弗雷泽：如果罗伯特是在问"我们的失势"是否是因为我们没有有效地争取读者，那为什么不是因为我们正身陷竞争之中？因为我们已经陷入与流行文化、时尚杂志以及大众商业娱乐的竞争之中？因为我们已经接受并投身于一系列可量化的、追求曝光度的赌注之中？这并不是呼吁回归精英主义和蒙昧主义，而是承认一个历史性的转变已经发生。为艺术博物馆培养观众的野心在很大程度上是由 70 年代的公共资金推动的，这点极其重要。那时私人博物馆开始意识到公众和公共责任，艺术家、批评家和策展人也是如此。但在 80 年代和 90 年代，当公共资金让位于企业资金时，公众变成了市场。而博物馆的公共责任意识在很大程度上是透过专业和机构的需求折射出来的，机构再生产的所有需求都体现在竞争和增长上。因此，为艺术而艺术被为艺术而增长所取代——后者通常不过是为增长而增长的一道单薄的幌子罢了。首先我们要问的是，为什么艺术，或艺术家，或博物馆，或批评家，应该有更多的观众？这些观众实际上是如何参与进来的？这个问题的答案应该是艺术家、策展人和批评家的基本准则。如果仅仅是为我们的产品和服务创造更大的需求，那么好吧，我们已经输了，至少就我而言。

福斯特：罗伯特的话中有一个问题：波德莱尔对他为之写作的公众的态度是矛盾的。但我们现在的情况非常不同，很多批评家在写作时公开认同他们的读者。

弗雷泽：有鉴于此，重要的是不仅要思考关于艺术实践的批评，而

且要思考作为一种艺术实践的批评。

乔斯利特：安德烈，你认为有没有可能成为一名艺术家而不受益于批评？当然艺术总是包含着这样或那样的批判性实践，但我说的是受益于由艺术批评家阐述的批判性话语实践。

弗雷泽：不太可能。但艺术家受益于批评的方式非常不同。我吸收批评的方式在很大程度上受限于观念艺术、体制批判，以及 80 年代初、中期进入艺术界的批判理论等遗产。讽刺的是，也许我受益于批评的方式是成为一名真正的"体制批判者"，这把我引向了一个相当极端的立场，即艺术批评不应该存在。这可能是为什么没有关于我的作品的专著的原因。

梅耶：安德烈，你肯定受益于批评家和艺术批评。

弗雷泽：我并不否认。我只是表明一个极端的立场，这是在我吸收观念艺术遗产的过程中产生的。但我并不像本杰明那样——本杰明，如果这是你的意思——认为那份遗产主要是对体制框架中的次级话语进行批判。对我来说，这份遗产更多地是对艺术家参与机构合法化这一抽象机制的批判，即他们把自己和作品交给机构，成为任由其阐释和推广的对象。所以我多年来的立场是，艺术家有责任代表自己；艺术图录不应该是关于艺术家的，而应该是关于艺术家的项目的，这种图录不应该包括外部写作者撰写的关于艺术家的传记或文章。我确实认为这些内容很容易使图录沦为营销工具，但这并不是说，图录不应该包括外部写作者撰写的关于艺术家的项目的文章。

莫斯沃斯：我被搞糊涂了。

弗雷泽：这一立场源于一种观念，即艺术界的劳动分工本质上还是一种追求合法化的劳动分工。后者是产生艺术作品价值信念的基础，因为它制造了一种可以自由投身其中、可以进行独立判断的表象，并在不同程度上美化了艺术的物质价值以及艺术从业者投身其中的个人与行业间的利害关系。虽然批评家的自主性概念可能比艺术家的自主性概念更加漏洞百出，但它可能在艺术作品信仰的生产方面发挥着更大的作用。

莫斯沃斯：我还是不明白。我们由罗莎琳提出的艺术意向性表述中的误区而展开了一系列关于批评的讨论，但现在看来，似乎艺术家有最后的发言权，安德烈近来说了一些类似"除了作品本身，一篇文章不应该写任何东西"的话。我想知道，艺术作品，就其部分功能而言，作为一种潜在的对话策略，这种看法发生了什么变化？我们对批评的信念产生了什么变化？我们曾认为批评是将艺术对象置于一个更广阔的文本、对象和机构的话语场域之中，并阐明它是如何运作的，而不是阐述艺术家所描绘的艺术项目。我们相信，应该围绕对象而不是艺术家展开对话，这又产生了什么变化？

弗雷泽：如果我认为艺术批评不应该存在，那肯定不是因为我认为艺术家应该是他们世界的主宰。恰恰相反，就像所有的分工一样，艺术界也有等级结构，但这些等级并非一成不变。

从体制批判的角度来看，我把批评定义为一种伦理实践，是对我们参与其中的支配关系的再生产方式的自我反省和评估，对我来说，这种支配关系的再生产包括对权限以及其他形式的制度化权威的垄断和利用。正如艺术家可以而且确实在滥用他们的权威，我认为批评家和策展

人也可以而且应该进行体制批判。因此，如果说有什么不同的话，我认为那种根植于对等级制度渴望的艺术批评不应该存在；相反，应该秉持一种观念，即艺术家、写作者和策展人是合作者，致力于一个共同的社会和文化项目。我想这就是露西·利帕德看待自己在观念艺术和女性艺术运动中角色的方式。以我在 80 年代的经验来看，布莱恩·沃利斯在策划"残次品"（Damaged Goods），以及"物料组"（Material Group）和玛莎·罗斯勒在编辑迪亚系列艺术书籍时，也是这样看待自己的角色的。这些书并不是关于"物料组"或玛莎·罗斯勒的，而是关于文化民主和住房危机的。

布赫洛：但这显然是一种过时的立场，带有很强的怀旧色彩，更不用说回首往事的感伤。更确切地说，20 年来，路易斯·劳勒一直认为所有的艺术实践都是合作项目。我想现在我们已经清楚，文化生产的体制和范围都已经发生了变化，如果说我们正在进行一个合作项目，由朱利安·施纳贝尔（Julian Schnabel）、我，还有其他人组成，这是多么愚蠢呀。

贝克：来吧，本杰明。你和迈克·阿舍，或者我和克里斯蒂安·菲利普·穆勒（Christian Philipp Muller）怎么样？合作还在继续。

布赫洛：好吧，没错，但这种例外是否会让我们错误地理解实际的主流情况？认为我们在当前的权力分配和当前的分工中参与了一个合作项目，这似乎在很大程度上歪曲了历史。

弗雷泽：我永远不相信这是事实。这种合作就是我想要的，也是我相信我有责任努力实现的，哪怕只是创造几个可以作为模式的案例。

福斯特：在观念艺术中，使艺术尽可能透明化的行动出于一种悲观的看法：艺术变得越来越不透明。至少对那些圈子以外的观众来说是这样。同样的事情也发生在合作模式上。它似乎是开放的，但往往导致封闭主义，导致实践的内卷化，观众又一次退出，这在某种程度上充当了魔鬼的拥护者。读者或观众的诞生从未真正发生过。那些人背离了初衷，陷入了一种默认的，通常是反艺术、反批判、反智的立场。

斯托尔：我不确定是否明白你的意思，这些离开的观众是谁？

福斯特：你知道他们是谁，罗伯特。

斯托尔：不，我不知道。这是内部人士或小圈子的说法，因为你说"你知道他们是谁"，而我不知道他们是谁。所以，请告诉我。

福斯特：好吧，哎，罗伯特，你所在的现代艺术博物馆的观众里，有四分之三都是这样的人。现在有一种流行的观点，认为当代艺术默认的立场就是炒作或争议，或者两者兼而有之。这个国家存在着一种低级的反艺术文化，你没听说吗？

斯托尔：抱歉，我不能接受。我不能。

福斯特：好吧，我们在这一点上存在深刻的分歧。

斯托尔：从一个比你更多地与公众打交道的人的立场来看，我不能接受这一点。我知道观众不确定自己与机构、与所讨论的艺术之间的种种关系。但观众也经常惊讶地发现，他们可以与自己所看到的东西建立

联系。人们如何处理这种联系，或者不能处理，这在很大程度上取决于他们周围正在流行的话语。这也是我坚信为观众写作——认真地写作，在写作时把观众放在心里——是一项重要的功能的原因之一。否则，事实上，你会把这项功能让给那些反智和反艺术的人。

梅耶：关于这点，我不得不接受哈尔的前提，作为从事艺术批评的写作者，我为为数不多的精美艺术杂志撰稿，我发现自己被要求去写"十佳"这样的文章，一种被简化为"片段式"（sound bite）的批评，罗伯特管这个叫"作家式"（writerly）写作。模仿希基的模式会让人头疼，更准确地说，这是一种纯文学的写作。这当然是一种非常古老的模式（回想一下 50 年代的《艺术新闻》[Art News]，贾德和莫里斯强烈反对的舒勒 [Schuyler] 和奥哈拉 [O'Hara] 写作）。"作家式"这个词描述的是一种自诩为文学的批评，通过感性的语调而吸引人购买杂志。它不是巴特式意义的颠覆性写作。相反，正如人们在当前的《艺术论坛》，或像《帕克特》（Parkett）杂志这样面向收藏家的出版物中所看到的，纯文学的模式带有一种反写作的野心。而且因为掺杂了作者个人的"情绪"（feelings）和特质，这种纯文学写作往往避免对艺术进行持续深入的反思。这种风格是为了吸引读者，保持杂志的活力。一切都很好，但代价是什么呢？

贝克：你刚刚可能定义了什么不是批评。你所描述的情况不是批评。这些"作家"不是艺术批评家。因为批评离不开破坏，在某种意义上，只有这样才能发挥批评的作用。

斯托尔：话虽如此，但过去一些最好的批评，就是出自那些其他领域的从业者和兼职者笔下的评论或是"偶然的"甚至是"纯文学的"写

作。这不仅仅涉及波德莱尔的"沙龙"系列，甚至包括格林伯格为《党派评论》和《国家》（*The Nation*）杂志撰写的专栏。前卫艺术家也有撰写批评的传统，比如唐纳德·贾德在《艺术杂志》（*Arts Magazine*），罗伯特·莫里斯在《艺术论坛》上的文章，还有刚才提到的诗人批评家和纯文学批评家，他们中的一些人也非常优秀。毕竟，罗兰·巴特不是为文化月刊《神话》（*Mythologies*）写过文章吗？他难道没有为此而改变自己的文风吗？

克劳斯：我想回到大卫对批评的定义，他对批评的部分定义是对品质的判断……

乔斯利特：或者只是判断。

克劳斯：好，判断。对我这样一个写作者而言，批评总是涉及历史的转向，这关系到大部分艺术从业者的方向。比如说，在某个阶段，一批写作者决定有一种叫作"后现代主义"的东西值得关注，于是后现代主义就有了自己的生命，并让其他形式的艺术创作变得过时。这类似于在地平线上寻找闪光点（scanning for a blip），而我一直认为这是批评家工作的一部分。

乔斯利特：你说"寻找闪光点"，这点很有意思，因为你的工作推动了后现代主义概念的诞生，而不仅仅是报道了一个业已存在的现象。

克劳斯：没错。一个好的批评家不仅要报道，还要生产。

乔斯利特：是的，事实上你可以说，批评所做的是判断一个领域的

边界。它划定了这个领域。我想我不同意詹姆斯。我和他为同一本杂志撰稿，我承认它的局限性。但我认为，你也可以选择如何使用自己的权限。你可以在他们的一亩三分地中开拓自己的空间。

斯托尔：我喜欢这样。

莫斯沃斯：听到罗莎琳对批评的描述，这让我想起了我们开始编写《文献》（*Documents*）时谈到的一件事：我们意识到，由一群人定义和强化某种新的转向是相当值得警惕的事情，事实上，我们一直尽量避免。

贝克：为什么？

莫斯沃斯：因为我们认为，定义作为一种强有力的合法化形式，与市场化的商业生产紧密相连。我们还试图弄清楚，当一个人面对自己看不上的作品时他是否能开展有效的写作。

贝克：这太反常了。就像我之前所说的，批评家是受虐狂，你们放弃了那些值得保留的功能。

莫斯沃斯：虽然有点反常，但这是我们详细讨论过的问题。我们也在试图弄清楚批评的功能。我们好奇的是，在一个我们认为是由排斥和肯定逻辑构成的领域中，有没有可能出现一种模棱两可和含糊不清的批评。某种程度上，我很关注这方面，这就是为什么我想回到大卫关于判断的讨论。在20世纪90年代早期，我对判断持怀疑态度，因为"品质"已经成为一个有问题的术语，所以，模棱两可——一个人喜欢什么，不喜欢什么——似乎是一个重要而可行的选择。

乔斯利特：我认为，仅仅写一些东西其实就是对它的肯定。所以我们必须弄清楚，在特定的背景下，我们要强化哪些价值。

福斯特：我想针对罗莎琳一分钟前提出的模式，指出一些不同之处。就以列奥·施坦伯格与劳申伯格、琼斯的关系为例，或者以罗莎琳与极简主义、后极简主义的关系为例。这些转变涉及各方的既得利益，或支持，或反对，或相互矛盾，你总得以某种方式紧随其后。现在的情况不是这样。对于什么是重大的转变——如果有的话——没有共识。以今晚对话中提到的艺术家为例，我不认为我们对克里斯蒂安·菲利普·穆勒的重要性有共识，就像我们对格哈德·里希特的认识一样。

贝克：幸亏如此。

福斯特：嗯，也许是，也许不是。

贝克：哈尔，我不确定一直以来你是如何使用"共识"这个词的。缺乏共识是仍然需要批评的原因之一。如果共识在今天变得不太可能，那甚至可能意味着批评更有必要。我认为，假装曾经可能达成共识而现在不能达成共识，因此某种批评模式也就随之消失，这没什么意思。罗莎琳对极简主义的支持并没有被当时艺术界的多数人所接受，有时甚至是一代人。这种代际冲突仍在继续。事实上，我们对里希特的看法不一致，我认为这是件好事。

福斯特：批评家追求艺术的转变，这对很多人都有影响，这种情况已经不会再发生了。

米勒：青年文化的流行已经取代了重大和单一艺术转变的观念。特别是在那些光鲜的杂志中，他们似乎只关注两件事：要么老艺术家被捧为准大师，要么年轻艺术家的作品和流行音乐文化或类似的东西产生联系。这让我们看到了风格如何以一种更加明确的方式被确定下来，除非一个人被视为大师，否则就必须调用青年文化。安德烈在她的"耸人听闻的纪事"（Sensation Chronicle）项目中通过分析查尔斯·萨奇（Charles Saatchi）的收藏清楚地揭示了这一点。

莫斯沃斯：这有点扯远了，但确实需要思考共识的概念和批评家的角色。在我们的谈话中，有一件事让我印象深刻，那就是讨论另类空间、当代艺术博物馆的兴起以及各种项目的激增如何改变了策展人的角色。当代策展人现在是在寻找"新天才"，而不是等着从其他地方获取信息。我想知道，批评家所焦虑的——我现在是以一个批评家而不是策展人的身份发言——是不是在博物馆的空间里再也无法听到之前的那种声音了，再也无法以一种权威的口气对策展人说："听着，我已经看了一圈，我知道你应该把什么放进博物馆。"现在，博物馆似乎愿意展示更多的艺术，而且比以往任何时候都更快地展示。这就造成了一种判断的危机，对于正典的形成，对于批评和艺术史都是如此。我无意冒犯，但是现在谁不在项目空间或博物馆的大型群展上露面呢？我们都去过这些大型国际双年展，在那里我们看到的艺术家比我们能够记住的人还多。但批判性的判断在哪里？所以，就约翰刚才提出的观点而言，也许我们得到了某些我们想要的东西。具有讽刺意味的是，这种变化很大程度上是由于艺术家和批评家要求开放博物馆而引起的，这让我想到了"艺术工人联盟"（Art Workers Coalition）。我认为，对旧式博物馆评判标准富有成效的挑战，必然导致共识的弱化。

米勒：但这个问题的另一面是，谁不能参加双年展。参加双年展已经成为最高的合法性。与博物馆相比，双年展的多样性不算高，无论展览在何处举办，它都被一群所谓的"国际艺术家"一次又一次地主导着。

斯托尔：双年展受到了许多批评家的质疑。比如，彼得·施杰尔达为《纽约客》写了一篇专栏，他称之为"节庆主义"（festivalism）。彼得现在绝不是激进分子，他的文章在情感和风格上类似戴夫·希基。尽管如此，在这种背景下，他做了一项相当彻底的工作：解构双年展。而且他是在没有特定理论框架下进行了解构——他的作品是印象式的，有观点，而且很到位，非常有效。

莫斯沃斯：有何种效果？

斯托尔：当然有效，它让人们开始不信任他们所看到的东西——这样人们才能抱有希望。因为彼得对艺术是认真的，他不是说"不信任你所看到的所有作品"，而是不信任这种特定的制度化。

贝克：施杰尔达经常参与煽动公众的反智主义，就像哈尔刚刚强调的。这是他的天赋之一。他只是认真对待某种腐尸般的艺术观念，并将这具尸体呈现在他为之写作的公众面前。

布赫洛：乔治，刚才你为我们指出的一点很关键，即对那些被湮没或忽视的东西进行考古学上的复活。我认为，正如哈尔所说，这一直是批评至关重要的功能之一，也是我作为批评家的关键职责之一，更是我希望继续履行的职责之一。不管我们的年龄相差有多大，我很高兴听到你说，它在下一代或下两代人中仍然有效。但是从你的角度来看，还有

什么其他的功能呢？我真的很想在这次谈话中更多地对比我们的立场，因为我认为，一个成长在六七十年代的批评家和在八九十年代成长起来的批评家肯定有着完全不同的动机。这正是我希望这次谈话能够澄清的部分：如何区分和跨越我们这几代人之间无疑已经存在的鸿沟？我们都同意，各个层面都发生了重大变化。我们这一代人在鸿沟的这边工作，而你们在另一边，我认为这些差异还没有充分显现出来。

贝克：嗯，你指出"鸿沟"和"重大变化"。我不否认，在某种意义上，它们已经存在了。我猜它们似乎令你在自己的批评中放弃了某些你觉得不可行的尝试。面对鸿沟，面对这些变化，我没有得出和你一样的结论。批评机制发生的重大变化使我越来越陷入一种几乎听起来像格林伯格或迈克尔·弗雷德的立场，似乎现代主义就是关于连续性的，而非其他，而后现代主义则是关于断裂的。但这就需要不断地重新定义和追踪某些前卫话语和实践的转变。正如我前面所说，现在批评所能做的，就是与艺术机构的变化保持距离，抵抗某些艺术杂志的话语。不管形势发生多大的变化，从某种意义上讲，批评必须为某些项目发声，而不是简单地举手说"这已经不可能了"。

布赫洛：批判性项目和艺术家项目？

贝克：两者都有。这一直是我的立场。体制批判是一个例子。有些人可能会说，在目前的转型背景下，它已经成为一种学术活动、一种流派，或者更糟，成为一种风格。在某些情况下，无疑是这样。但这种判断建立在对前卫主义的理解之上，而这种理解已不再可行，或许也不再可取。当代并不能抹杀所有的交流和批判性实践。过去被称为"体制批判实践"的一些重要方法已经发生了变化，并在今天继续发挥作用。在

某种程度上，60 年代与 90 年代之间确实存在着鸿沟，而这仍有待充分的批判性阐述和解读。

福斯特：好，现在我们有了考古功能、探索功能、范式标记功能和记忆功能，但并没有区分这里的几代人。

布赫洛：不，不是这样。

福斯特：那是什么？

乔斯利特：这个回答可能并不充分，但我确实不太肯定本杰明对"鸿沟"这个词的理解。我一直认为，你们这一代人之所以从批评家变成学者，是因为生存的迫切需要。我开始工作的时候，正是你向学术界转型的时候，我多少得出一个结论：一个人必须这样做才能生存。大多数严谨的理论性批评家都进入了学术界，而你们都是从外部开始的，对吧？

贝克：不完全是，罗莎琳就不是。

乔斯利特：但在某种程度上，可以说，她几乎既是一位活跃的新闻批评家，又是一位学者。

莫斯沃斯：那么，批评受众的减少是否部分与批评的学术化联系在一起？所以现在批评是写给学生看的？

乔斯利特：好吧，如果确实存在这种情况，似乎就发生在《十月》高级编辑这一代人身上，因为你们所有人都从批评家变成了学者。

斯托尔：并不是所有严肃的批评家都是这样。在他们之中，一些人仍然是自由写作者，一些人是编辑，一些人在机构、博物馆工作，这些都是可能的选择。绝不是所有的道路都通向大学。你说的是某种类型的批判性话语。

乔斯利特：没错，罗伯特，我的意思确实如此。

斯托尔：但我认为，你必须接受这样一种可能，即存在其他类型的严肃批评，而这些批评也可能存在于其他类型的日常工作中。

布赫洛：那么谁在外部？

斯托尔：没有人在外部。

布赫洛：甚至戴夫·希基也在大学教课。

莫斯沃斯：我以前从未觉得这是一种代际差异，但也许是。我一直认为，伟大的批评有一个标准，即它是那种艺术家会认真阅读的东西。我对《纽约客》的读者从不感兴趣，我的意思是，我不认为这是伟大批评该存在的地方——伟大的批评是艺术家阅读的文章。也许这对我来说有点浪漫。

贝克：大概是这种形式的批评改变了人们的艺术创作吧。

莫斯沃斯：没错，因为在这样的场景中，艺术作品被讨论并期待以艺术家所认同的方式得到回应，艺术作品的功能在于开启一场对话。也

许我们又回到了你的合作理念上。在这种模式里，真正好的批评是文本和对象之间的对话，我认为这不会发生在大众媒体上，在那里，我看到的批评是面向观众解释艺术。某种程度上，我理想中的批评可能是非常私人化的，需要补充一点，我认为批评的作用就是培养私密的公众。对我来说，正是这种批评的公共性，将原本可能是人与人之间的对话，变成了文本与对象之间的对话。

贝克：你的观点带出了一个问题：如果这是好的批评典范，那么在座的各位所写的那些优秀的批评确实以某种方式影响了艺术实践，但批评家们忽视了这些影响是如何发生的。本杰明，以你为例，你的写作定义了体制批判实践，它对整整一代艺术家产生了影响，这些艺术家已经把自己和某些批判立场绑定在了一起。

莫斯沃斯：或者，哈尔，就像雷切尔·哈里森的作品与你在景观文化、极简主义方面所做的关键工作之间的关系。

福斯特：我很想见见她。

莫斯沃斯：嗯，与其见她，不如看看她的作品。

斯托尔：我必须回到我之前的观点。如果你关心一种特别的、在学术上严谨而扎实的批评，如果这是你想要的，我并不是说它不能存在于更广阔的空间，但问题是，你怎么制造这样一种空间？

乔斯利特：你必须改变自己的话语。

梅耶：但今天的写作者面临着不同的情况。我们一直在谈论缺乏读者或缺乏与之对话的公众，我认为这个问题至关重要，具有决定性。你不知道自己在为谁而写作。2001 年的《艺术论坛》不是 1970 年的《艺术论坛》，当时你知道自己在为谁写作，你的写作在某种程度上是有价值的。同样的问题也存在于 1981 年的《十月》和 2001 年的《十月》之间。所以这里有代际差异。我们不会带着这种乐观和自信去写作，认为我们的作品——批评本身——是一种必不可少的行动。

贝克：我认为《十月》的写作者仍然了解他的读者，无论好坏，这仍然是一个有门槛的论坛。如果可能的话，我们想要改善这一点。不了解你的读者并不总是一件坏事，但我同意，在目前的状况下，《艺术论坛》有时会变成一种工具，通过它，你可以为大多数非美国和非英语国家的读者写作，但只能用你的母语——英语。这不同于其他杂志的约稿，比如，那些德国的杂志，在那里你可以做你想做的事，写你想写的东西，但你真的不知道自己的读者在哪里。我幻想着有一些我不知道的读者，他们可能会对我感兴趣的想法和艺术也感兴趣。

梅耶：我的意思是，你从一开始就已经意识到你是在一种真空状态下写作，你不知道读者是谁，也没有觉得批评是"重要的"，它会被阅读……

斯托尔：你必须习惯这一点，我的意思是，这就是现实。

梅耶：我并非一味抱怨。我是在说我们写作的环境。我说的是一个历史性的转变，所以这不仅仅是"现实"。乔治一开始提到"批评与危机"，德曼认为，长期处于"危机"的状态是批评本身的性质或结构逻

辑，但他的叙述并没有涉及不同时期导致不同"危机"状态的经济或社会大环境，比如我们在这里讨论的情况。我们熟悉 60、80 年代的情景。但现在的情况不同了。

弗雷泽：你们中的很多人都写过关于特定场域艺术的文章，所以让我们来谈谈批评的特定场域吧。我认为，任何名副其实的特定场域实践都必须从批判性的理解开始，了解特定语境下的观众是谁。当然，这种理解总是片面的，涉及一定程度的猜测。但我相信，批判地思考自身所处的语境是艺术家的责任，而观众是语境的重要组成部分。同样，思考特定场域也是批评家的责任。我并不认为和艺术相比，批评或写作能够超越其语境……

莫斯沃斯：什么意思？可以多谈谈。

弗雷泽：思考特定场域意味着以积极的方式为受众或读者写作。不要把你的读者误当成话语的他者，而是把他们当成真正可能拿起杂志翻阅的人。这意味着你要思考这些人是谁、他们的兴趣如何体现在杂志上，以及你如何以一种批判的方式吸引这些人。

斯托尔：很有道理。但是，既然我们一开始就对博物馆体系做了笼统的概括，那么我们就必须非常精确地认识到，即使是在一个定义清晰的读者群中，也存在着显著的差异，而作为一个批评家，我们所拥有的有限的权力之一，便是以积极的方式应对这种情况，思考读者所思，而不是把读者当作一个有着固定关注点和利益诉求的群体。

乔斯利特：对于不同的读者你可以选择不同的写作方式。虽然为普

通读者写书并不是推进学术生涯的最佳途径，但是在战后为包括学生在内的非专业人士提供新的读物也是非常重要的。学术界对普通读者的相对蔑视另有深意，因为它鼓励学者们囿于小圈子的话语系统，在这里，某些工作是有回报的，而另一些则没有。结果，读者群就这样缩小了。在某种程度上，我们必须考虑我们要在哪里投入，考虑特定场域。我认为这个概念很好。

斯托尔：写作者保持新鲜感的方法之一是将问题带回到创作者的问题上来，而不是只想着读者。对于改变写作节奏、尝试不同风格的批评以及保持可塑性，有太多可以聊的。作为一名几乎总是在截稿日期前赶完稿子，并且几乎总是为大发行量的杂志或展览目录撰稿的写作者，我感受到危险的一点是，你的写作类型其实很有限。我指的并不是批评的水准，而是你能使用的批评形式和语言。批评家的任务之一就是不断尝试新的可能，尽管你不一定能做到。而这种对新的文体风格的尝试，能够重新激活你的思想。如果纯文学模式只是意味着一种彬彬有礼的写作，那么，我理解你对它的反对，但它可以远远不止于此。

梅耶：你是说，如果它可以被工具化，就可以吸引读者，让他们思考？

斯托尔：除此之外，我想扭转并强调的是，批评可能不一定是文学，甚至不一定渴望成为文学，但它是一种文学形式。批评可以是一种获得新思想的方式，学习用各种形式写作，学习用不同的声音写作，并接触到那些以前没有接触过的读者。重要的是不要陷入一种模式。

布赫洛：但这是一种治标不治本的方法，这也是我一直想要指出

的。我宁愿看到一个和现实一样干瘪的文化景观，也不愿看到一个虚假的令人欣慰的景观。举个例子，我们难道应该恢复早期的报刊专栏写作模式或是纯文学批评模式吗？事实上，批评的危机本身就是更大的制度和社会危机的结果，我们今晚一直在从各个方面讨论这个问题。那么，我们为什么要满足于包括艺术实践和批评在内的各种各样的替代品呢？这些替代品实际上无法进入公共领域——不管它会留下什么，如果有的话——或者更确切地说，是为了掩盖公共领域的缺失，也就是说，公共文化领域及其制度已经彻底瓦解了？我反对这些补救措施。正如我更愿意看到一个质疑当代雕塑有效性的文化领域，而不是被迫去看那些被吹捧为"新"雕塑的作品，同样，我更愿意阅读那些反映当前写作批评困境的批评，并将这些作为批评的主题之一。

福斯特：本杰明，我不确定你的"要么全有，要么全无"的态度有多少益处。在本期的一篇文章中，蒂姆·克拉克（Tim Clark）谈到，"要么全有，要么全无"的态度可能会让你最终一无所有。你会因为一无所有而快乐吗？

布赫洛：在某些情况下，我什么都不做会更快乐。

弗雷泽：但是，本杰明，当你为《艺术论坛》写作时，你怎么能说你什么都不做就更快乐呢？

布赫洛：在过去十年里，我为《艺术论坛》写了多少文章呢？我本不该为自己辩护，因为近年来我为《艺术论坛》写文章的次数并不多。但同样，这种反对的逻辑在哪里？我不是在写我正在批评的批评——我写的是一种完全不同类型的批评。至少我不认为，我是在写纯文学的批评。

弗雷泽：你认为你的写作超越《艺术论坛》的语境了吗？

布赫洛：我当然这么认为，否则我不会在那里发表文章。我的意思是，实际上，我不会为了让我的文章在那里发表而做任何妥协。

福斯特：利用媒体。

弗雷泽：我不相信你的作品或任何人的作品能超越那个语境。

福斯特：也许存在着一种具有批判可能性的空间，或者一直如此。

弗雷泽：我认为，这和我们身为艺术家、批评家所享有的相对自主权是一回事。本杰明，你对文化景观做出了极端的"要么全有，要么全无"的声明，我只是想知道，你是否认为《艺术论坛》是你想要拒绝的文化景观的一部分。

布赫洛：当然。

弗雷泽：那么我的问题是，在这种情况下，在你的"要么全有，要么全无"的表述与你为他们撰稿的现实之间，你如何自洽？我问这个问题并非要下判断，而是我很好奇你和这些媒体的关系是基于何种逻辑。

布赫洛：我想这只是因为你不相信自己的工作可以超越机构的语境。

莫斯沃斯：我认为安德烈的问题非常有效和尖锐。我们经常做的一件事——这里的"我们"是虚构的在座的各位——就是假设艺术品，当

它出现在我们的批评中时，只有一个功能。但是艺术在不同空间里——收藏家的家里、《艺术论坛》的页面、本科生研讨会上的幻灯片——的流动，在每个领域的功能是完全不同的。同样，不同的读者对《艺术论坛》上的文章的解读也截然不同。特定场域的批评意味着建立一种自我反思意识，意识到自己的作品如何被读者阅读，以及如何与他们对话。

米勒：我们是否一定要让沟通成为批评的标尺？

斯托尔：我们真的必须摆脱乌托邦和末日幻想。它们在某些方面是有用的——用于争论，用于关注事情会变得多么糟或多么好——但作为一个实际问题，危机并非由那些"要么全有，要么全无"的选择构成。如果这是一场关于危机的讨论，它实际上是关于你如何应对潜在的危险，同时也要给出一些真正的可能。

我的观点——我承认我现在已经被严重"体制化"了——是试图平衡我所拥有的相对自由，这种自由能够产生一些效果，但我不得不承认它同样带有明显的局限性。一个人可以像批评家一样继续写下去，你可以说，"是的，我写这位艺术家是针对特定的场域，或特定的出版物"。在这种情况下，你可能希望某些特定的读者读到。在另一种情况下，你可能像乔治所说的，只是为了一个需要被支持的艺术家挺身而出，坦白地说，越公开越好。但如果你把它变成一种炒作，那就应该受到谴责。而另一方面，如果你利用这个系统提供的机会，大声说出你所相信的，大声地对出版权威说："注意！"在我看来，这些都是合理的权衡。我们所面临的危险在于，人们很容易丧失对平衡的把握。但如果你时刻保持警惕，这比我们开始讨论的那些有更大的回旋余地。

弗雷泽：我只是想澄清一下，我向本杰明提问，并不是从一个置身

事外的立场出发。我试图从你自身发言的矛盾之处来提问，因为这与我目前的思考也有关。我曾经看到非营利机构和商业画廊之间的差异，学术期刊和铺满广告的光鲜杂志之间的差异，但在过去十年里，这些差异被大大地缩小了。我认为，依靠日渐消退的对立来界定自己的做法越来越没有意义。但即使身处这些对立之中，我的实践也不是用一种语境去全盘否定另一种语境，而是通过把握特定场域的方式来定义自身。我相信一个人可以而且应该带着语境意识去工作，包括《艺术论坛》的语境。

梅耶：我有一个问题想问《十月》的各位，我们一直在谈论《艺术论坛》，但是《十月》本身呢？《十月》的创立，是出于对《艺术论坛》彼时情况的不满。你们当初的想法是打造一个没有画廊广告的期刊，并对时下的艺术实践进行持续的分析。所以我想知道2001年的《十月》，也就是现在的《十月》，你们如何看待自己？你们如何看待自己与其他重要媒体的不同，甚至与《艺术论坛》的不同？

贝克：区别显而易见。《十月》在某种程度上抵制了市场的虚妄——我确实认为，一旦陷入市场的泥沼，批评就变得不可能了——并保证了话语的复杂性。这次谈话很有启发，我希望在坚持基本理念的同时，设法增加《十月》的读者数量。《十月》已经成为文化领域中这场颇具活力的危机的一部分——它既引发了这场危机，也追踪这场危机——我希望它能够一直如此。任何艺术家、批评家、艺术或电影史学家如果不订阅它，他们就会过时。我不了解策展人，我们可能无法影响他们。今天，他们让我们所有人都过时了。说真的，我同意海伦之前指出的——今天，是策展人取代了批评，取代了批评家的权力和作用——这一点在某种程度上我们还没有充分讨论。

如果我作为一个编辑有任何影响力的话，我希望《十月》能够进一

步打破历史和批评之间的区别和断裂，这是必须要做的事情。

梅耶：你能详细说一下吗？

贝克：《十月》发表的历史文章必须与当代实践有更多的内在联系，而当代实践在某种意义上必须阐述历史模式。这本杂志的批评和历史功能必须以一种更加合乎逻辑的方式，并且我希望是有计划地结合在一起，能够吸引那些我们想要的批评、艺术和艺术史作品。《十月》必须发表更多的艺术批评，而不仅仅是艺术史。它必须刊载更多的艺术家作品、更多的艺术家项目、更多形式的写作以及关于当代文化的观点。

福斯特：由于我们今天的讨论，《十月》变得更具历史意义，甚至更具考古学意义。我同意我们需要恢复它的批判功能，我只是不知道能否做到。

梅耶：你可以从读者的角度，也可以从实践的角度，判断你是否能做到，就像你在 80 年代早期所做的。

斯托尔：《十月》诞生于一场反抗，属于 20 世纪六七十年代更大的动荡的一部分。那是很久以前的事了，现在的情况大不一样。如果认为一个特定的机构，或者任何其他的机构，在既没有更广泛的变革的基础之上，也没有动荡和争论的大气候下，就想要带来变革，这是一个历史错误，也是一个理论错误。现在的问题是，社会是否真的出现了严重的裂痕和错位，这些摩擦是否会产生能量和思想，进而让《十月》这样的机构或批评平台成为整理思想争论的地方。

乔斯利特：批评功能的瓦解已经远远超出了艺术界的范围。作为批

评者，我们可以思考批判性的削弱以及造成这种情况的原因，并思考如何通过我们的努力来解决这些问题，而不至于被艺术史的学科界限所限制。在我自己的工作中，电视是一个基本的研究对象，那么问题来了：如何在商业化的传播空间中开发新的公共空间？这个问题包含了许多当前的艺术实践，但并不限于此。

我认为，我们的文化已经变得非常善于化解危机，因此，这也暗示我们，等待危机的到来是愚蠢的。也许我们必须制造危机，但这又是极其困难的。

斯托尔：我并不是说必须要等待。我想说的是，如果没有危机意识——我认为确实有一场正在发生的危机——人们能做的就只有那么多。事实上，现在你可以试着以某种方式扮演批评家的角色来强化这种意识。但这也是有限度的，在一个人绝望地说"未来无望"之前，他必须看一看更大的历史周期。美国经历了前所未有的繁荣，由于这种繁荣，它一直能够处理所有的紧张局势，否则很可能会产生严重的动荡，以及无法避免地对文化和社会现实的重新审视。因此，我不是说一个人要静静等待什么事情发生，怀疑和挑战应该是批判性思维的常态。但如果你看看 20 世纪的历史，有很多次，人们有力地抨击了当时的传统思维，清晰地表达了更激进的立场，然而，没有任何吸引力，根本没有办法吸引他们希望接触的公众。我们已经身处这样的阶段有相当长一段时间了，与其让自己屈服于这种无力感，不如承认我们的行动并非独立于更大的事件。

福斯特：艺术可能不太容易吸引人。

斯托尔：那已经是遥远的过去了。

福斯特：可能不是现在，也不可能是将来。

斯托尔：谁知道呢？我希望是现在。

福斯特：大卫，你的建议是，我们把自己作为艺术批评家的能力带到其他领域？

乔斯利特：嗯，这是我自己感兴趣的事。我并不是推荐给每个人。但是，如果艺术越来越边缘化，视觉文化就会变得越来越重要，从休闲活动到政治，它几乎决定了我们经验的方方面面。通过图像生产的知识不亚于通过文本生产的知识。我愿意去思考这种情况，既包含艺术家应对它的方式，也包含它在商业文化中的呈现。

贝克：最后这两个方面可能存在矛盾。也许这并不是分析批判性艺术边缘化的最佳视角。这些艺术还在继续，并没有被耗尽，也没有结束，介入其中仍然至关重要，至少对我来说是这样。

福斯特：所以乔治和大卫代表了两种不同的模式。乔治，你想要坚持批评家作为艺术实践拥护者的功能，而大卫想要批评开启对视觉文化的批判性分析。

乔斯利特：但我并不认为这些模式是矛盾的，事实上，在这个问题上，我从艺术实践中学到了很多。一个人可以同时遵循多个策略，其中一些策略看起来可能会与其他策略相矛盾。我所做的正是乔治对那些我认为值得关注的艺术家所做的，但我觉得还有其他的可能。寻找单一的解决方案有点天真，我认为这不再可行。

马尔科姆·X 的幽灵、《十月》及其他

鲁明军

2018 年 9 月 18 日，由纽约大都会艺术博物馆布劳耶分馆（The Met Breuer）举办的"一切皆有关联：艺术与阴谋"（Everything is Connected: Art and Conspriracy）低调开幕，原以为这样的话题会激起些许波澜，结果同样被淹没在纽约成百上千的展览中。展览搜集了 20 世纪 60 年代末至 2016 年特朗普上台之前的 70 余件有关艺术与阴谋的作品，涵盖了半个世纪以来发生在美国或涉及美国的所有那些诡谲而尖锐的政治事件，包括肯尼迪遇刺、水门事件、黑人运动、伊拉克战争、"9·11"恐怖袭击、棱镜计划、无人机战争伦理等。从中可以看出，半个世纪来艺术家作为行动者是如何介入种种政治丑闻和不正当的权力机制，以及他们是如何应对官僚系统的欺骗、公共媒体的阴谋等隐匿的政治逻辑的。展览的时间节点卡在特朗普当选美国总统之前，但事实上，在纽约的半年里，我所看到和感受到的更多是艺术家、策展人对于特朗普时代的焦虑、不满和抗议，这也使得种族、性别和阶级这些陈腐但永恒的政治议题又卷土重来，几乎占领了整个纽约艺术界。虽然特朗普上台已经快两年了，但美国知识界和艺术界中的精英们似乎依然无法理解他何以会当选美国总统，何以全世界都在集体右转，何以逆全球化和民粹主义会大行其道。

三个月前，位于纽约切尔西画廊区的非营利机构"厨房"（The Kitchen）与"种族想象研究所"（The Racial Imaginary Institute）合作呈现了一场集放映、表演于一体的活动，内容是两年前美国大选期间发生在美国城镇街头的种种抗议行动。其实不光是"厨房"，像 e-flux、"创造性时间"（Creative Time）这些机构也曾数次举办类似主题讲座和表演。自特朗普当选总统以来，美国民众的情绪非但没有消停，反而更加肆虐，四处蔓延，处处可见调侃、讽刺特朗普的街头涂鸦和艺术作品。还记得特朗普和金正恩会晤没过多久，哥伦比亚大学艺术专业硕士的年度夏季展上便已出现相关题材的作品。也是在这前后，麻省理工学院出版社重磅推出了艺术家弗雷泽的新著《2016：博物馆、金钱与政治》。这部厚达 900 多页的调研报告以特别的方式记录了 2016 年也就是大选期间，全美 100 多家美术馆、非营利机构与竞选政治、文化慈善事业及竞选资金之间的复杂关系。尤其值得一提的是民主党和共和党在其中各自所占的比重，我们发现，除个别外，大多美术馆和机构的董事会依然由民主党主导，在纽约更是如此。① 其间，在关于《十月》杂志的调研访谈中，当最后问及特朗普时代的美国艺术与政治时，罗莎琳·克劳斯、伊夫-阿兰·博瓦、本杰明·布赫洛这些美国学者中几乎没有一个是特朗普的支持者和拥戴者，对于当下纽约很多艺术机构乃至整个艺术系统的政治化及其带来的反智倾向，更是表现出极度的不满和愤懑。这并不是因为民主党是纽约大多艺术机构的最大金主，而是他们无法容忍和理解特朗普的一系列政治举动及其上台以来所导致的美国社会乃至整个世界政局的动荡。

惠特尼美术馆去年开幕的以政治抗议为主题的馆藏展还在持续发酵，

---

① *2016 in Museum, Money, and Politics*, Edited by Andrea Fraser, Combridge & London: The MIT Press, 2018.

广受好评的安德烈·派珀在纽约现代艺术博物馆的大型个展也事关种族议题，而一向激进的布鲁克林美术馆连续几个大展都是围绕种族、性别和身份展开的，"我们想要一场革命：激进的黑人妇女，1965—1985"（We Wanted a Revolution: Black Radical Women, 1965—1985）（这个展览后来巡展至波士顿当代美术馆，同时开幕的还有亚瑟·贾法个展"爱是信息，信息是死亡"[Love is the Message, the Message is Death]），之后紧接着又推出了拉丁美洲女性艺术家展"激进的女人们：拉丁美洲艺术，1960—1985"（Radical Women: Latin American Art, 1960—1985），最新的馆藏展"国家的灵魂：黑人权力时代的艺术"（Soul of a Nation: Art in the Age of Black Power）同样是以黑人为主题，甚至连位于曼哈顿中城的纽约市立图书馆也在举办纪念民权运动的文献展："你说你想要一场革命：回忆 60 年代"（You Say You Want a Revolution: Remembering the 60s）……不过，真正具有煽动性和政治力的不是这几个大型展览，而是贾法在加文·布朗画廊的个展"山上的空气，未知的愉悦"（Air above Mountains, Unknown Pleasures）（图 FⅡ-1-1）、莱拉·温劳布（Leilah Weinraub）2017 年的影片《震荡》（Shakedown）以及英国黑人艺术家约翰·亚康法在新美术馆的大型个展"帝国的符号"（Signs of Empire）（图 FⅡ-1-2）。巧合的是，他们几位——包括去年在新美术馆举办个展"影子游戏"（Shadow Play）的艺术家、电影人卡里·约瑟夫（Kahlil Joseph）——之间都或多或少有着一定的关联，甚至还有不同程度的合作。合作的前提自然是有着相同的志趣和共享的目标，透过他们的作品，其实也不难觉察到这些，或许这是黑人与生俱来的质地和力量，而他们真正吸引我的也正是这样一种久违的气场和动能，正如鲍德里亚（Jean Baudrillard）所说的，"黑色这一暗肤色种族的色素，就像一种自然妆容，受人工妆容映衬，成为美的组成要素——不是性感的美，而是动物性的、崇高的"，并"具有一种隐秘的和仪式的

图 F II-1-1
亚瑟·贾法"山上的空气,未知的愉悦"个展现场,加文·布朗画廊,纽约,2018

图 F II −1−2
约翰·亚康法"帝国的符号"个展现场，新美术馆，纽约，2018

力量"。①美国种族题材的电影我们并不陌生，如曾经与贾法合作过的导演斯比克·李（Spike Lee）的《为所欲为》（*Do the Right Thing*）、《马尔科姆·X》（*Malcolm X*）、《克鲁克林》（*Crooklyn*）等系列作品，近年备受好评的史蒂夫·麦奎因（Steven McQueen）的《为奴十二年》（*12 Years a Slave*），以及由艾娃·杜弗内（Ava DuVernay）执导、以1965年马丁·路德·金领导的从塞尔玛向蒙哥马利进军的事件为底本的《塞尔玛》（*Selma*），更早的还有阿诺德·珀尔（Arnold Perl）执导的纪录片《马尔科姆·X》，等等。历史的排演固然提供了政治和情感的势能，但其内在的复杂性又不可避免地被"政治正确"所抽离或简化。贾法其实是近几年才从好莱坞的电影摄影师转行到当代艺术界的，也许传统的剧情片已经满足不了他的情绪和欲望，他需要更直接和更有力的方式传递愤怒、不满和爱。诚如他所说的："我向往复杂性、细腻和美，这些都是我珍视的东西，也是我作为一个黑人天生被剥夺了的东西……历史上，当黑人进入西方社会的时候，没有被当作人看待，而被当成物。所以我们与物品的生命有一种非常疯狂、复杂的联系。在我看来，我们介于主体和客体之间。"②因此，他惯用的"伎俩"是，在黑人政治与大众文化之间寻找一种持续的起伏和连环的撞击，如果说激进的黑人运动唤醒了沉睡的大众，那么大众的参与则给予了黑人政治无限的能量和推力。

50年前，一场革命几乎席卷了全世界，然而在美国，抗争和暴力其实已经持续了多年，至1968年，由于越战和黑人解放运动相互裹挟，风暴再度激化。此时距离美国黑人运动的英雄和领袖马尔科姆·X遇刺身

---

① 鲍德里亚：《美国》，张生译，南京：南京大学出版社，2011，第27页。

② Nell Frizzell, "What's the biggest question facing artists today?", *The Guardian*, 2017-10-05/2018-10-05, https://www.theguardian.com/artanddesign/2017/oct/05/frieze-london-artists-interviews-marina-abramovic-maria-balshaw.

亡已经 3 年，但抵抗、冲突与暗杀此起彼伏，从未消停。"与被美国官方和主流接纳、修改的非暴力运动领导人马丁·路德·金不同，马尔科姆从一开始就展现了抵抗者决绝的态度，他对白人政权毫无幻想。"他曾说过："如果暴力在美国是错误的，那它在海外也应是错误的。如果保卫黑人男女老少的暴力是错误的，那么美国强征我们到海外去暴力地保卫它也是错误的。反之，如果美国有理由强征我们并教会我们学会暴力地保卫它，那么你我就有理由不惜一切手段在这个国家里保卫自己的人民。""于是，他抹去了自己的姓氏——指出那不过是殖民者对祖先的奴役和强暴的记号，而将其悬置为未知数'X'；同时，这开放的姓氏也昭示着'我即你们，你们即我'的动员力量。"①

两年前，那部只有 7 分 28 秒的短片《爱是信息，信息是死亡》一经推出，便风靡欧美艺术界，直到今天还在四处播映。影片通过黑人歌手坎耶·韦斯特（Kanye West）带有福音音乐色彩的歌曲《超轻光束》（Ultralight Beam）将历史上黑人运动的经典事件、影像档案巧妙地串为一体。当然，真正具有煽动力的还不是巧妙的剪辑，而是体现在这些事件中的荣耀、暴力和渴望。在后来的一次聊天中，大卫·乔斯利特提醒我，音乐是贾法作品最重要的一个特质，也是我们进入其作品的一个重要的感知通道。两年后，贾法推出了新作《阿金顿柯梅泰斯》（Akingdoncomethas）（图 FII-1-3），这部长达一个多小时的影像以黑人基督教信仰为核心展开，一如既往，其中穿插着美国黑人历史上的暴力事件和政治行动。和贾法其他作品一样，这里没有清晰的叙事或文本线索，也没有纵深度可言，艺术家像是"编织了一个错综复杂的大网"，"从一个更加广义的、笼统的历史视角描述'他'和'他们'"，仿若"一

---

① 刘烨：《六十年代的迟到者：黑人运动，美国的出走与带回》，澎湃新闻·思想市场，2018-06-23/2018-10-10, https://www.thepaper.cn/newsDetail_forward_2201715。

图 F II -1-3
亚瑟·贾法《阿金顿柯梅泰斯》放映现场，加文·布朗画廊，纽约，2018

股包罗万象的黑色巨浪"①,直击我们内心深处的卑微、晦暗和麻木。贾法提醒我们:"黑人身份固然不可避免,可一旦说我是黑人,我就要受到约束,一方面,我断言我是黑人,因为我本来就是;但另一方面,我不希望其他人对黑人的行为做出狭隘的判断。"②因此,他抒情的表达并不仅仅是为权利辩护,或是为了获取某种平等,他真正的目的是诉诸一种远远高于世俗生活的启示和自由的灵魂。

此次新展开幕的第二天,加文·布朗画廊举行了贾法的画册发布仪式,场地不大,但座无虚席,满眼望去,基本都是黑人,想必部分是来自画廊周边,即其所在地哈莱姆地区的普通民众。巧合的是,另一位几乎同期在新美术馆举办个展的黑人艺术家亚康法正好是贾法的朋友,并为其画册贡献了专文。两位艺术家在影像语言和手法上也有很多相似之处,按乔斯利特的话说,贾法现在的影像更接近亚康法早期的作品,比如《汉斯沃斯之歌》(*Handsworth Songs*)。不过,在我看来,两者最大的区别是,亚康法的影像中具有一种知识分子的沉思和冷峻,而贾法的影像更像是一种黑人政治波普。亚康法是一个政治行动者,与之合作的黑人音频电影集体(Black Audio Film Collective)(成立于1982年的一个黑人艺术团体)和他都是以犀利的政治调查和实验精神著称,此次展览的主题"帝国的征兆"便取自黑人音频电影集体的第一部同名影片,创作于1983年,其中黑人运动的历史档案和影像资料为其提供了重要的叙事资源和想象空间。《马尔科姆·X的七首歌》(*Seven Songs for Malcolm X*)是一部关于这位美国黑人运动领袖的实验传记,它并非严格

---

① Chris Fite-Wassilak, "Arthur Jafa: What We Don't See", *Chris Fite-Wassilak: Writer/Critic*, 2017-02-12/2018-10-05, https://cfitewassilak.wordpress.com/tag/arthur-jafa/.

② Nell Frizzell, "What's the biggest question facing artists today?", *The Guardian*, 2017-10-05/2018-10-05, https://www.theguardian.com/artanddesign/2017/oct/05/frieze-london-artists-interviews-marina-abramovic-maria-balshaw.

意义上的纪录片，和亚康法其他作品一样，其剪辑本身也带有一定的虚构色彩。也正是通过模糊虚构与纪实的边界，那些死去的档案满血复活，焕发出别样的生机和力量。斯图亚特·霍尔（Stuart Hall）生前是亚康法的好友和战友，在其去世之前，亚康法创作了《未完成的对话》（*The Unfinished Conversation*）。这部影像装置不仅是为了纪念霍尔，同时通过寻绎霍尔生活、思想和行动历程中的点滴及其背景，重建了一部革命的史诗。作品聚焦于 20 世纪五六十年代，也就是霍尔政治和理论生活的黄金时代，而与之相关的是发生在 1956 年的苏联军事干预匈牙利、第二次中东战争以及女权主义的兴起等事件。也许我们不应该将他的影像视为一件艺术作品，它更接近一部文化研究作品，或按霍尔的话说，它是一种对立于占统治地位意识形态及其霸权的"抗争的符码"。有别于贾法的是，亚康法不再局限于 20 世纪的黑人运动，而是基于更加宽广的视野翻检历史、审视当下，比如在三频影像装置《眩晕之海》（*Vertigo Sea*）中，他以海洋及其所象征的扩张性文明为基调，将生态环境的变化、奴隶制历史、移民文化、殖民文学等诸多不同但又息息相关的素材和议题有机地组织起来，编织成一部宏大的历史叙事和政治散文。且同时，就像在《未完成的对话》中米勒·大卫斯（Miles Davis）的爵士乐被作为霍尔生命—政治历程的隐性线索一样，他总是将情绪压到一定的限度，更多是透过思辨和哲理的语言铺陈他的叙述。

写到这里，不能不提加文·布朗画廊及其所在的哈莱姆地区。记得两年前的秋天，我第一次来到纽约。飞机一落地，有朋友便提醒我纽约治安不好，特别是在黑人聚集地哈莱姆尤其要当心，后来一个美国朋友告诉我纽约可能是全世界最安全的城市，并推荐了位于哈莱姆区的两个艺术空间，一个是工作室美术馆（The Studio Museum in Harlem），另一个就是加文·布朗画廊。前者是一家主要关注黑人艺术的非营利艺术机构，目前正在装修扩建中，新空间将于 2021 年正式开放，一个小的

临时空间目前设在位于 127 街的加文·布朗画廊隔壁。要说真正让我惊艳的还是加文·布朗画廊，后来才知道这是一家老牌画廊，它的实力也许不如卓纳、豪斯沃斯和高古轩这样的超级画廊，但展览品质丝毫不逊于这些画廊，可贵的是它始终保持着前卫的姿态和实验的精神。也有人说，加文·布朗画廊之所以迁至相对偏僻的哈莱姆区，就是为了区别于切尔西、中国城那些平庸的空间。具体原因不得而知，但即便是"权宜之计"，也不能否认进驻哈莱姆本身就构成了一个事件，本身就带有一定的政治性，在美国民权运动史上，它就是革命和抵抗的据点。在纽约的半年期间，我曾来这里看过 4 次展览，每一次展览都仿佛在制造一个政治爆点。尽管今天的哈莱姆早已没有了冲突和暴力，看上去比唐人街还要井然有序，据说加文·布朗画廊所在的 127 街及其周边已然成了富人的居住区，但不可否认，哈莱姆历史上的抗争、冲突和暴力一直在感染并滋养着加文·布朗画廊以及这里的艺术。

20 世纪 60 年代，文化研究的兴起与当代艺术的转向其实是同构的，比如概念艺术的去物质化，目的之一就是抵抗艺术的日趋商业化和市场化，特别是针对艺术市场对于越战的回馈。换句话说，去物质化本身就是反战运动的一部分。[①] 而作为文化研究的"三驾马车"，种族、性别、阶级很多时候也并非独立存在，而是相互共生、纠缠在一起。并非巧合的是，也是在此期间，经典的形式主义批评已经无法适应越来越多样的艺术媒介和语言，《十月》就是在这一特殊的背景下诞生的。安妮特·米切尔森和罗莎琳·克劳斯原本是《艺术论坛》的编辑和作者，两位都是法国理论在美国最早的引介者，当时适逢形式主义没落和政治性的弱化，而她们所力主的结构主义和后结构主义恰好取而代之成了一个新的有效的理论入口。有一种说法是，当年《艺术论坛》主编拒绝发表米切尔森

---

① 参见露西·利帕德：《六年：1966 至 1972 年艺术的去物质化》，第 xxix 页。

推荐的福柯的《这不是一支烟斗》，她一气之下，和克劳斯一同离职，创办了《十月》，并将福柯此文作为创刊号的主打文章。这当然只是起因之一，可以肯定的是，无论是米切尔森，还是克劳斯，都一致认为当时的《艺术论坛》已经腐败透顶了。在米切尔森看来，一旦杂志商业化，就形同妓院，而她断然不可服务于一家妓院。[①] 这是她的底线。当然，这也是《十月》从不刊登任何商业广告（包括美术馆、画廊的展讯和海报）的原因，想必全世界没有几家艺术类杂志能做到如此纯粹。《十月》的基本理念是"艺术""理论""批评"和"政治"，但其核心还是"政治"（和"革命"）。这也是他们取名"OCTOBER"的真正动因。我们无法概括四十年来《十月》刊发的所有文章，但至少通过两部十年文集，可以洞悉一二。1987年、1997年，《十月》编辑部曾编过两本合集，是对两个十年的总结，不同时段，涉及不同的话题，比如"历史唯物主义""体制批判""精神分析""修辞学"及"身体"；"艺术/艺术史""后殖民话语""身体政治/精神分析""景观/体制批判"。自不待言，20世纪70年代末至90年代中期美国艺术也正是聚焦于这些话语，其中，融汇了种族、阶级、性别等文化研究的核心议题。在哈尔·福斯特看来，正是种族、阶级和性别这些话题打开了艺术史、艺术理论和艺术评论的新视野。不过，《十月》虽说是政治性的，但他们从不愿意将其作为政治工具或政治武器，而理论的介入在某种意义上恰恰是为了避免这一点。也因此，过于理论化一度成了《十月》备受诟病的原因之一。反过来，这也说明了克劳斯、博瓦等老一代学者为何不满今日艺术越来越被政治化，而思辨性、智识性越来越弱的现状和趋势。

　　说到《十月》的政治性与激进性，这无疑是一个复杂的问题。从形式主义到结构主义、后结构主义，《十月》的诞生所代表的转向无疑是革

---

① Amy Newman, *Challenging Art: Artforum（1962–1974）*, p.417.

命性的，然而问题在于，每个时代的政治主题和激进性所指是不同的。比如在今天，我们身处的是一个全新的政治时代，它完全不同于 20 世纪六七十年代，即使和五六年前比，也判然有别。可《十月》自创刊以来，始终保持着它固有的风格和节奏，甚至连编委都没有太大的改动，所以一度被批评为是一个封闭的小圈子。但对此，他们自己不以为然，就像福斯特所说的，他更愿意将《十月》看作一个乌托邦小部落，因为这里没有任何限制和约束，只有不断的煽动。如今，克劳斯和布赫洛 78 岁，博瓦也已经 66 岁了，但他们依然很活跃，也从未停止思考和写作。遗憾的是，这次调研访谈错过了米切尔森，可以说，这位传奇女性和克劳斯一道缔造了艺术批评的一个黄金时代。9 月 21 日，当我正在洛杉矶盖蒂基金会翻阅她的档案时，得知她于 4 天前就去世了，终年 97 岁。她的离世是否意味着一个批评时代的结束尚不可断言，但对于《十月》而言，无异于失去了一个支点。这让我突然想到一个细节，十几天前在克劳斯家里，看到她桌子上放着两本书，其中一本正是米切尔森最近出版的一部文集《未来前夕：电影评论选》(*On the Eve of the Future: Selected Writings on Film*)，而彼时米切尔森已近生命垂危之际，我猜想，也许克劳斯是想再次触摸这些熟悉的文字，追忆她俩长达半个多世纪的战斗友谊。

20 世纪 90 年代初道格拉斯·克林普离开《十月》虽然算不上是标志性事件，但似乎暗示着一些变化和动向。杂志创刊没多久，在编辑第 4 期时应两位主编的邀请，克林普加盟了编委会，并担任执行编辑一职。此后，在长达 13 年的时间里，整个杂志的编辑、运营主要由他和克劳斯、米切尔森三位负责。但激进的克林普似乎并不满足于此，所以编辑工作之余，他也在从事独立研究，并积极参与政治抗议和社会运动。1988 年，"《十月》丛书"出版了他编著的文集《艾滋病：文化分析与文化行动主义》，这本书甫一出版，便引起了极大的社会反响和激烈的争论。所有的争论都聚焦于艾滋病已经不再是医学的危机，也不再是

社会和政治危机，而是一场深刻的意义危机。两年后，克林普趁热打铁推出了新著《艾滋病演示图》。也是在这前后，他离开了《十月》。其实在此之前，《十月》就曾做过艾滋病的专题（第 43 期，1987），然而克林普持续的激进行动还是令两位主编略感不适，或者说这已经多少有所背离《十月》的理念和初衷，更何况照此下去，《十月》不是没有可能沦为艾滋病运动的工具和武器。今天看，艾滋病的传染性和复杂性远远超出了我们的预期，早已成为全球性的灾难，它不仅事关公共卫生和医疗制度，同时还涉及性别、同性恋、社会歧视、精神分析、心理学、社会伦理、生命哲学等极具冲突的社会议题。可以想见，作为同性恋者的克林普何以对之如此敏感和激进。不过说起《十月》，克林普还是禁不住为之动容，对于两位主编既"感恩"又"怨恨"，毕竟《十月》陪他度过了最好的年华。值得一提的还有克雷格·欧文斯，他是《美国艺术》的编辑，也是《十月》的作者，同时也是一个同性恋者。1990 年，刚满 40 岁的他因为艾滋病去世。生前他曾经撰写过数篇关于性别、同性恋的文章，在罗切斯特大学教书期间，还为学生专门开过"可视化艾滋"（Visualizing AIDS）的课程。欧文斯并没有克林普那么激进，但两者的写作、实践和行动都带着自己强烈的生命体验。就在欧文斯去世的第二年，另一位艾滋病患者、艺术家大卫·沃纳罗维茨也去世了，年仅37 岁。

2018 年夏天，惠特尼美术馆举办了沃纳罗维茨的大型回顾展"历史让我夜不能寐"（History Keeps Me Awake at Night）。与此同时，位于切尔西的 P.P.O.W 画廊也推出了他的个展（图 FII-1-4）。两个展览虽然并没有引起我太大的兴趣，但在现场我依然感受到了这位激进的艺术家在生命最后时刻的挣扎和不屈服。他曾经无拘无束自由地穿梭在纽约的大街小巷，通过绘画、摄影、录像、音乐等各种媒介参与并见证了 20世纪七八十年代纽约最疯狂、最激进的艺术实验和社会运动。然而有一

图 FII −1−4
大卫·沃纳罗维茨,《文明的摇篮》(*Cradle of Civilization*),
混合媒介, 167.6 cm × 72.4 cm × 61 cm, 1991

天，艾滋病危机突然闯入了他的生活，并先后夺走了他的爱人、摄影师彼得·胡加尔（Peter Hujar）和他自己的生命。胡加尔病逝后，沃纳罗维茨的创作都是围绕艾滋病展开的，并留下了大量带有强烈的生命温度和政治热情的作品。不过在展览现场，真正触动我的不是他的绘画，也不是他的影像和音乐，而是他的摄影，特别是那组胡加尔弥留之际的黑白照片。这样的影像语言的确有点煽情，但很多时候，煽情与残酷只有一线之隔，更何况，他从未放弃与一切偏见和歧视斗争的努力。另值得一提的是，也是在这个夏天，MoMA PS1 推出了伊朗裔美国戏剧导演雷扎·阿布杜赫（Reza Abdoh）的大型回顾展（图 FII-1-5），这位出生于1963 年的天才导演 32 岁就去世了，也是因为艾滋病。虽然我们已经无法亲身体验他执导的戏剧现场，但通过这些视频档案，依旧能感受到他疯魔般的创造力和想象力。在他雄心勃勃的实验中，融合了童话、脱口秀、视频艺术以及早期前卫戏剧等，而这些激进的实践也从一个侧面反映了当时纽约、洛杉矶地下俱乐部的生态和已然失控的艾滋病危机。今天，艾滋病毒依然在肆虐和蔓延，关于它的讨论和社会运动也已成为日常政治的一部分，而这些展览的举行则将这一危机再度推到了我们的面前，迫使我们不得不面对相关的性别、伦理及公共政治等紧迫议题。

2018 年年初，麻省理工学院出版社"一件作品"丛书出版了新品《格伦·利贡：〈无题〉（我是一个男人）》（*Glenn Ligon: Untitled [I am a Man]*）。也许是因为特朗普时代种族、性别问题再度变得极化，格伦·利贡及其《〈无题〉（我是一个男人）》这件创作于 1988 年的作品亦再次引发学界广泛的关注和讨论。而这本小书的出版恰逢其时，难怪一出来便占据了各大艺术书店新书推荐栏的显要位置。后来我发现，2017 年《十月》的秋季刊曾刊发的莱耶·迪克曼、大卫·乔斯利特、米尼翁·尼克森三位编辑与休伊·科普兰（Huey Copeland）、克里斯塔·汤普森（Krista Thompson）之间围绕"我是一个男人"的一篇对话中，也

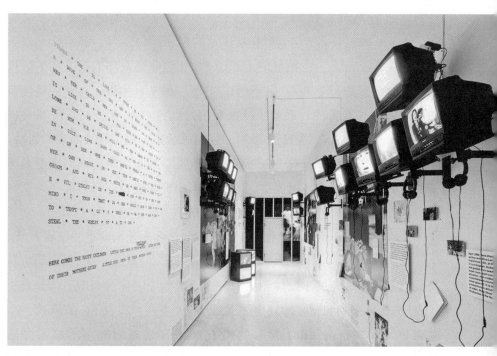

图 F II −1−5
雷扎·阿布杜赫展览现场，现代艺术博物馆 PS1，纽约，2018

提到了格伦·利贡的这件作品，文中尖锐地指出，在一个富有挑战性的政治和社会环境下，往往那些心怀伟大愿望或绝望的时刻，才会产生非凡的力量。[①] 而无论是奴隶制废除、民族解放、反殖民，还是反种族主义斗争、后殖民批判以及国际黑人运动等，可以说都是非洲人复苏的时刻。如 1976 年，萨姆·恩齐玛（Sam Nzima）拍摄的赫克托·皮特森（Hector Pieterson）在索维托被谋杀的现场；1968 年，恩斯特·威瑟尔（Ernest Withers）所拍摄的孟菲斯 1 300 名非洲裔环卫工人罢工游行时手举的"我是一个男人"的牌子；等等。后来，休伊·科普兰将恩斯特·威瑟尔的这张照片做成了一张海报，直到 1988 年，格伦·利贡以这张海报为母题绘成一幅画。孰料，这幅画后来引起了社会激烈的震荡，并成了一件经典之作。对于利贡而言，他关心的不仅是公众对于黑人男子气概的忽视，而且还由此重申了艾滋病危机和同性恋恐惧症中男子气概的意义。因此，若只是从画面而言，它再简单不过，但实际上，它涵盖了种族、阶级、性别及同性恋、艾滋病等诸多复杂而紧迫的论题。

诚然，今天的《十月》越来越无法适应艺术和政治的剧烈变动。最初他们是要跟僵化的学院体制区分开来，现如今，学院和图书馆却成了《十月》最主要的归宿。2018 年的夏季刊，《十月》发表了一篇泰德·奈妮赛里（Ted Nannicelli）撰写的关于 2017 年古根海姆美术馆举办的"世界剧场：1989 年以来的艺术与中国"的文章《动物、伦理与艺术世界》[②]，此文并不是关于展览本身的探讨，而是针对开幕前夕因为美国动物保护协会的抗议，迫使主办方不得不撤下涉及动物的三件参展作品这一事件的分析和评论。美术馆被迫撤下作品无疑是对艺术家言论自由的

---

① Leah Dickerman, David Joselit, Mignon Nixon, "Afrotropes: A Conversation with Huey Copeland and Krista Thompson", *OCTOBER*, Vol.162, Fall 2017.

② Ted Nannicelli, "Animals, Ethics, and Art World", *OCTOBER*, Vol.164, Spring 2018.

冒犯，长久以来，反伦理、去道德化也一直是艺术政治的一部分。然而自 20 世纪 90 年代以来，参与式艺术的兴起则重新提出了艺术与伦理的关系。何况，还有来势汹汹的左右两翼民粹主义在一边煽风点火。激进的古巴艺术家塔尼亚·布鲁格拉（Tania Bruguera）曾指出：Aesthetics（美学）这个词其实是由 Art（艺术）和 Ethics（伦理）两者组成的。但一直很欣赏布鲁格拉的克莱尔·毕夏普则提醒我们，通过诉诸伦理判断参与式项目的价值是困难的，这里的重心不在于艺术和美学，而是艺术作品融入社会过程中的情感强度，因此，其批评主要针对的是工作程序和意向性的伦理判断，可以说这是一种以生产为导向的艺术政治评论。[1]这意味着，毕夏普真正推崇布鲁格拉的不是她对于美学和艺术的认知，而是她在实践中的情感强度以及所爆发的政治力。对一向激进的毕夏普而言，平庸才是最致命的。泰德一文基本延续了毕夏普的相关论点，重申了随着批评理论、政治和美学的转变，对于当代艺术运用动物的抱怨和批评不但不能被忽视，反而应该认真思考它所关涉的伦理和道德问题。同样，一本杂志的激进性也体现在此。所以，在问及《十月》是否越来越保守的时候，现任管理编辑亚当·莱纳予了以了坚决的否认，并以最新一期（第 165 期）为例，回应道："我们用了大约 200 页的篇幅来讨论应该如何处理冒犯性纪念碑的问题，还有 50 页是对'博物馆非殖民化'的讨论，这难道还不政治吗？"[2]

　　《十月》的编辑、作者自然瞧不上杰瑞·萨尔茨这样的网红批评，但也承认其存在的合理性。当然，萨尔茨也不屑于这些知识精英。互联网改变了媒体生态，也造就了像萨尔茨这样的艺术评论，但真正的危机不

---

[1] 克莱尔·毕夏普：《人造地狱：参与性艺术与观看者的政治学》，林宏涛译，台北：典藏艺术家庭有限公司，2015，第 49 页。
[2] 见本书"上篇"《亚当·莱纳 |〈十月〉的生产、流通与传播》。

仅是传统的纸媒还能不能生存下去，艺术写作同样面临着挑战。在纽约，除了《十月》以外，还有《艺术论坛》《美国艺术》《弗里兹》及 *e-flux* 等媒体，包括定期免费发放的刊物《布鲁克林道路》，它们的关注点不同，写作风格也是各异，若论在艺术界的影响力，《十月》可能还不如后面这些媒体。但《十月》的目的并非在此，他们原本无意即时参与现场，扮演一个激进行动者的角色，毋宁说是为了深入地展开问题的思考和讨论，这些问题也许是历史的，也可能是朝向未来的。

有一点是肯定的，如果说 20 世纪 70 年代，《十月》的诞生与新的理论介入艺术批评和写作是一体的话，那么，今天艺术的变化要求知识实践的方式也必须做出相应的调整。问题在于，结构主义、后结构主义这些理论还能适应今天的艺术现场吗？不消说，今天没有一个理论可以一统天下，没有哪一个媒体是绝对权威，也正因如此，才会涌现如此丰富的写作方式和讨论空间。在纽约，几乎每天都有不同的讲座、研讨、放映和表演等活动。这里有上千家画廊、上百家美术馆和非营利机构，它们分散在切尔西、中国城、苏荷区，上东区（包括中城区）以及布鲁克林、皇后区等地，每个区域、每个空间有着不同的调性和风格。加文·布朗画廊虽然鹤立鸡群，独树一帜，但也只是其中的一小部分。这里汇聚着全世界最顶尖的艺术机构和画廊，除了纽约现代艺术博物馆、布鲁克林美术馆、惠特尼美术馆、新美术馆这几家大美术馆外，还有像"厨房"、雕塑中心（Sculpture Center）、瑞士学院（Swiss Institute）、艺术家空间、先锋作品（Pioneer Works）、行为表演空间（Performance Space）等依然持续激进实验的非营利机构和画廊。在切尔西和上东区，我们看到的更多是大师的"僵尸展"，而真正生动、鲜活的则散现在中国城、苏荷区及布鲁克林的那些小画廊和非营利机构。

在纽约的半年里，我也好奇那么多画廊、展览和艺术家，到底有多少人在消费，那些中国城、布鲁克林的小画廊到底如何生存？但他们持

续不断的开幕，说明还是有人在买单，而且很多时候，他们的展览规模虽然不大，但水准丝毫不亚于切尔西的那些超级画廊。画廊的生存自然依赖于市场和商业，可那么多非营利机构又是靠什么维持运营的呢？我曾经留意过"厨房"的赞助，其中包括数家基金会、大量的画廊和个人（除了收藏家，还包括艺术家、评论家和策展人），且不论具体的赞助金额，至少从资金来源的结构可以看出，这是一个健康而强大的赞助系统。比如玛丽安·古德曼，自21世纪初以来，一直是《十月》主要的赞助者。我想，也许只有在纽约这一资本大熔炉里，才会滋养如此多的艺术家、美术馆、机构、画廊和基金会，它们像细菌一样，一方面寄生其间，另一方面又在啃噬着前者。

有人说，纽约不属于美国，纽约就是世界。纽约是唯一的，它是艺术的帝国，相信全世界没有一座城市能与之匹敌。然而，它也是一座毫无人性的城市，像一台24小时高速运转的超级机器，每个人都只是栖身于其中的某个角落。早在34年前，鲍德里亚就说过，"在对垂直性的技术癫狂中，在加速的平庸化中，在各个面孔幸福或不幸的生机中，在人类对于纯粹流通的献祭的傲慢中，整个城市（纽约）都在酝酿着自身终结的妄想。并将这一妄想审美地写入其疯狂中，写入其暴力的表现主义中"，它"旋转得如此迅猛，离心力如此之大，以至于……唯有宗教、种族、黑手党、隐秘或邪恶的社团和某些共谋者能继续生存下去"[①]，唯有艺术、乞丐和那些癫狂者才会真正享受这里的轰鸣、肮脏、拥堵和压迫。警笛声不时地划过曼哈顿的上空，像浪漫的乐章，却又弥漫着毒性和暴力。偶尔在街头会碰到秩序井然的游行队伍，但纽约终究是一个没有政治的城市，马尔科姆·X的幽灵似乎只能回荡在美术馆、画廊和每一个共情革命者的内心深处。

---

① 鲍德里亚：《美国》，张生译，南京：南京大学出版社，2011，第32页。

"末日在此"：政治、阴谋与"艺术正义"

鲁明军

2016 年美国大选期间，正值特朗普与希拉里激辩之际，英国《经济学人》杂志发表了一篇题为《后真相政治：说谎的艺术》（"Post-truth Politics: Art of the Lie"）的文章。文章针对的虽是互联网时代"真相的消失"这一普遍现象，但美国大选正是其得以引爆并遍及全球的最重要的诱因和推力。文中指出："依靠'感觉是那么回事儿'却又没有事实依据断言的特朗普无疑是'后真相'政治的杰出典范。可他这种厚颜无耻的行径不但没有受到惩罚，反而还被用来证明他能与精英政治分庭抗礼。当然，他亦并非孤例。波兰政府的议员披露，之前在飞机事故丧生的前总统是被俄罗斯刺杀的；土耳其政治家宣称，最近败北的政变者是遵循中央情报局的命令；英国脱欧这场成功的运动警告了由于土耳其即将加入欧盟而产生的移民大军……"①

凡此种种，表明重要的不再是真相本身，而是人们对于这个真相的反应。换言之，真相是否被篡改、质疑并非关键，因为人们不再相信真相，只相信感觉和自己想听、想看的东西。导致的结果是，社交媒

---

① "Post-true Politics: Art of the Lie", *The Economist*, SEP 10TH 2016，孙子安译。

体舆论取代了事实验证，网上广泛流传的谎话、流言却成了真相。[①] 而假新闻和谎言的四处泛滥，使得很多人都成了"阴谋论者"。诚如鲍德里亚所说的："我们注定要处在社会的昏迷中，政治的昏迷中，历史的昏迷中。"[②]

是年，"Post-truth"一词被《牛津英语词典》选为年度词汇 [③]。虽说这是一个新的历史时期的社会表征，但政治中的谎言和阴谋实际上是一种历史"常态"，也是现代政治的基本特征之一，只是在不同时期，人们对于谎言的认知不同而已。如果说"后真相时代"谎言本身就是真相和事实的话，那么"真相时代"的谎言背后皆存在着种种不可见的诱因、动机和阴谋。正是在这一特殊的政治时刻，纽约大都会艺术博物馆布劳耶分馆敏锐地意识、捕捉到了这些变化，并不失时机地启动了"一切皆有关联：艺术与阴谋"展览计划。不过，展览针对的并不是"后真相时代"的症状，而是基于历史的视野，将目光投向过去半个多世纪以来政府与公民之间持续存在的种种信任危机和猜疑行为。

2018 年 9 月 18 日，"一切皆有关联"展览正式向公众开放。展览搜集了自 20 世纪 60 年代末至 2016 年特朗普上台之前的 70 余件有关艺术与阴谋的作品，题材几乎涵盖了半个世纪以来发生在美国或涉及美国的那些诡谲而尖锐的政治事件，包括肯尼迪遇刺、水门事件、黑人运动、伊拉克战争、"9·11"恐怖袭击、棱镜计划、无人机战争伦理等。展览分为两个部分，上半部分"'醒来'的房间"侧重历史研究和调查报道，意在揭露种种政治欺骗现象；下半部分"阴谋论的幻想"则主要针对当

---

① Matthew d'Ancona:《"后真相"时代的十大"另类事实"》，贾邵然译，中国日报中文网，2017-06-05/2018-10-20, http://ent.chinadaily.com.cn/2017-06/15/content_29760463.htm。

② 鲍德里亚:《冷记忆 1》，张新木、李万文译，南京：南京大学出版社，2009，第 5 页。

③ 林方伟:《2016 年度词揭示世界进入"后真相"时代》，联合早报网，2016-12-28/2018-10-20, http://www.zaobao.com/zlifestyle/culture/story20161228-706858。

代信息过载、政府权威降低等情况，力图在事实与想象的交织中展开植根于现实又超越现实的叙事。从中可以看出，50 余年来艺术家作为行动者是如何通过艺术实践介入种种政治丑闻和不正当的权力机制，以及他们是如何应对官僚系统的欺骗、公共媒体的阴谋等隐匿的政治逻辑的。

一、事件、阴谋与艺术的"冒犯"

1963 年 11 月 22 日，美国第 35 任总统肯尼迪乘坐敞篷轿车驶过德克萨斯州达拉斯的迪利广场时，突然遭到枪击身亡。之后，被捕的凶手奥斯瓦尔德（Lee H. Oswald）在押往监狱途中又被酒馆老板鲁比（Jack Ruby）枪杀。更加离奇的是，自 1963 年至 1993 年间，100 余名相关证人在各种不同事件中自杀或被谋杀，这让整个案件一直笼罩在阴谋论的阴影之下。肯尼迪遇刺的 6 年前，艺术家冈萨雷斯（Wayne Gonzales）出生于路易斯安那州新奥尔良市的一个普通家庭，巧合的是，刺杀肯尼迪的凶手奥斯瓦尔德出生在同一个城市和街道。亦或许因此，历史与政治后来成了冈萨雷斯艺术创作的资源和主题。

2000 年前后，冈萨雷斯创作了《达拉斯警察 36398》（*Dallas Police 36398*）、《桃色的奥斯瓦尔德》（*Peach Oswald*）（图 FII-2-1）系列绘画，题材直接取自肯尼迪遇刺事件。冈萨雷斯采用了沃霍尔式的肖像画法，虽然突出的并不是复制及表现其中的差异的手法，但通过他单色、平涂及极具概括性的描绘，同样可以看出他对于描绘对象的深刻洞察。画面中的奥斯瓦尔德微微仰视着观众，仿佛在暗示我们：他是肯尼迪遇刺事件真相的唯一知情者。其眼神的背后，既是无尽的深渊，似乎掩藏着一个巨大的秘密，也暗含着一种不可抗拒的命运，甚至还流露着些许的无奈和无辜。这一点也体现在《达拉斯警察 36398》中。事实上，达拉斯警察原本也是这一事件的被卷入者，是这一"政治阴谋"的受害者

图 F II-2-1
冈萨雷斯（Wayne Gonzales），《桃色的奥斯瓦尔德》，布面丙烯，190 cm × 152 cm，2001

之一。冈萨雷斯有意放大了画幅，整个画面就像纪念碑一样，矗立在世人面前。而这与其说是对于死难者的致敬，不如说是对整个事件的质疑和声讨。

1962 年 8 月 5 日，也就是肯尼迪遇刺的一年多前，曾经唱着"总统先生，生日快乐！"的偶像巨星梦露因为抑郁症自杀身亡。梦露去世后，沃霍尔创作了《金色的玛丽莲·梦露》。在沃霍尔这里，它既是一个大众消费品，同时也指向了大众的冷漠。有评论指出，他"让梦露的面庞荡漾在金色颜料的海洋中，这是仿照圣像画中基督和圣母形象的处理手法，传统上这些宗教人物都环绕在来自天国的金色神圣光环之中。可是，沃霍尔笔下的梦露在天堂般的金色里看上去渺小得可悲，从而为这幅强有力的肖像增添了一份酸楚，并对公众形象与个人现实世界间的巨大鸿沟给予了尖锐的评论"[①]。冈萨雷斯延续了沃霍尔的波普语言，但他的作品并没有缩小肖像母题，而是通过放大增强了象征的力量。半个多世纪以来，大多美国人都不相信奥斯瓦尔德是独自行动的，甚至有人怀疑，其背后还有约翰逊总统、中央情报局的参与和干预。然而，截至 2017 年，美国关于肯尼迪遇刺案的出版物累计虽已超过了 4 万种，却没有任何一种足以令大多数人信服。是年 10 月 26 日，美国国家档案和记录管理局通过互联网对外公开了 2 800 余份与肯尼迪遇刺案有关的机密文件。遗憾的是，这些文件依旧无法穿透这个迷雾重重的悬案。[②]

奥斯瓦尔德的形象亦出现在参展的其他作品中。巴切尔（Lutz Bacher）采用粗糙的亚文化剪贴美学，虚构了一部以奥斯瓦尔德为"主角"的图像小说。通过剪切、拼贴的方式，艺术家用奥斯瓦尔德的各种

① H. W. 詹森、A. F. 詹森、J. E. 戴维斯等：《詹森美术史》，艺术史组合翻译实验小组译，北京：世界图书出版公司，2013，第 25 页。
② 刘怡：《谎言之躯：特朗普解密肯尼迪遇刺档案》，网易新闻网，2017-12-26/2018-10-21，http://news.163.com/17/1226/09/D6IRS59H000187UE.html。

图像代替了她所收集的大量原图中难以辨识的身份，中间穿插着自相矛盾的采访记录，这样一种叙事恰恰暗合了我们对于奥斯瓦尔德以及肯尼迪遇刺事件的好奇和想象。在此，巴切尔"使用复印机作为媒材，这不仅与阴谋论者的亚文化传播理论相吻合"，而且"更广泛地宣称'原始'的真理永远不会被发现"，意思是，"这是你永远不会知道的事情"①。在策展人埃克鲁德（Douglas Eklund）看来，"在不同元素之间建立联系，恰恰说明了艺术家如何利用阴谋论来提出其他观点"②。

佩蒂邦（Raymond Pettibon）的《无题》（No Title）系列同样聚焦于肯尼迪遇刺事件，只是他的重心不在奥斯瓦尔德，而是整个刺杀事件。他用带有表现主义色彩的漫画方式，辅以相应的虚构性文本（如"让奥斯瓦尔德开枪袭击肯尼迪就像拔牙""有利于达拉斯的就是有益于美国的""他现在不像有秘密生活"等），表达对整个事件的质疑、挖苦和讽喻。作品虽然描绘在纸上，但更像是墙上的涂鸦或是街头散播的传单。也正是这一表现方式，在官方粉饰或其试图压制的版本与真相之间撕开了一道裂缝。

相较而言，诺兰德（Cady Noland）的实践和主题显得更为激进，也更具介入性。她以描绘曼森（Charles Manson）、赫斯特等 20 世纪 60 年代极端的政治异议者而闻名。虽然"阴谋"这个词很少出现在她的言论中，但她所表达的"美国文化是一个骗局"的想法，常常给她所针对的政治派别赋予某种阴谋论色彩，一个重要的例子便是她关于奥斯瓦尔德的作品。在此她创造了两个"变体"："奥斯瓦尔德"和"布鲁瓦尔德"（Bluewald），前者指的是这一事实和真相还在渗入我们的政治生活，后

---

① Kathryn Olmsted, "History and Conspiracy", Douglas Eklund et al., *Everything is Connected: Art and Conspiracy*, New York: Metropolitan Museum of Art, 2018, p.160.

② 白日何短短：《一切都是相互联系的：关于艺术和阴谋的新展览》，2014-09-10/2018-10-21, https://baijiahao.baidu.com/s?id=1611940151086720149&wfr=spider&for=pc。

者中奥斯瓦尔德的肖像被"剪辑"成一个象征谋杀的骷髅头，此处它具有双重含义：一是暗示弹孔，二是指报纸"穿孔"，意谓大众媒体其实是掩盖真相的帮凶。就像肯尼迪一样，一方面当时兴起不久的电视媒介塑造了他的形象①，另一方面，电视媒介也是谎言的制造者。

肯尼迪遇刺的3个月前，马丁·路德·金在华盛顿纪念堂发表了著名的演讲《我有一个梦想》，成了黑人民权运动史上的一个标志性事件。1966年，组建于加利福尼亚的黑豹党是推进民权运动的一个激进的左翼社团，是美国有史以来第一个为少数族裔和工人阶级解放战斗的组织。他们在黑人社区为民众提供免费早餐，开展政治教育，通过大众组织和社区节目规划塑造革命性的社会主义。1969年，实验电影组织Videofreex拜访了民权运动战士蒙格玛丽（Lucy Montgomery），蒙格玛丽所在的芝加哥老城是民权运动人士经常聚集的地方。他们在那里遇到了伊利诺伊州黑豹党领袖汉普顿（Fred Hampton），并拍摄记录了这次感人的采访（图FII-2-2）。访谈中，汉普顿详细介绍了黑豹党的自治计划，畅谈了他对于美国政治体系及其种族主义、帝国主义的看法。一个月后，芝加哥警察突袭了汉普顿的公寓，并枪杀了他和他的同伴。此次展览展出了Videofreex采访汉普顿的录像，视频中反复播放着汉普顿的激昂陈词，这看似在重访一段民权运动的历史，但实际上它真正想揭示的是汉普顿的遭遇、命运及其背后不可见的复杂的政治根源。

肯尼迪遇刺的阴霾尚未散尽，关于约翰逊和尼克松的丑陋记忆、底特律骚乱、金牧师遇刺、水门事件以及越战的败北等又接踵而至，一时间，丑闻、阴谋在美国几乎成了一种文化现象。1993年7月20日，美国时任总统克林顿（George Clinton）的白宫副法律顾问福斯特（Vince Foster）在弗吉尼亚州一个公园里饮弹自尽。尽管联邦调查局很快介入调

---

① 刘怡：《谎言之躯：特朗普解密肯尼迪遇刺档案》。

图 FⅡ-2-2
Videofreex,《汉普顿：黑豹党在芝加哥》(*Fred Hampton: Black Panther Party in Chicago*) 截帧，黑白录像，24'，1969

查，但其到底因何自杀迄今依然是一个谜。展览中展出的诺兰德的《无题（文斯·福斯特）》（*Untitled* [*Vince Foster*]）就是根据这个不解之谜创作的（图 FII-2-3）。她放大了一张美联社拍摄的新闻照片，照片上福斯特的棺材被一群护柩者从教堂的台阶上抬下来，颠倒的照片裱在铝板上，立在墙边——3 年前，她用同样的方式和比例重制了赫斯特的肖像（《作为强盗的坦尼亚》[*Tanya as Bandit*]）。福斯特灵柩的倒影像是在倒空它的内容，而迷失于真实与假象之间。就像前面提到的她另一件作品《布鲁瓦尔德》中的奥斯瓦尔德嘴里塞着一面美国国旗，福斯特的棺材上也盖着一面国旗，她借此"试图唤起更广泛的情感共鸣，同时也是提醒我们，真相永远都不会被揭示"[①]。可没有料到的是，2016 年美国大选期间，联邦调查局特工突然揭露：福斯特自杀前一周，希拉里曾在诸多同事面前对其进行言语攻击和羞辱，间接导致其自杀。由此可见，23 年前诺兰德的《无题（文斯·福斯特）》并非只是一种预言，其更多是出于对政府和体制的极度不信任而创作的。吊诡的是，特朗普等人揭露真相的同时又在制造新的谎言和阴谋。

展览将时间的起点定在 20 世纪 60 年代末，事实上，恰是此时兴起的反文化运动播下了人们对政府不信任的种子。在某种意义上，这些艺术作品也是反文化运动的一部分。何况，在对政府和大众媒体报道之真实性日益怀疑的环境中，那些所谓的被欺骗或受迫害群体或个人的偏执变得愈加疯狂，因为无论是政府还是媒体，曾经都是美国人生活中神圣不可侵犯的对象。其中，自然也包括艺术家对于美术馆体制的批判和挑衅。1971 年初，哈克在古根海姆美术馆即将举办的个展被临时取消，美术馆艺术总监也被解雇，原因是哈克有两件作品是对该房产背后腐败运

[①] Douglas Eklund, "'A Wilderness of Mirrors': Conspiracy and Identity", Douglas Eklund et al., *Everything is Connected*, p.54.

图 FⅡ-2-3

诺兰德,《无题(文斯·福斯特)》,图片装置,尺寸可变,1992—1993

作的调查。哈克在创作实践中使用的都是公开记录中的可核实数据，并通过一种新的叙事结构和图式，揭示了不动产所有者向承租人隐瞒所有权的秘密。显然，这样一种介入所动摇的不仅是美术馆体制，且直指美国政治和经济系统。他说："即使在 20 世纪 60 年代，我也希望作品能具备实实在在的功能。在最近的作品中，我延续了这一方法。例如，要想对艺术公众进行民意调查，就必须设定出特定情景，为了展示结果，还必须使用特定的图表方法。"[1] 其实在这之前，哈克在纽约现代艺术博物馆就曾实施过作品《MoMA 的投票选举》(*MoMA Poll*)(图 FII-2-4)，在展览现场，他邀请观众就当下社会议题进行投票，这也是他认为自己迄今为止最具入侵性和冒犯性的作品。作品涉及越南战争、洛克菲勒投标重新选举纽约州州长及其与尼克松在中南半岛政策中的关系等历史事件。不可忽视的是，展览场所也反身指向 MoMA 受洛克菲勒家族支配这一事实。[2]

限于篇幅，本文无法一一列出展览中的所有作品及其所针对的政治事件。仅透过以上所述，特别是围绕肯尼迪遇刺的系列艺术实践即可看出，艺术家介入这些事件的不同方式和态度。对于体制的不信任构成了他们实践的动因和前提，然而，他们的目的与其说是为了揭示真相——很多时候艺术其实无力应对复杂的政治设计和阴谋——不如说是自觉于自己所身处的活生生的现实。这不是一种简单的政治表态，艺术家真正关切的是如何用行动和冒险刺破、冲决阴谋织就的幻象。对他们而言，这比找到真相更为重要。

---

[1] 玛丽·凯利的观点更为明确，她说："在内容层次上完成转变，将所谓的综合命题重新纳入议程，也就是要去……颠覆科苏斯关于艺术是分析性命题的名言，也就是说艺术并不局限于关于艺术的言说，而是可以指外在于自身的事物，它可以具备人们所说的'社会目的'。"转引自布赫洛著：《新前卫与文化工业：1955 年到 1975 年间欧美艺术评论集》，何卫华等译，南京：江苏凤凰美术出版社，2014，第 163—164 页。
[2]《国际当代艺术家访谈录：汉斯·哈克》，方华译，艺术国际网，2016-07-15/2018-10-20，http://review.artintern.net/html.php?id=66594。

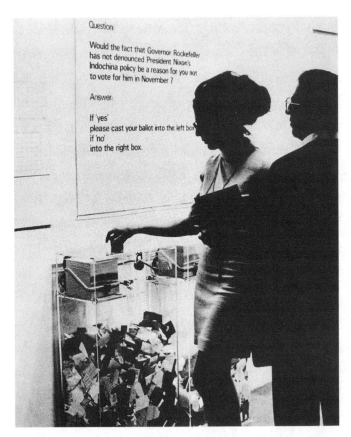

图 FⅡ-2-4

哈克,《MoMA 的投票选举》,装置,行为,尺寸可变,1970

二、地缘政治的权力逻辑与艺术"索隐"

20世纪80年代初,艺术家贾尔(Alfredo Jaar)从智利搬到了纽约,并创作了作品《搜寻K》(*Searching for K*)。他深谙如果在智利实施这件作品必然遭禁,甚至还有可能获罪或被监禁,所以只好搬离智利再做计划。这里的"K"所指的正是美国前国务卿基辛格,作品中罗列着大量基辛格与不同国家政要的合影(包括访华时的合影),艺术家用红笔圈出照片中基辛格的头像。这些照片曾出现在基辛格的回忆录中,但作者和出版方不允许基辛格与智利总统皮诺切特(Augusto Pinochet)的合影出现在书中。原因是皮诺切特掌权期间,一方面实行高压统治,另一方面全面推行新自由主义经济改革,并取得了显著成效,创造了经济奇迹。不过贾尔关心的并非这些,其目的是想提示我们:在1973年智利的军事政变中,正是因为基辛格的帮助,皮诺切特才建立并巩固了权力。出乎意料的是,后来智利政府还邀请他为皮诺切特政府的受害者撰写备忘录。诚如贾尔所说,他所有的作品都有一个语境,他无法脱离现实处境进行创作。为此,他一直行走于世界各地,针对不同地方的历史事件或政治悲剧在艺术创作中做出不同的回应。[①] 近年来,他还调查了卢旺达种族大屠杀等,围绕这些历史事件诉诸艺术想象和实践。

和贾尔一样,帕格伦(Trevor Paglen)也是一个行走者。2006年,他孤身前往喀布尔,露营在山顶上,拍摄美国军事基地,并通过望远镜捕捉美国中央情报局"黑站点"的位置,以此揭露美国政府滥用权力的秘密(图FII-2-5)。数年后,他以四千余个美国国家安全局及英国政府通讯总部的监控项目的代号组成了另一件影像装置《监控项目代

---

① Edited by Susan Acret & Stephanie Bailey & Anna Dickie, *Ocula Conversations (Interviews 2016—2017)*, London & Hong Kong & Auckland: Ocula, 2017, p.59.

图 FⅡ-2-5
帕格伦,《盐池,阿富汗喀布尔的东北部》(*The Salt Pit, Northeast of Kabul, Afghanistan*),行为,图片,尺寸可变,2006

号》（*Code Names of the Surveillance State*）。这些代号被有序地投映在展厅的四面墙上，形成了一些不断滚动的竖列。它们看上去毫无意义，大多是一些有趣惹笑的词语或是与其所指的项目没有明显关联的短语，如"Bacon Ridge"代表的是美国国家安全局在德州的一个装置，"Fox Acid"代表受美国国家安全局控制、将恶意软件注入那些毫无防备的浏览器里的网络服务器，等等。然而帕格伦的目的并不是要对这个主题做阐述性的记录，他想说的是，这些代号其实是美国政府巨大的秘密监视机构的证据，故其不仅揭露隐情，亦令人恐惧。[1]

同样是采用收集信息的做法，查尔斯沃斯（Sarah Charlesworth）在《1978 年 4 月 21 日》（*April 21, 1978*）中则透过"事件"中的媒体探寻媒体中的"事件"（图 FⅡ-2-6）。1978 年，红色旅（Brigate Rosse）绑架了意大利基督教民主党领袖、第二次世界大战后曾两次出任意大利总理的莫罗（Aldo Moro），在囚禁了 55 天后将他处决。作为艺术家的查尔斯沃斯关切并好奇的是，莫罗被绑架后，世界各地的报纸对相关事件的各种虚假信息的反应。她收集了曾以这一事件作为头版的各地报纸，除了图片和报纸名称以外，她删掉了报纸上的其他内容，以一种简洁的姿态暴露了危急时刻世界各地报纸（包括《纽约时报》）为维护国家权力而联合起来的不协调却又明确的方式。

与帕格伦、查尔斯沃斯并无二致，伦巴第（Mark Lombardi）也意图揭露隐藏在政治事件中的权力及其不为人知的阴暗面。伦巴第的工作方式更像是警察探案，他孜孜不倦地将企业和政府机构的有组织犯罪和其他非法组织的故事编织成一系列复杂的线性图，并称其为"叙事结构"（narrative structures）。国际信贷商业银行一度被戏称为"银行骗子和罪

---

① 《Trevor Paglen 影像装置"监控项目代号"纽约展出》，陈颖编译，"艺术眼 ARTSPY"微信公众号，2014-12-18/2018-10-21，https://mp.weixin.qq.com/s/jxps31yEjmi_M1_Qj222MQ。

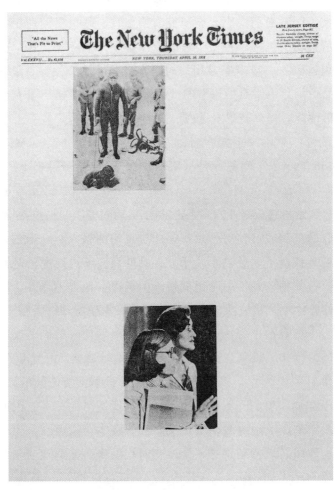

图 FⅡ-2-6
查尔斯沃斯，《1978 年 4 月 21 日》(局部)，图片装置，61 cm×
40.6 cm，1978

犯",而在艺术家伦巴第这里,国际信贷商业银行不仅被毒贩和骗子利用,而且被美国政府所操纵。有研究者指出,国际信贷商业银行其实是美国中央情报局的机构,主要用来洗钱和支持一些秘密项目。[①]基于此,伦巴第索引钩沉,一步步探寻相关的因素、局部及其关联。最终,我们看到的作品仿佛是一张盘根错节的"蛛网"。当然,这亦并非孤例,可以说每一次事件背后,都笼罩着这样一张不可见的大网。

如果说伦巴第是一个探案者的话,那么迈泽尔(Julia Meltzer)和索恩(David Thorne)则更像是档案员。在《"我记不起来了":三份被收回的文件》("It's Not My Memory of It": Three Recollected Documents)中,迈泽尔和索恩搜集了1974年至2002年期间美国中央情报局在伊朗、也门和苏联的三份文件。每一份都是通过采访情报人员获取的,由此剪辑形成的视频披露了两位艺术家所捕捉到的那些不可还原的隐蔽行动中的个人记忆。其中讲到了一个伊朗线人的故事,他曾出现在美国中央情报局的文件碎片中,相关的文件在当地地毯编织工的帮助下被重新缝合,并组装成七十五卷的出版物。用两位艺术家的话说,他们的实践也是为了研究文件的制作、收藏、流通、接受以及政治影响。[②]值得一提的是,这段视频中有不少是介于真正秘密与明目张胆的秘密之间的政府文件,比如那些经常被"我们既不确定也不否认"所掩盖的档案。由此亦可洞悉,二十多年来国际地缘政治的诡谲多变、资本与战争的共生主导着变幻莫测的世界风云。特别是进入全球化时代以来,美国政府与跨国公司的利益关系一直是支配国际地缘政治结构的隐匿逻辑。

在《无题(政府和企业)》(Untitled [Government and Business])(图FII-2-7)中,凯利通过一种像波洛克"滴洒画"一样的"涂抹",

---

① 引自展览"一切皆有关联:艺术与阴谋"现场作品标签说明。

② Douglas Eklund, "The Artist as Researcher", Douglas Eklund et al., *Everything is Connected*, p.82.

414

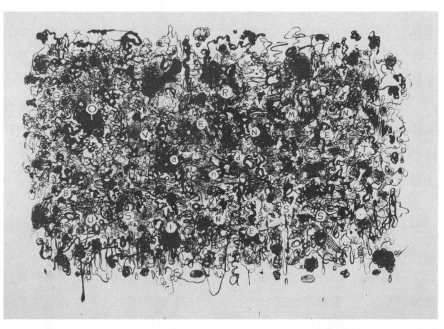

图 FⅡ-2-7

麦克·凯利，《无题（政府和企业）》，纸本丙烯，153 cm×212.1 cm，1991

描绘了政府与企业之间纠缠不清的关系。在艺术家眼中，美国政府与跨国公司的利益交织不仅阻碍了文化的进步，还侵蚀了公民的日常生活。相比而言，巴西裔瑞典艺术家法斯特罗姆（Öyvind Fahlström）的《世界地图》（World Map）似乎更具秩序感。法斯特罗姆不仅是艺术家，也是一名诗人和记者。一直以来，地缘政治与现实世界的变局是他最为关切的主题。为此他贪婪地阅读，汲取全球政治和事务中的种种信息，塑造他对于现实和未来世界的想象。在《世界地图》中，法斯特罗姆基于自己所收集的大量档案、信息和数据，以"地图"为形式底本，通过五彩斑斓、文图结合的"漫画"方式，重建这些复杂信息的关联，绘制了一幅他所理解和感知的世界图景，即帝国主义势力是如何蹂躏和践踏传统民族国家的社区的。整个画面更像是一个关于人类苦难的拼图游戏，但它并非取决于地理边界，而是由跨国公司通过榨取财富和镇压政治异见者来界定的。

战后崛起的美国不断地将触角霸道地伸向诸多他国，特别是美苏对峙构成的冷战结构，无疑是全球地缘政治的杠杆。冷战结束后，随着全球化时代的降临，世界局势和地缘政治变得更为复杂，也更加波诡云谲，而其中的主角依然是美国。事实证明，正是美国中央情报局，通过数次"助力"，推翻了民选政府，极力扶持军人政权：希腊的新法西斯（1949 年）、伊朗的巴列维王朝（1953 年）、危地马拉的杀人政府（1954年）、黎巴嫩的长枪党（1959 年）、印度尼西亚的苏哈托军人政权（1965年）、智利的皮诺切特军人政权（1971 年）、南非的种族隔离政权（1948年）……身后都有美国中央情报局的影子。就连让美国人恨得牙痒痒的本·拉登，也都是美国中央情报局一手拉扯大的。[1] 乃至伊斯兰国的崛起，也被指与奥巴马的扶持有关。[2] 以正义为名的政治干预和战争背后往

---

① 　王绍光：《中央情报局和文化冷战》，《读书》，2002 年第 5 期。
② 　"Post-truth Politics: Art of the Lie"，*The Economist*, SEP 10TH 2016，孙子安译。

往都有着不可见的秘密和阴谋，但正是这些战争，不仅彻底破除了西方民主的神话，也让整个世界深陷泥潭。作为行动者，艺术家面临的不只是如何直接介入具体的战争技术和政治策略，更重要的是，如何经由某种异质化的视角，钩沉索引，探得其内部的隐秘关联和逻辑。

三、"文化外交"与"阴谋论"

艺术家纷纷介入政治事件或政治阴谋进而诉诸艺术正义体现了艺术的主体性和政治性，然而不能忽视的是，与此同时，部分政治事件或阴谋也以不同方式和程度介入、利用艺术（包括艺术机构），或者说，艺术有时也不可避免地被卷入这些事件或阴谋中。

艺术家巴尔特奥－亚茨贝克（Alessandro Balteo-Yazbeck）的实践常常聚焦在与现代艺术史相关的政治事件。在"文化外交：我们忽视的艺术"（Cultural Diplomacy: An Art We Neglect）系列之《R.S.V.P, 1939》（2007—2009）（与法辛 [Media Farzin] 合作）中，巴尔特奥－亚茨贝克复制或挪用了一张 MoMA 的邀请函和 1939 年 5 月的《时代周刊》杂志封面（封面人物是洛克菲勒），将它们并置在一起，上下分别写着罗斯福和洛克菲勒的两句话：1939 年，罗斯福说："在美国，艺术一直属于人民，从来不是学院或某个阶级的财产。"1996 年，洛克菲勒说："我在现代艺术博物馆学习政治。"① 两位人物代表的是两个不同的政治阵营。在此，艺术家的重构显然是一种反讽，而它所指的正是一直以来被我们所忽视的博物馆工作人员与捐助者的政治以及财政程序之间令人不安的关系。巧合的是，筹备展览期间，也就是在美国大选的过程中，艺术家弗雷泽系

---

① Alessandro Balteo-Yazbeck, "R.S.V.P, 1939", Douglas Eklund et al., *Everything is Connected: Art and Conspiracy*, p.94.

统调查了在这一特殊的历史时期全美一百多家美术馆、非营利机构与竞选政治、文化慈善事业及竞选资金之间的复杂关系。展览开幕前不久，麻省理工学院出版社重磅推出了弗雷泽的调研成果《2016：博物馆、金钱与政治》。这部厚达九百多页的报告显示，大多美术馆和机构的董事会依然由民主党主导，但事实上，"为数庞大的艺术赞助人（无论其个人的政治信仰如何）都相当支持右翼在美国的崛起，这便要求艺术家及艺术领域的其他从业者们比以往更为警觉，具备更为积极的政治允诺，以捍卫艺术的独立与正义原则。这不仅关系到艺术机构的自主性，更关乎它们将如何介入当下政治范畴内的种种挑战"[①]。

巴尔特奥-亚茨贝克的实践并不限于艺术系统内部，在另一件作品《不稳定移动》（*Unstable-Mobile*）中，这位出生在委内瑞拉的艺术家通过模仿卡尔德（Alexander M. Calder）的雕塑及其投射的阴影，再现了2001年地图上切尼的能源特遣队（Cheney Energy Task Force）在伊拉克油田的位置，借以指向一直以来美国对于石油生产国的干预。与之相应，冷战期间，美国中央情报局通过资助现代艺术展览进行文化示威，而卡尔德的作品也是其中的一部分。[②]巴尔特奥-亚茨贝克实践的自我指涉性（reflexivity）便体现在这里，作品中的"卡尔德"既指向文化战争，同时也因此揭示了其内在的政治逻辑。

1950年至1967年，美国政府投入巨资在西欧执行一系列秘密的文化宣传计划。这项计划是美国中央情报局在极端秘密的状态下执行的。执行这项计划的主体是文化自由代表大会（Congress for Cultural Freedom），负责人是美国中央情报局特工迈克尔·乔斯尔森（Michael

① 弗雷泽：《2016：博物馆、金钱与政治》（上海双年展参展作品说明），上海：上海当代艺术博物馆，2018。
② 引自展览"一切皆有关联：艺术与阴谋"现场作品《不稳定移动》的标签说明。

Josselson），其办事处遍布 35 个国家，下设多个项目机构。按基辛格的说法，美国中央情报局建立的这支队伍是"一个为国家效忠的贵族阶层，遵循的是超党派原则"。在长达 20 年的时间里，这支队伍一直以可观的财力支持着西方高层文化领域，名义上是维护言论自由，但实际上，它是美国冷战的秘密武器，广泛地散布在文化领域之中。如果我们把冷战界定为思想战，那么这场战争就具有一个庞大的文化武器库，所藏的武器是刊物、图书、会议、研讨会、美术展览、音乐会、授奖等。[1]1954 年，《时代周刊》还刊登过一篇主张将美国艺术作为一种软实力的文章。[2]可见，对于美国而言，"文化外交"不是一句空话，也难怪有人指出，美国中央情报局将抽象表现主义作为美国绘画的典范并意图将其推向全世界，甚至认为这是美国中央情报局的一个政治阴谋。可事实上，历史并非如此简单。

　　20 世纪 20 年代，美国批评家克雷文（Thomas Craven）针对欧洲现代艺术在美国的盛行提出了强烈的批评和质疑，在他看来，欧洲现代艺术过于关注技术和风格，而这种追求与美国社会是完全脱节的，艺术家游离于社会之外，无法成为社会有机体的一部分。因此，他认为美国艺术家应该创作出一种属于美国人的艺术。克雷文的呼声在 20 世纪 40 年代得到了广泛的响应。特别是在艺术批评家格林伯格的支持和推动下，以抽象表现主义为典范的"美国式绘画"最终在第二次世界大战前后占据上风，并取代了巴黎画派和欧洲现代主义在美国的主导地位。[3]吊诡的是，作为形式主义批评的代表，格林伯格、弗雷德等对于抽象表现主义的推崇并非基于其与美国政治社会的有机联系，而是基于它们所体

---

[1]　弗朗西丝·斯托纳·桑德斯：《文化冷战与中央情报局》（前言），第 1—2 页。

[2]　引自展览"一切皆有关联：艺术与阴谋"现场作品《R.S.V.P, 1939》（2007—2009）的标签说明。

[3]　参见张敢：《格林伯格与美国抽象表现主义》，黄宗贤、鲁明军编：《视觉研究与思想史叙事》（上册：形式—观念—话语），桂林：广西师范大学出版社，2013，第 78—100 页。

现出来的平面性、媒介性和纯粹性等形式特质。然而，20世纪70年代兴起的修正主义批评则将抽象表现主义拉回政治的维度，意图揭示其与冷战的内在联系。科兹洛夫、考克罗芙特（Eva Cockcroft）、居尔博特（Serge Guilbaut）等学者研究表明，抽象表现主义的兴起正是在美国政治经济崛起之时，纽约画派之所以转投自由主义阵营，与冷战不无关系。① 历史学家桑德斯（Frances S. Saunders）则认为，这其实就是文化冷战的结果，美国中央情报局才是抽象表现主义幕后真正的推手。② 受此影响，如中国的艺术批评者河清不仅将整个当代艺术视为美国艺术，还认为这是美国中央情报局的一个政治阴谋。③

相形之下，艺术史家、评论家莱杰的判断显得更加客观，他说："从本质上看，纽约画派的艺术与第二次世界大战期间的美国文化之间是一致性而非对抗性的关系，并且，这一特点也决定了这一群体将会取得怎样的一致性，他们以改写欧洲现代主义的方式关注着某些特定的文化热点，扮演着带有意识形态的角色。"④ 这说明，纽约画派实践的动因虽然不是自由主义阵营的一种政治策略，但笼罩在冷战的阴影之下，难免有所沾染和受其影响。至于美国中央情报局是否主动介入其中，其到底是不是一个政治阴谋尚未可知；但可以肯定的是，抽象表现主义的确卷入了美国中央情报局的文化战略和政治部署中。

诚然，在强大的政治机器面前，艺术的力量是极其有限的，甚至是微不足道的。不过，是次展览恰恰表明，艺术非但不是政治阴谋或是其中的一部分，反而是政治阴谋的敌人，正义才是大多数艺术家真正的诉

---

① 毛秋月：《译后记》，迈克尔·莱杰：《重构抽象表现主义：20世纪40年代的主体性与绘画》，毛秋月译，南京：江苏凤凰美术出版社，2015，第565—566页。

② 弗朗西丝·斯托纳·桑德斯：《文化冷战与中央情报局》，第284—314页。

③ 参见河清：《艺术的阴谋：透视一种"当代艺术国际"》，桂林：广西师范大学出版社，2008。

④ 迈克尔·莱杰：《重构抽象表现主义：20世纪40年代的主体性与绘画》，第33页。

求。也因此，它从另一个角度破解了艺术作为美国文化战略或"文化外交"策略的阴谋论。至少重申了一点：当代艺术不仅不是政治机构的工具，在很大程度上，它恰恰是在抵抗艺术沦为工具。

尾声："末日在此"

展览的结尾，艺术家吉姆·肖（Jim Shaw）的装置用血红的蜘蛛网覆盖了一个美国小镇，当观众"穿过"蜘蛛网进入小镇"加油站"的门口时，呈现在眼前的却仿佛是共济会秘密集会的一片幻象。用艺术家的话说，这是从新政神话向里根（Ronald W. Reagan）新自由主义时代转变的一个寓言。① 这件名为《复利的奇迹》（*The Miracle of Compound Interest*）（图 FII-2-8；图 FII-2-9）的装置创作于 2006 年，当时，美国工人失业率还在逐步攀升，无力抗拒劳工运动，民主党内部也是束手无策，而这在某种意义上已经为特朗普后来的胜选埋下了伏笔。肖的艺术实践是一贯的，但事实上，从 21 世纪初开始，伊拉克战争的急剧扩大，特别是"9·11"恐怖袭击，迫使包括他在内的一批艺术家产生了自越南战争以来从未感受过的政治紧迫感。②

10 年后，也正是在布劳耶分馆启动、筹划展览"一切皆有关联"之时，特朗普的参选则再度让肖绷紧了神经，在新美术馆的个展"末日在此"（*The End is Here*）更像是因应时势的创作。同名作品《末日在此》也展出于"一切皆有关联"展览中。1978 年，它以油印小册子的形式出现在加州艺术学院的硕士论文展中。这是一个根据当时政治事件和社会

---

① 引自展览"一切皆有关联：艺术与阴谋"现场作品《复利的奇迹》的标签说明。
② YT 先锋：《iPhone、转基因还有特朗普，Jim Shaw 对当下的一切感到焦虑》，"YT 新媒体"微信公众号，2018-04-11/2018-10-21, https://mp.weixin.qq.com/s/Re0tHuDfTUdZXGSCr2N3xw。

图 FⅡ-2-8
吉姆·肖,《复利的奇迹》(外观),装置,尺寸可变,2006

图 FⅡ-2-9
吉姆·肖,《复利的奇迹》(内景),装置,尺寸可变,2006

动荡的境况改编的独特文本，其中充满了天马行空的想象和虚构，比如艺术家带着阴谋论的口气将肯尼迪描述为"一个背叛外星霸主、部分异教徒化的火星人"，甚至伪造了一则阴谋性的报道，说"火星人正在给肯尼迪喂食一种鸡尾酒（包括可卡因、巴比妥类药物等）"，而这其实是对总统因背部不适而服用止痛药成瘾这一传闻的疯狂掩饰。[①]

在新美术馆的展览中，围绕这个奇特的文本，肖建立了一个文献库，并将其命名为"隐秘世界"（The Hidden World）。里面是他从福音运动、秘密团体和新纪元通灵师那里收集来的各种宣传、教育和商业活动的材料，包括自制的宣传手册、条幅、百科全书和唱片专辑。题目"隐秘世界"取自20世纪40年代一本同名的阴谋论杂志，而上述这些团体的一个共通特征是，他们都自认为一方面受到上帝的特殊庇佑，一方面又被世人轻蔑，这种感觉导致他们对世界的描绘充满了强烈的明暗对比和偏执：只有我们知道真理，但有人要用阴谋打倒我们。[②] 诚如艺术评论家哈尔·福斯特所说的，实际上早在1963年，历史学家霍夫施塔特（Richard Hofstadter）便在一篇经典文本中提到"美国政治中的偏执狂风格"，受戈德华特（Barry Goldwater）观念和行动的驱使[③]，他希望将该风格理解为一种独特的心理机制。作为亚利桑那州参议员，戈德华特曾于1964年成功获得共和党总统候选人提名，向民主党总统约翰逊发起挑战，因其代表极端保守主义政治力量且经常语出惊人，2016年美国大选期间常常被拿来与特朗普做比较。[④] 显然，"末日在此"所映射和预言的

---

① Kathryn Olmsted, "History and Conspiracy", Douglas Eklund et al., *Everything is Connected*, p.160.

② 福斯特：《哈尔·福斯特论2016年年度最佳》，杜可柯译，"艺术论坛"中文网，2016-12-27/2018-10-18，https://mp.weixin.qq.com/s/mIQ3w5TnJlA5wZ00xykOIw。

③ 约翰逊及其阵营将戈德华特视为一个反动分子，但戈德华特的支持者则认可、赞扬他对政府权力、工会以及福利国家制度的反抗。

④ 福斯特：《哈尔·福斯特论2016年年度最佳》。

正是即将到来的更加疯狂的"特朗普时代"。

今天，那些普通猎奇者们关心的早已不是所谓"真相"，而只是肯尼迪家族身上笼罩的传奇气息和娱乐色彩。从这层意义上说，即使最后一个被涂黑的单词获准解密，阴谋论也依然不会消失。而肯尼迪身后的谎言、喧嚣和风波，也早已和那位英年早逝的亚瑟王本人无关。[①] 说到底，所谓真相消失的"后真相时代"不是没有真相，而是我们无视或无感于真相的存在，何况真相本身也已变得更为复杂：依然有无数的历史之秘尚待揭示，新的真相和阴谋又以异样的方式不断丛生，以至于谁掌握了媒体和"造谣"的权力，谁就拥有了真相。这意味着，真正的危机与其说是谎言背后的制造者和阴谋，不如说是传播谎言的互联网及其政治、资本与文化逻辑。美国传播学者丹·席勒（Dan Schiller）指出："新媒体看似与以往不同的地方，是经由社交网络、邮件以及其他数字功能而展开。在政治操纵的语境下，大数据分析成了不同利益集团的斗争工具。"因此，"在网络时代，即便每个人都觉得'你无法在大众视野中藏身'，可一旦涉及权力问题，总是很难做到真正的透明——很多时候你仍然能够骗到大部分人"[②]。或许，这才是"后真相时代"的真相。

吊诡的是，因为揭露阴谋，艺术看似获得了一种新的自主性和政治性，可很多时候，那些被揭露的阴谋本身反而比艺术更具艺术性。这固然为艺术切进事件真相和阴谋的内在逻辑提供了有效的方式和路径，但不可避免的是，作为互联网文化资本的一部分，艺术不仅会被卷入新的阴谋中，甚至会成为阴谋的制造者或"帮凶"。因而，是次展览虽然无涉"后真相时代"的艺术与阴谋，但它恰恰在暗示我们：此时，我们早已被包裹在一个更大的谎言或阴谋中。

---

① 刘怡：《谎言之躯：特朗普解密肯尼迪遇刺档案》。

② 丹·席勒：《信息资本主义的兴起与扩张：网络与尼克松时代》，翟秀凤译、王维佳校，北京：北京大学出版社，2018，第 245 页。

后 记

    2017 年，我申请到了美国亚洲文化协会的驻留项目。2018 年 3 月至 9 月，我在纽约进行为期半年的关于《十月》杂志的系列访谈和调研。这本访谈录即是这个项目的最终成果。

    坦白说，最初申报这个题目是盲目的，并没有多少准备，那时候一门心思只想着去纽约看展览。结果到了纽约以后，美国亚洲文化协会的项目总监塞西莉·库克（Cecily Cook）女士非常重视这个项目，特意安排专人负责帮我联系相关受访学者，期间还多次询问项目的进展情况。一开始，项目进展得并不顺利，发出去十几封邮件只有大卫·乔斯利特一人回复——也许是因为此前在北京一起参加过某艺术评选活动，他对我还有一点印象。一个多月后，在美国亚洲文化协会办公室，我见到了乔斯利特，听他分享有关《十月》的点点滴滴。后来，在他的引荐之下，才陆陆续续联系到了其他几位，并顺利完成了访谈任务。遗憾的是，由于乔治·贝克当时在欧洲度假，帕梅拉·M.李尚在位于美国西海岸的斯坦福，且正忙于办理调往耶鲁的相关手续，所以这两位学者最终未能谋面。哈尔·福斯特回信说，他刚刚接受了杰瑞特·欧内斯特相同话题的一个访谈，觉得无须再谈，顺便将欧内斯特精彩的访谈稿传给了我。

    不过，期间也有很多意外的收获，比如希维亚·柯波乌斯基、玛莎·布斯柯克、卡罗琳·A.琼斯、梁硕恩这几位学者原本不在我的计划之内，正是在计划进行的过程中，因为其他受访者和朋友的建议，才得

知他们与《十月》的独特关系。值得一提的是，热心的布斯柯克教授回答了我所有问题之后，还给我提供了一个很重要的信息——安妮特·米切尔森此前曾将自己留存的所有关于《十月》的资料和档案捐给了盖蒂基金会，并建议我若有时间可以去洛杉矶翻翻这批资料。

　　记得刚到纽约时，就听说米切尔森生病住院了，所以一开始我便放弃了采访她的打算。但听到这个消息后，我便立刻致信库克女士，请她出面帮我联系盖蒂基金会。很快我就收到了库克女士的回复，但她说帮不上忙，建议我不妨问问香港亚洲艺术文献库（AAA）的创始人杜伯贞（Jane Debevoise）女士。杜老师很快也回信了，她给了我亚洲艺术文献库的研究总监谭鸿钧（John Tain）先生的联系方式，并告知其之前在盖蒂基金会工作过。更巧的是，后来得知谭先生曾有一段时间还担任米切尔森的研究助理。

　　9月19日下午，我顺利抵达了洛杉矶。原本约好乔治·贝克教授在洛杉矶见面，结果他行程有变，推迟了回洛杉矶的时间。正沮丧时，我突然想起此前在纽约的艺术家朋友王旭曾建议我有时间可以采访一下加州大学欧文分校的梁硕恩教授。梁硕恩是位华裔艺术家，也是个艺术写作者，他曾参与惠特尼美术馆独立研究项目，并曾数次为《十月》撰稿。于是我试着给梁教授写了封邮件，没想到第二天就收到了回信，并约好返回纽约的当天（23日）下午在他的公寓见面。

　　在洛杉矶只有三天的时间，原计划一天半时间看美术馆和画廊，一天时间留着采访贝克教授，还有半天去见梁硕恩教授。如果见不到贝克，就去盖蒂基金会看看。结果我既没有收到贝克教授的回信，也没有谭先生的消息，只好先去盖蒂美术馆看看再说。21日下午4时左右，看完了盖蒂美术馆的所有展览，正在书店闲逛并打算回酒店时，突然收到谭先生的邮件，获知他已经帮我联系到了盖蒂基金会文献部。没承想此时我正好在盖蒂，也许再过半小时，我就已经离开了。他很快帮我申请到了

文献阅览室的座位。等我办好阅览手续的时候，工作人员已经将几个大文件盒整齐地摆在桌上，并配备了纸和笔。因为第二天是闭馆日，我其实只有一个半小时的时间，所以没法细看，只好用手机翻拍。至闭馆前，我大概拍了 700 余份（张）原始资料，包括一些学者的手稿、米切尔森和作者的通信以及杂志运营的相关文件、记录等。

离开盖蒂时，我收到了谭先生的信息。他说："希望这个档案可以帮助到你的研究。米切尔森星期一去世了，听闻有人对她的历史有兴趣，我很欣慰。"在得知米切尔森去世的那一刻，原本满载而归的兴奋瞬间降至冰点，油然而生一丝落寞——也许，此时翻阅这些档案就是一场与她隔世的会面，亦是对她最诚挚的悼念。

2018 年 9 月底，驻留一结束，我就拖着五六箱书回到了国内。不久，便开始忙于《美术变革与现代中国：中国当代艺术的激进根源》（商务印书馆，2020）一书的收尾，未曾想又赶上工作调动，访谈录的整理只好暂时被搁置。这一搁就是三年多，直到 2022 年初，我才决定重新拾起它，并一口气将其翻译、整理了出来。好在此前有梅根·康纳利（Megan Connolly）的协助，热情、悉心的她不仅承担了部分翻译工作，并且和她的助手一道帮我完成了全部的录音整理任务，为我后续的工作降低了不小的难度，并节约了很多时间。

说起《十月》，我们并不陌生。早在 20 世纪 90 年代，国内就已经有一些零碎的译介，特别是最近十几年来，多部《十月》学者的经典著作被译成中文出版，也有不少关于他们理论的深度研究。不过，对于这份杂志以及这个群体本身尚缺乏历史性的考察。我认为，这部访谈录在某种意义上弥补了这个缺憾。也许目前我们尚无法书写一部完整的关于《十月》的历史，但至少从他们各自的点滴回忆中，可以打捞一些隐藏在理论背后的那些鲜活的人和事，以及某种久违的激情和温度。而这无论

对于战后艺术史研究，还是对于当代艺术批评的反思，都不乏参考和镜鉴意义。

需要说明的是，除了原计划中的十余位学者访谈录，编书的过程中我新增了两篇，一篇是对高名潞老师的访谈，他曾与几位重要的《十月》学者保持着密切的联系，同时，他的一系列理论建构也多少与《十月》有关；另一篇是帕梅拉·M.李的旧文《当代，那时与现今：个人以及一代人的观点》，这是2011年她提交给高名潞老师策划组织的"'当代艺术史书写'国际学术研讨会"（天津）的论文，文中她回忆了自己传奇般的求学和工作经历，特别提到了与《十月》以及克劳斯、哈尔·福斯特、伊夫-阿兰·博瓦等同仁之间的密切交往和关系。附录中有两组文章，第一组是两篇译文。第一篇是《十月》的"创刊词"。这是一部为"前卫"招魂的宣言，今天读来，依然振聋发聩。第二篇是杂志第100期关于艺术批评的圆桌讨论，在这个讨论中，与会者提出了种种艺术批评所遭遇的困境和挑战，在我看来，今日之艺术批评所面临的依旧是这些问题。感谢麻省理工学院出版社授权，惠允将其收录于本书。另外一组中的两篇文章皆源自我在纽约驻留时的所见所闻，是对我那半年在纽约生活、学习的一个见证和记录。

书中部分内容曾发表在《艺术学研究》《文艺理论与批评》《美术大观》《世界美术》《上海书评》《艺术史与艺术哲学》《二十一世纪》以及"艺术论坛"中文网等刊物和媒体，对于它们的垂青、鼓励致以深深的谢意和敬意！最后，要特别感谢在这个项目进行的过程中给予我帮助和支持的诸多师友，他们是：高名潞、蔡国强、黄宗贤、沈语冰、皮力、罗岗、韦志菲（Josephine Wai）、塞西莉·库克、杜伯贞、谭鸿钧、大卫·乔斯利特、梅根·康纳利、本尼·沙弗尔（Benny Shaffer）、玛莎·布斯柯克、希维亚·柯波乌斯基、王石休、汪建伟、徐震、刘韡、余极、楠楠、睦群、陈友桐、张志伟、杜可柯、王志亮、徐旷之、宋晓

霞、孙晓霞、鲁太光、彭筠、彭伟哲、丁雄飞、王蓬、朱筱蕤、王旭、石佳韵、姚小雨、杨娟娟、蒋苇、杜博文、叶诗盼、陈国森、陈展豪、荣子燕等。这个项目不仅得到了美国亚洲文化协会的支持，还得到了新世纪当代艺术基金会的资助，在此一并表示感谢！

2020 年 6 月，我离开了学习、工作和生活了十多年的成都，拖家带口来到了上海。两年来，幸蒙复旦哲学学院领导、同事们的支持、帮助和鼓励，使我很快便适应了上海的节奏，也多亏了家人一直以来的宽容和陪伴，让我不至于在忙碌中丢失了活着的意义。这本小书献给他们。

鲁明军

2022 年 5 月 27 日于上海